| 독일유럽연구총서 제5권 |

1968년

저항과 체제 비판의 역동성

이 도서의 국립중앙도서관 출판예정도서목록(CIP)은 서지정보유통지원시스템 홈페이지(http://seoji.nl.go.kr)와
국가자료공동목록시스템(http://www.nl.go.kr/kolisnet)에서 이용하실 수 있습니다.
CIP제어번호: CIP2019003718(양장), CIP2019003719(학생판)

| 독일유럽연구총서 제5권 |

1968년

저항과 체제 비판의 역동성

문화사학회 기획 | 신동규·이춘입 엮음

The World in 1968

The Dynamism of Resistance and System Criticism

한울
아카데미

책을 펴내며

임병철(신라대학교 역사교육과, 문화사학회 회장)

1968년은 세상을 어떻게 변화시켰는가? 우리 문화사학회는 이 책을 통해 이 질문에 대해 대답해보고자 합니다. 우리는 오늘날 우리 주위를 맴돌고 있는 이른바 '68 담론'을 해체하는 것에서부터 이에 대한 역사학적 탐색이 시작되어야 한다고 생각했습니다. 그리고 그러한 생각을 공유하고 서로의 의견을 나누면서 머리를 맞대고 함께 이 책을 기획하고 써나갔습니다. '문화혁명'과 '세계혁명'이라는 선입견이 만들어낸 신화를 극복하는 것에서 시작해 1968년이 한국 사회에 던져주는 함의를 제시하는 것으로 우리가 이 책을 끝맺음하게 된 것도, 어쩌면 이러한 문제의식의 당연한 귀결일 것입니다. 이 점에서 정대성과 신동규의 도발적인 질문은 우리의 기획 의도와 생각을 집약한 것이라고 할 수 있습니다. 이 책의 서론이자 새로운 연구를 위한 시론이라고 할 수 있는 그 글에서 1968년을 어떻게 역사적으로 재구성할 것인가에 대한 학문적 고민을 엿볼 수 있기 때문입니다.

이후의 여러 글들은 1968년과 관련된 다양한 양상을 새로운 시각에서 검토하고 있습니다. 먼저 원동필과 이춘입이 반전운동과 여성운동을 통해 표출된 1968년 사회 문제의 다양한 스펙트럼을 소개하면서 연대와 저항의 굴곡진 단면을 여과 없이 보여준다면, 독일 전후 세대의 새로운 삶의 방식을 소개하는 이병철의 글과 이러한 문화적 변화를 이끈 68세대를 어떻게 이해할 것인지에 대해 질문을 던지는 윤용선의 글은 각기 다른 시선과 사례를 통해 연대와 저항의 이면에 자리 잡은 역설을 드러냅니다. 신동규, 김겸섭, 이명실은 각각 프랑스와 독일, 일본의 사례를 검토하면서 1968년의 저항에 참여한 세대들의 가슴속에 자리 잡았던 이상과 그것을 구현하기 위한 실천의 양상과 한계를 보여줍니다. 신동규는 대의민주주의의 대안으로 등장한 참여민주주의의 또 다른 모순과 한계를, 김겸섭은 좌절된 변혁 운동을 경험한 지식인들의 고뇌에 찬 모습을, 이명실은 자본주의에 저항했던 급진적 68세대의 좌절과 고립을 그려내고 있습니다.

한편 1968년에 폭발한 사회주의 체제의 위기를 새로이 검토하면서, 김신규, 김지영, 김동혁은 우리의 시선을 동유럽 지역으로 이끌어갑니다. 먼저 김신규가 프라하의 봄을 분석하면서 당시 동유럽 공산주의에 내재했던 위기의 속살을 읽어내고 있다면, 김지영은 헝가리의 사례를 통해 개혁이 필요했던 전후 현실 사회주의의 민낯을 그대로 보여줍니다. 또한 김동혁은 프라하의 봄이라는 위기 상황에 직면해 소련에서 나타났던 집단적 대응 인식을 분석하면서 당시 소련 체제가 안고 있던 문제를 비판적으로 분석하고 있습니다. 그리고 마지막으로 이 책의 맺음말에 해당하는 이기라의 글은 1968의 함성이 '촛불'을 들었던 한국인들에게 던지는 메시지를 엄중히 전달하고 있습니다. 이 글의 마지막 문장인 "68은 촛불에 더 근본적인 상상력과 자주적인 행동을 주문하고 있다"는 우리의 민주주의가 이제 시작이라는 점을 웅변하고 있는 듯합니다.

이 책을 통해 1968년이라는 과거의 세계를 오늘날의 시선 앞에 소환하고, 이를 통해 현재와 미래의 우리 사회를 성찰하는 계기가 마련될 수 있기를 기대합니다. 우리 문화사학회는 이 주제를 독자들과 함께 생각하고 교감하는 것이야말로 '역사학의 대중화'를 꽃피울 수 있는 소중한 씨앗이라고 생각합니다. 이 작은 씨앗이 자라날 수 있도록 비옥한 토양이 되어준 중앙대학교 독일유럽연구소와 한울엠플러스(주)에 속 깊은 감사를 드립니다. 그리고 그 씨앗이 꽃망울을 터뜨릴 수 있도록 우리의 뜻에 동참하고 수고를 마다하지 않은 12명의 저자들에게도 진실로 고마움을 전합니다. 마지막으로 이 책이 오늘을 살아가는 독자들에게 작은 울림으로 남기를 기원합니다.

차례

3부 체제 비판의 이상, 실천, 현실

4부 사회주의의 위기, 대응, 한계

5부 에필로그

12장 68이 촛불에게 　　　　　　　　　　　　　　│ 이기라 │

1부

프롤로그

1장

1968년의 사건은 혁명인가?*

문화혁명론과 세계혁명론을 넘어 새로운 연구를 위한 시론

신동규(창원대학교 사학과) | 정대성(부산대학교 사학과)

1. '68혁명'으로 호명하기: 한국적 현상?

1968년에 베트남전쟁 반대 운동의 확산과 더불어 프랑스 대학생들의 대학 개혁 요구와 노동자들의 노동 조건 개선과 임금 인상 요구가 분출되었다. 같은 해 5월에 절정에 오르는 이 폭발적 과정은 '68년 5월(Mai 68)'로 명명되고, 흔히 '운동(Mouvement)'이나 '사건(Evénement)'으로 불린다. 40주년을 지나면서 이 사건의 고유한 특징의 연속성과 지속성을 강조하는 용어인 '68년대(les années 68)'(68년의 시대)가 널리 퍼졌으며, '68년 5월'이 파리의 학생운동에 초점을 맞춘 개념이라는 비판이 나오면서 '1968년 5~6월(mai-juin

---

* 이 글은 2018년 대한민국 교육부와 한국연구재단의 지원을 받아 수행 중인 연구계획서의 내용을 대폭 보완하여 재구성했음을 밝힌다.

1968)'이라는 표현도 등장했다. 그러나 유독 우리나라에서는 이 사건을 '혁명'으로 부른다. 「68혁명과 현대 프랑스 문학장」(2007), 「68혁명과 자율운동」(2008), 「68혁명 이후 고다르의 몽타주 개념의 진화」(2017), 「68혁명과 한국개신교」(2018) 등 다양한 분야의 많은 연구가 1968년의 사건을 '혁명'으로 정의하고 있다. 우리나라에서 관찰되는 이러한 경향은 1985년 백산서당에서 출간한 『프랑스 5월혁명』과 함께 시작되었다. 이 책은 『어떤 대학? 어떤 사회?(Quelle Université? Quelle societé?)』를 번역해 소개한 것으로 1968년에 발간된 학생 신문의 논설이나 운동 조직의 성명서, 각종 회의의 메모 등이 실려 있다. 백산서당 편집부는 「이 책을 펴내면서」를 통해 이 사건을 '혁명'으로 명명한 이유를 드골(De Gaulle) 정권의 붕괴에서 찾는다.

> 이 책은 '5월 혁명'이라는 프랑스 신화의 이야기이다. 1968년 파리 근교인 낭떼르에서 일어난 조그마한 규모의 학생시위가 발단이 되어 프랑스 전역을 학생 혁명운동의 열풍 속으로 몰아넣고 결국 드골 정권을 무너뜨리고만 '5월 혁명'은 하나의 신화였는지 모른다. ······ 그러므로 이 책은 '5월 혁명'을 객관적으로 기술한 것이기 보다는 혁명을 일으킨 장본인들의 열기가 살아 숨 쉬고 있는 하나의 새로운 시대를 위한 선언이다(백산서당 편집부, 1985: 9).

그러나 이러한 관점은 논란의 여지가 있다. 드골은 1969년 4월 상원 개혁 및 지방분권에 관한 국민투표에서 47.42%를 얻는 데 그쳐 사임했다. 오히려 1968년 프랑스의 정치적 위기 속에, 드골의 의회 해산 이후 6월 30일에 치러진 총선거에서는 친드골 우파가 394석을 획득해 91석에 그친 좌파를 압도적으로 누르고 승리했다. 1968년 5월과 6월에 '침묵하던 다수(majorité silencieuse)'는 좌파에게 패배를 안기며, 드골의 정치생명을 연장해

주었으며, 의회에서 좌파의 입지는 직전 총선거에 비해 절반으로 줄어들었다. 즉, 1968년의 사건은 즉각적인 권력 구조의 변화나 체제 전복을 이루어낸 사건은 아니었다. 이러한 의미에서 1968의 사건은 체제 전복을 겨냥한 정치적 사건으로서 고전적인 의미의 혁명이 아닌 것이다. 이 사건은 정치 구조의 변화보다는 프랑스인들의 의식구조 변화에 중요한 영향을 미쳤다는 평가를 낳았다. 로랑 조프랭(Laurent Joffrin)은 "5월 이후 프랑스인들은 이전과는 다른 방식으로 생각하고, 느끼고, 말하고, 옷을 입고, 아이들을 교육하고, 부부가 관계를 맺고, 여가를 보냈다"(이재원, 2008: 342에서 재인용)라고 지적했다. 이러한 변화를 설명하기 위해 '문화혁명'이라는 해석이 등장했던 것이다.

1968년에 수많은 팸플릿이나 구호에 등장하는 '혁명'이라는 표현은 이 사건을 혁명으로 만들고자 했던 운동가들의 열망이나 자신들의 행위를 혁명이라고 여겼던 급진 좌파가 간직한 믿음의 산물이다. 이것은 이 사건을 혁명으로 명명하는 것과는 별개의 문제이다. 물론 '문화혁명'이라는 해석도 이 사건을 혁명이라고 정의하는 근거가 되기는 어렵다. 엄밀한 의미의 정치적 사건으로서의 '혁명'은 '혁명적인 것', 혹은 '혁명적인 변화'와 구분해야 하기 때문이다.

2. 신화화된 68운동의 문화적 해석 해체의 필요성

1968년의 문화적 해석은 이제 해체되어야 한다. 짧게는 20세기의 역사, 길게는 근대 저항운동의 흐름을 바꾸어놓았다고 평가해도 과하지 않을 '68운동'이 일어난 지도 반세기가 흘러 2018년 50주년을 맞았다. 그러나 여전히 우리를 지배하는 담론은 1968년의 명료하지 않은 '정치문화적 효과'이며, 아직도 1968년을 각인한 '사건들의 실체'는 비교적 어두운 심연에 가라앉아 있는 듯하다. 10주년, 20주년, 30주년, 40주년을 거치면서 68년의 기념화 및 역사화가 동시에 이루어져 왔음은 익히 알려진 대로다. 그러나 어느덧 68운동이 50년이라는 타임라인 속에서도 여전히 상당 부분 어둠에 묻혀 역사적 명료화 작업이 긴요한 데 반해, 1998년에 이루어진 이른바 '민감한 사료'(경찰청 문서를 비롯한 정부 문서)의 공개에서 시작된 본격적인 역사적 분석은 아직 시작 단계에 머물러 있다. 그러는 사이 '68운동'은 다양한 개인 기억과 집단 기억을 양산해냈으며, 현실의 정치적 지형에서 '기억'과 '역사'의 불꽃 튀는 대결이 벌어지는 치열한 논쟁의 장으로 자리 잡아갔다. 이러한 상황은 1968년의 저항운동이 치열했던 곳일수록 더더욱 정치적 진영 논리에 휩싸여 표출되었으며, 특히 독일과 프랑스에서는 68운동이 공식적인 '역사(화)'라기보다는 '경험(집합)'으로 인식되는 경향이 두드러졌다. 정치적 해석 논리와 결부되는 68운동의 부단한 현재성에서 기인하는 미숙한 역사화가 문제의 진원지였다. 이를 통해 사건의 실체적 인식은 뒷전으로 밀리고, 정치적·사회적 파급력이 가히 메가톤급이던 이 사건을 쉽사리 또는 단순히 '문화혁명'의 틀로 파악하거나, 거창하되 분석과 해석에서 난제를 야기할 수밖에 없는 '세계혁명'의 틀에 담아보려는 시도들로 나타났다.

그러나 이러한 해석은 수많은 경험담과 후일담이 난무하며 도리어 사건의 실체 자체에 대한 접근과 천착이 제한되거나 한계에 부딪힘에 따라, 사건 주변부 탐구나 사건의 개요와 포괄적 설명에 머물 수밖에 없어 도출된 결과라는 점을 필히 인식해야만 한다. 즉, 청년문화와 세대 갈등 및 권위주의 비판을 담론의 중심에 두는 문화혁명론은 68운동이 폭발하는 전사(前史)적 혹은 배경적 조건에 대한 '일국 차원'의 해석에 기반을 둔 바가 무엇보다으며, 저항운동의 전 지구 차원의 확산에 주목하고 그 저항의 지도가 그려낸 광대한 전선의 규모와 범위에 특히 초점을 맞춘 세계혁명론은 1968년에 일어난 사건들의 동시다발성과 유사성에 주목한 '국제 차원'의 해석이다. 결과적으로 세계혁명론의 관점은, 직접 정치체제를 전복하지 못한 데서 기인하는 68운동의 정치적 '실패'라는 한계에 대한 주목에서 거두어온 시선을 문화혁명론으로 돌리는 효과를 발하며, 68운동은 무엇보다 '문화'혁명이라는 이미지를 강화하는 데 기여하는 예기치 못한 아이러니를 낳았다고 볼 수도 있다.

물론 문화혁명론과 세계혁명론이 주목하는 대학의 위기와 권위주의, 베이비붐 세대와 인구 변동, 일상생활의 요구와 정치투쟁 형태의 변화, 혁명적 저항운동의 세계화와 국제화된 아이콘들(호찌민, 체 게바라, 마오쩌둥 등) 등의 주제에 대한 고찰이 68운동의 성격 이해에 적잖이 기여한 대목은 부인할 수 없다. 그러나 이를 통해 역설적이게도 68운동 그 자체의 역동성보다는 이 사건 밖에 존재하는 것들(환경 및 파생 양상)에 더욱 주목할 수밖에 없게 되었다. 따라서 이제 68운동 연구의 지평을 넓히기 위해서는 무엇보다도, 그 운동에 명칭을 부여한 본질적이고 핵심적인 사건 그 자체에 주목할 필요가 있다. 즉 '68년의 사건들' 자체에 내재된 논리에 곧장 주목해, 제 사건을 구성한 위기 요소들이 특정 역사문화 공간에서 동시에 작동하고 작용하는 '사건성(événementialité)'을 심층적이고도 본질적으로 고찰해야만 하는 것이다.

3. '결정적 사건'의 초국적 구성

잉그리트 길허홀타이(Ingrid Gilcher-Holtey)는 피에르 부르디외(Pierre Bourdieu)가 제안한 '결정적 사건(événement ciritique)'[1] 개념을 통해 다양한 위기 요소가 1968년이라는 시점의 특정 지점에서 일시에 발생하는 동시성(synchronisation)을 분석해 '위기의 확산' 논리를 읽어냈다(Gilcher-Holtey, 1997: 165~184). 이러한 접근 방식은 68운동을 전체적으로 조망하면서 위기 요소들을 하나로 묶어내고 사건의 역동성을 설명하는 데 기여했으나 일국 차원의 분석일 수밖에 없었다. 더욱이 그 후의 '사건성(événementialité)'에 초점을 맞춘 분석들은 프랑스에서 각각의 위기 요소에 대응하는 행위 주체들의 역할에 주목하는 경향을 보였으며, 이는 지역별·산업별·직능별로 각기 다른 행위 주체들의 역할에 대한 분석으로 나타났다(Dreyfus-Armand, 2000; Vigna, 2007; Damamme, 2008; Artières, 2008; Vigreux, 2010; Benoit, 2011). 독일의 경우 68 연구의 주제와 소재가 다변화되고 확장되는 특성을 보여왔고, 근자에 들어서는 역사학에서 새로이 주목받는 분야인 감정사 및 기억의 문제라는 측면에서도 68운동이 다루어지고 있다(Pilzweger, 2015; Verlinden, 2015; Behre, 2016). '사건성'과 관련한 접근 방식의 경우 독일 68운동의 '결정적 사건'에 해당하는 '6월 2일 사건'에 대한 연구(Soukup, 2007; Baer·Bitsch and Dellwo, 2010; Soukup, 2017; Michels, 2017)는 여전히 시작 단계에 머물러 있으며, 전문 역사학자의 작업 결과물은 손에 꼽을 만하다. 게다가 엄밀하게 따지자면 부르디외가 제안한 개념으로서의 '결정적 사건'이라고 하는 분석 틀과 맥을 같이하지

---

1) '결정적 사건' 개념은 피에르 부르디외(Pierre Bourdieu)가 『호모 아카데미쿠스(Homo academicus)』에서 설명했다(Bourdieu, 1984: 207).

못한다는 맹점도 분명히 존재한다.

　이러한 연구의 한계를 극복하기 위해서는 위기 요소의 초국적(transnational) 구성을 통해 국제적인 체제 비판으로서 68운동의 '사건성'에 주목할 필요가 있다. 즉, 1968년에 폭발하는 유럽 차원의 다양한 위기 요소의 초국적 순환(transnational circulation)의 논리를 이해하고, 이를 바탕으로 '결정적 사건'을 구성하는 타임라인을 재설정할 필요가 있다. 유럽 68운동의 핵심 지점이 프랑스와 독일이라는 데는 이견이 없다. 특히 문화혁명의 프레임을 만든 68운동의 상징성은 프랑스가 전유한 듯하다. 하지만 프랑스의 68혁명이 전 세계로 퍼져나갔다는 속설은 적지 않은 오해의 산물이다. 물론 1968년 5월에 빛나게 타올라 1000만 노동자의 파업으로 번진 프랑스의 상황이 유럽의 경계를 넘어선 전 세계적 운동의 찬란한 절정으로 그 대표성을 인정받는 것은 마땅한 일이다. 그러나 위기 요소들의 시간 배열을 살펴볼 때 유럽 68운동의 진원지는 독일이라 할 수 있으며, 당대의 신좌파 운동이 특히 주목한 것도 독일과 프랑스의 학생운동이라는 점도 간과해서는 안 될 것이다. 하지만 프랑스의 68운동 40주년 학술대회들에 1968년 총파업이 그 파장에 비해 이상하리만큼 과소평가되고 있다는 지적이 나온 것은 학생운동에 대한 과도한 방점과 관련해 되새겨볼 만한 지점이다.

　여하튼 독일과 프랑스가 중심에 놓이는 유럽을 넘어 지구적 차원으로 시선을 옮긴다면 1968년 저항 운동의 진원지를 찾는 것은 쉬운 일이 아니다. 그럼에도 일종의 맥락과 접점을 조심스럽게 진단하는 것은 가능하다. 일단 1968년 4월 11일 독일의 루디 두치케(Rudi Dutschke) 암살 미수 사건은 바로 일주일 전에 일어난 마틴 루서 킹(Martin Luther King) 암살 사건과 연관이 없지 않았다. 그리고 킹 암살 사건의 뿌리는 1년 전 봄으로 거슬러 올라간다. 인권운동가에서 반전활동가로의 극적인 전환을 보여준 마틴 루서 킹의

1967년 4월 연설이 그것이었다. 이 연설은 반미·반제국주의 동맹을 강조하는 체 게바라(Che Guevara)의 트리컨티넨탈리즘이 점점 더 강력한 정치적 의미를 획득하던 시기에 이루어졌던 것이다.

킹의 연설 불과 두 달 뒤, 서독 학생운동 급진화의 시발점인 베노 오네조르크(Benno Ohnesorg) 사망 사건은 이란 국왕의 베를린 방문에 맞선 시위 도중 발생한 일이었다. 이란 독재자가 독일 68운동의 강력한 발화점을 제공한 것이다. 그리고 1968년 봄까지 프랑스의 공산주의자들과 급진적인 학생들은 그리스와 스페인의 독재정권에 대한 격렬한 비판을 이어나가고 있었다. 드골의 권위주의 체제에 대한 바판은 이 연장선에 있었다. 이렇게 당대 68운동의 세계는 국제적인 사건의 연결과 상호 영향이 모종의 관계망처럼 작동하는 시대였다. 그런 대목에서 유럽과 미국을 넘어 위기 요소의 초국적 순환을 세계적인 차원으로 확장할 가능성도 조심스럽게 타진해볼 여지가 있는 것이다. 게다가 동유럽 사회주의권의 상황은 전후 질서를 뒤흔드는 촉매제 역할을 하고 있었다. 1953년 동독의 반체제 저항을 시작으로 1956년 헝가리 봉기를 거쳐 1968년 프라하의 봄으로 이어지는 현실 사회주의 실험의 위기는 미소를 중심으로 작동하는 국제 관계에 영향을 미쳤을 뿐만 아니라, 전 세계적으로 신좌파와 구좌파를 나누는 확실한 분기점이 되었다. 동유럽 봉기의 진압을 놓고 소련의 결정을 추종하는 구좌파를 겨냥한 신좌파 진영의 비판과 환멸은 프라하의 봄을 통해 그 임계점에 이른 것이다. 이렇게 새로운 형태의 좌파 운동이 분출하는 1968년은 시대정신의 초국적 순환이라는 관점에서도 명확하게 파악할 수 있다.

4. 1968년의 시간성: '장기 60년대'와 '68년'

유럽 차원의 다양한 위기 요소의 초국적 순환 논리 위에 독일의 '장기 60년대(die langen 1960er Jahre)'와 프랑스의 '68년대'라고 하는 역사적 구분을 통해 '결정적 사건'을 고찰하고, 초국적 위기 확산의 결과로서 68운동의 상호 관계에 천착하기 위해 '결정적 사건'을 세 가지 층위에서 접근할 필요가 있다. 첫 번째는 일국 차원의 '결정적 사건'에 대한 고찰이다. 이미 잉그리트 길혀홀타이 등이 파리의 바리케이드의 밤 등을 결정적 사건으로 분석한 바 있다. 이를 통해 68운동이라는 사건이 전개되는 내재적 논리를 읽어낼 수 있다. 두 번째로는 좀 더 거시적인 지구 차원의 '결정적 사건'이다. 유럽 각국의 68운동은 베트남에서의 이른바 구정 공세의 전개와 마틴 루서 킹 암살 사건 등과 깊은 관계가 있다. 이를 통해 일국 차원의 결정적 사건들이 어떻게 국제적인 사건과 연관되는지 파악할 수 있다. 마지막으로는 유럽과 아메리카의 상호 관계에서 만들어지는 트랜스 애틀랜틱 차원의 결정적 사건에 대한 고찰이다. 이러한 접근은 68운동을 각각의 국가에서 발생한 일국 차원의 사건 혹은 그 일국 차원 사건들의 국제 관계를 넘어 68운동을 초국적 네트워크와 담론의 초국적 순환(transnational circulation)을 통해 살펴볼 수 있는 길을 열어줄 수 있다.

68운동을 연속된 사건들로 만드는 데 기여한 '결정적 사건'과 이것을 중심으로 한 사건들의 새로운 위계를 살펴보기 위해 68운동을 '장기 60년대'와 '68년대'의 중심에 둠으로써 '장기 68년(long 68)'이라는 새로운 역사적 시간성을 구축할 수 있다. 1960년대 중반에 돛을 올린 독일의 학생운동은 한 대학생이 경찰의 총에 맞아 사망하는 '6월 2일 사건'이라는 '결정적 사건' 속에서 1차 폭발을 일으킨다. 이것을 '장기 68년'의 출발점인 첫 번째 결정적 사건으로 자리매김할 것이다. 1960년대 중반 이후 서베를린을 중심으로 진행되던 사회 비판 운동의 흐름이 변곡점에 이르는 것이다. 이를 통해 '장기 60년대'라는 국면은 68운동의 폭발이라는 지점으로 양질전화 하는 것이다. 즉, 6월 2일 사건은 '장기 60년대의 전환점'으로서, '장기 60년대의 내파·종언'과 '68운동 국면의 폭발'이라는 변곡점으로 기록되어야 한다. 나아가 이 폭발력은 이듬해 1968년 4월 11일에 운동의 아이콘인 두치케 암살 기도 사건으로 시작되는 이른바 '부활절 소요·봉기'라는 두 번째 '결정적 사건'이자 독일 68운동의 '절정'을 통해 완전히 새로운 국면에 접어드는 것이다.

물론 기존 68운동 연구에서 드러나듯, 1950년대 말부터 1970년대 초반에 이르는 이른바 독일의 '장기 60년대'에 진행된 개혁과 자유화 바람에 주목할 만한 이유가 분명하고, 이 시기에 충분한 의미를 부여할 필요성은 68운동 연구에서도 대체로 인정하는 편이다. 하지만 장기의 60년대가 이른바 68년의 폭발력을 숨기거나 경시할 정도로 '장기적'이고 '지속적'이며 '근본적'이라고 강조하는 대목에 이르면 이야기는 달라진다. 1950년대 후반부터 1970년대 초반까지를 아우르는 '장기 60년대'가 핵심이고, 68은 그 마지막에 오는 어떤 사건이라는 주장에 곧이곧대로 동의하기 힘든 이유이다. 1950년대 후반부터의 개혁과 자유화 바람은 분명 지속되었지만, 1967년 독일에서 발생하는 이른바 '6월 2일 사건'의 폭발력 속에서, 장기 60년대는 동력을 잃고 이른바 독일 '68혁명·운동'은 새로운 단계를 맞이한다. 이렇게 장기 60년대의 틀을 깨고, 6월 2일 사건은 '장기 68운동'의 결정적 사건으로, 두치케 암살 기도 사건은 1968년에 한정한다는 의미의 '단기 68운동'의 결정적 사건으로 볼 때 역사적 해석의 지평이 변화한다는 것을 알 수 있다.

독일의 두 사건 사이에는 프랑스에서 전개된 베트남전쟁 반대 시위와 낭테르대학의 '3월 22일 운동'이 자리 잡고 있다. 이 사건이 독일계 프랑스 학생인 다니엘 콘벤디트(Daniel Cohn-Bendit)라는 상징적인 아이콘을 만들어냈다는 점에서 중요한 의미가 있다. 프랑스에서 일어난 저항운동에는 알제리 전쟁의 경험이 뿌리 깊게 자리하고 있었으며, 이러한 반전시위는 파리 도심에서 미국의 상징물들을 공격하는 데까지 이르게 되었다. 당시 프랑스 대학의 위기와 공권력의 폭력은 5월 10일 바리케이드의 밤으로 표출된다. 이 바리케이드의 밤이 프랑스 68운동의 결정적 사건이자 상징으로 간주되었다. 이러한 인식은 적어도 1789년 혁명 당시부터 이어지는 프랑스의 전통과 맞닿아 있으며, 특히 1968년 학생운동의 선도적 역할을 부각시킨다. 그러나 이것이 1968년 총파업이라는 또 하나의 거대한 물결을 삼켜버릴 만큼 고착된 이미지를 만들었다는 것도 부인할 수 없다. 따라서 바리케이드의 밤에 뒤이은 5월 13일의 대규모 시위와 노동자 파업, 그르넬 협정과 노동총연맹의 새로운 전략으로 이어지는 일련의 사건 속에서 결정적 사건 사이의 위계를 살펴보는 것은 무엇보다도 중요하다.

특히나 독일 68운동의 '결정적 사건'은 시기상 프랑스의 5월보다 한 달가량 앞서는 것으로, 실제로 프랑스에서 저항 연대 시위가 일어나고, 프랑스 68이 폭발에 주요한 계기로 작용했다. 따라서 우리가 주목할 것은 프랑스의 5월, 6월 저항운동의 출발점인 3월 22일 운동과 독일의 두치케 암살 시도 사건 사이의 상호 관계와 이 사건들의 배경이 되는 6월 2일 사건과 베트남전쟁 반대 운동의 연관성 등이다. 이런 일련의 과정을 통해 유럽 68운동의 주요 국가인 독일과 프랑스는 상호 간의 영향 속에서 68운동의 '핵심 서사'를 만들어나갔다.

그러나 독일적 분출과 상호작용의 결과로 형성된 프랑스의 결정적 사건들은 독일과는 전혀 다르게 새로운 국면으로 흘러간다는 점을 간과해서는 안 된다. 프랑스에서는 5월 13일 이후 각 공장에서 연쇄적으로 발생하는 자발적 파업의 물결이 일었다는 것이다. 결국 공장과 대학의 연대라는 새로운 전선의 형성은 1960년대 말부터 1970년대 초의 저항적 체제 비판을 규정하는 '1968년대'라는 시대 인식의 틀을 만들어내기에 이르렀다. 따라서 '결정적 사건'을 통해 독일과 프랑스의 68운동을 분석하고 연결하는 작업은 유럽을 넘어 세계사 차원의 68 연구에서 주요한 출발점을 이룰 수 있음이 분명하다. 68운동의 촘촘한 지형도를 그리는 작업의 토대를 다름 아닌 두 나라에서 일어난 68운동의 '결정적 사건'의 재구성과 의미 부여에서 시작하는 것은 중요한 의미가 있는 일이기 때문이다.

참고문헌

백산서당 편집부 엮음. 1985. 『프랑스 5월 혁명』. 백산서당.

이재원. 2008. 「프랑스의 '68년 5월': 40주년 기념과 평가」. ≪서양사론≫, 100호.

Artières, Philippe et al. 2008. *68: Une histoire collective 1962-1981.* Paris: Editions La Découverte.

Dellwo, Von Karl H., Willi Baer and Carmen Bitsch. 2010. *Der 2. Juni 1967.* Hamburg.

Benoit, Bruno et al. 2011. *A chacun son Mai? Le tour de France de mai-juin 1968.* Rennes: Presses Universitaires de Rennes.

Bourdieu, Pierre. 1984. *Homo academicus.* Paris: Editions de Minuit.

Damamme, Dominique et al. 2008. *Mai juin 68.* Paris: Les Editions de l'Atelier.

Dreyfus-Armand, Geneviève et al. 2000. *Les années 68, Le temps de la contestation.* Bruxelles: Editions complexe.

Gilcher-Holtey, Ingrid. 1997. "La nuit des barricades." *Société & Représentation*, Vol.4, pp. 165~184.

Katsiaficas, Georges. 1987. *The Imagination of the New Left: A Global Analysis of 1968.* New York: South End Press.

Marwick, Arthur. 2000. *The Sixties: Cultural transformation in Britain, France, Italy and the United States.* Oxford: Oxford University Press.

Michels, Eckard. 2017. *Schahbesuch 1967: Fanal für die Studentenbewegung.* Berlin.

Ory, Pascal. 1983. *Entre-deux-mai, Histoire culturelle de la France, mai 1968-mai 1981.* Paris: Edition du Seuil.

Pilzweger, Stefanie. 2015. *Männlichkeit zwischen Gefühl und Revolution: Eine Emotionsgeschichte der bundesdeutschen 68er-Bewegung.* Bielefel.

Sirinelli, Jean-François. 2007. *Les baby-boomers. Une génération 1945-1969.* Paris: Fayard.

Soukup, Uwe. 2007. *Wie starb Benno Ohnesorg? Der 2. Juni 1967.* Berlin.

Soukup, Uwe. 2017. *Der 2. Juni 1967: Ein Schuss, der die Republik veränderte.* Berlin.

Verlinden, Karla. 2015. *Sexualität und Beziehungen bei den »68ern«: Erinnerungen ehemaliger Protagonisten und Protagonistinnen.* Bielefel.

Behre, Silja. 2015. *Bewegte Erinnerung: Deutungskämpfe um "1968" in deutsch-französischer Perspektive.* Tübingen.

Vigna, Xavier and Jean Vigreux(ed.). 2010. *Mai-juin 1968, Huit semaines qui ébranlèrent la France*. Dijon: Presses Universitaires de Dijon.

Vigna, Xavier. 2007. *Insubodination ouvrieve dans les années 1968, Essai d'histoire politique des usine*. Rennes: Presses universitaire de Rennes.

Wallerstein, Immanuel and Sharon Zukin. 1989. "1968, Revolution in the World-System: Theses and Queries." *Theory and Society*, Vol.18, No.4, pp.431~449.

Winock, Michel. 1987. *Chnonique des années soixante*. Paris: Editon du Seuil.

2부

—

1968년의 연대, 저항, 변화

2장

영국의 반전운동과 68

베트남 연대 운동을 중심으로

원동필(부산대학교 사학과)

1. 영국 68세대의 특수성

서구 68혁명은 주로 미국, 독일, 프랑스, 이탈리아, 체코에서의 봉기와 함께 논의되어왔다. 반면 영국은 68혁명의 주변부였다. 스테드먼 존스(G. Stedman Jones)는 1969년에 일어난 학생 봉기의 의미를 논하는 글에서 미국, 독일, 프랑스의 사례를 드는 반면, 영국에는 그와 같은 대칭적인 힘이 존재하지 않는다는 것을 보여주었다. 노동당의 보수주의와 실용주의, 경험주의로 인해 노동운동의 급진성이 거세당했으며 학생운동은 그 벽을 뚫고 일어서고 있지만, 그 힘은 대륙의 경험과 크게 비교된다고 썼다. 페리 앤더슨(Perry Anderson)은 영국이 노동운동의 역사에서 혁명적 변동을 이끌어낼 봉기의 실천 경험이 없으며 서유럽 주요 국가들 중에 학생운동의 폭발적 성장을 경험하지 못한 유일한 국가라고 썼다. 앤더슨은 이를 영국 사회의 문화적인 전통에서 기인하는 것으로 그 의미를 확장했다(Jones, 1969: 53; Anderson, 1969: 215~216).

그러나 미국이나 유럽 대륙과 비교될 수는 없지만 1965년부터 1969년 사이에 일어난 투쟁들은 영국의 반전운동이라는 사회운동사의 맥락에서 중요한 고리가 되었다. 1957년에 시작된 영국 핵무장 해제 캠페인(Campaign for Nuclear Disarmament: CND)은 영국에서 시작되어 유럽 전역으로 확산되면서 영국과 유럽을 가로지르던 냉전의 심성구조를 붕괴시키고 1960년대 새로운 급진주의 운동이 출현할 수 있는 계기를 만들어냈다. 핵무장 해제 캠페인과 함께 영국 사회에 등장한 지식인 활동가 그룹들은 스스로를 신좌파로 규정했다. 스탈린주의에 물든 구사회주의의 정통 마르크스주의와도 다르고, 서유럽 국가들에서 자본주의 체제에 적응한 노동당이나 여타 사민주의 정당도 반대하며 새롭게 형성된 좌파라는 의미에서 그들은 스스로를 신좌파로 여겼다.

1963년 핵무장 해제 캠페인의 활동이 점차 약화되자 그 공백을 메운 것이 베트남전쟁 반대 운동이다. 1965년 미국은 통킹만 사건을 빌미로 베트남에서의 작전 범위를 넓히고, 병력을 50만 명으로 대폭 증원한다. 남베트남에서 결성된 베트남민족전선(Vietnamese National Liberation Front: NLF)뿐 아니라 북베트남을 겨냥해 전선을 확대했다. 1967년에 출범한 베트남연대운동(Vietnam Solidarity Campaign: VSC)은 미국의 베트남 침공에 맞서 반제국주의 저항운동을 주도함으로써 영국 급진주의 운동의 새로운 장을 열었다. 핵무장 해제 캠페인을 주도한 영국 1세대 신좌파는 적극적 중립주의(Positive Neutralism)를 표방했지만, 베트남연대운동을 주도한 2세대 신좌파는 반제국주의와 베트남민족해방전선의 승리(Victory for National Front of Liberation)를 지지했다. 적극적 중립주의는 영국의 외교정책이 나토 체제에도 반대하고,

소련 중심의 공산주의 진영과도 독립된 길을 가야 한다는 것이다. 반면 2세대 신좌파는 제3세계에서의 사회주의 혁명의 승리를 지지하고 연대할 것을 결의했다. 그들은 중립주의를 거부하고 사회주의를 선택했다.

베트남연대운동은 1966년 버트런드러셀평화재단(Bertrand Russel Peace Foundation)에서 러셀의 개인 비서로 있던 랄프 쉰만(Ralph Schoenman)의 요청으로 노동당에서 축출된 국제마르크스주의그룹(International Marxist Group: IMG)의 활동가 켄 코츠(Ken Coats), 팻 조던(Pat Jordan) 등이 주도해 만든 단체이다. 쉰만과 만난 코츠는 버트런드러셀평화재단의 상근자가 되었고, 조던은 베트남연대운동의 상근자가 되었다. 그들의 급여는 평화재단이 제공했다. 베트남연대운동은 미국의 베트남 침공에 반대하고, 미국을 지지하는 윌슨 노동당 정부에 저항하기 위해 만든 조직이다. 베트남연대운동은 베트남전에 반대하는 여러 조직, 개인들을 아우르는 베트남연대운동특별위원회(Ad-Hoc Committee)를 구성해 반전 투쟁을 주도함으로써 1960년대 후반 영국 사회운동의 중심으로 부상했다. 베트남연대운동은 대학 분쟁으로 급진화되고 있던 당대 학생운동의 핵심 세력을 적극적으로 조직하면서 반전운동의 중심으로 떠오른다(Tate and Hearse, 2016).

1965~1969년 이들의 전투적 행동주의는 반전 여론을 고조시키는 데 크게 기여했으며, 학생 급진주의자들이 마르크스주의로 전향하는 데 결정적인 영향을 미쳤다. 1968년 10월 27일 '가을 공세(The Autumn Offensive)'에는 10만 명이 참여했다. 1969년 영국 내 반전운동은 점차 소강상태로 접어들었지만, '68년의 아이들'은 1970년대에 영국에서 등장한 사회운동의 주체가 되었다. 더불어 1965~1969년에 지속된 베트남전쟁 반대 운동은 1980년대 크루즈 미사일과 퍼싱투 미사일의 영국 배치에 저항해 일어난 2차 핵무장 해제 캠페인, 2002년 미국의 이라크 침공에 저항하는 반전운동으로 이

어지는 영국 반전운동의 흐름을 잇는 중요한 매개가 됐다. 영국의 반전운동은 단일 쟁점 운동으로는 가장 큰 규모로 대중을 동원하는 사회운동으로 자리 잡는다.

연구자들 간에도 영국 68을 주도한 베트남연대운동이나 극좌파 단체에 대한 평가는 엇갈린다. 신사회운동에 관심을 둔 연구자들은 베트남연대운동의 성과가 미미했으며 새로운 운동을 촉발할 수 있는 상상력이 없다고 비판했다. 반면 타리크 알리(Tariq Ali), 데이비드 위저리(David Widgery), 어니스트 테이트(Ernest Tate) 등은 당대 운동의 활동가이자 지도자로서 영국에서의 반전운동과 68년의 경험을 68혁명의 보편적 성과 속에 자리 잡게 했다. 이와 같은 견해차는 정치적이며 이론적인 쟁점을 반영한다. 1968년 영국의 학생운동, 반전운동을 주도한 조직들은 노동당에 반대하고 구사회주의 체제에 반대하는 정치적·이론적 관점을 보였지만, 다른 국가의 68세대와는 구별되는 점이 있었다. 영국의 68세대는 라이트 밀스(C. Wright Mills)나 허버트 마르쿠제(Herbert Marcuse)와 같은 급진주의자들의 영향을 받기보다 안토니오 그람시(Antonio Gramsci), 로자 룩셈부르크(Rosa Luxemburg), 블라디미르 레닌(Vladimir Lenin)에게로 돌아섰다는 점에서 우리에게 익숙한 신좌파와는 아주 다른 형태를 띠었다. 영국의 '68년의 아이들'은 페리 앤더슨(Perry Anderson)이 고전적 마르크스주의(classical Marxism)라고 지적한 이론적이고 정치적인 흐름을 수용했으며, 소규모 트로츠키 그룹이 주도한 베트남연대운동에서 '공동의 행동 지반'을 발견했다. 신좌파와 고전적 마르크스주의의 관점은 베트남연대운동에 대한 평가에서도 큰 차이를 보인다.

이 장에서는 국제마르크스주의그룹과 같은 소규모 분파가 주도한 베트남연대운동이 어떻게 1965~1969년에 영국 반전운동의 중심으로 성장할 수 있었는지를 개관한다. 베트남연대운동은 이념적으로 고전적 마르크스주의에 속하는 국제마르크스주의그룹이 주도했지만, 신좌파의 감각으로 활동하는 독특한 흐름을 보였다. 이들은 분파주의적이지 않았고, 패권에 집착하지도 않았다. 또한 1960년대 문화혁명의 주된 흐름을 형성했던 하위문화에 완전히 통합되지는 않았지만, 그 변화의 바람을 좌파 문화 속에 수용하고자 했다. 이들은 고전적이면서도 현대적이었다. 베트남연대운동은 마르크스주의적이었지만, 새로운 활동 형태를 개발하고 미디어를 활용하고 대중음악인들과 교류했으며, 탈위계적인 평등주의를 지향했다. 전위조직과 같은 응집성을 보였지만 대중운동의 흐름과 함께했다(Hughes, 2012: 182~185; Green, 1997: 62~65).

이 장에서는 베트남연대운동을 중심으로 영국의 68을 소개하고자 한다. 첫째, 베트남연대운동을 1957년부터 1963년까지 지속된 핵무장 반대 운동과의 관계 속에서 논한다. 두 운동 모두 반전운동이라는 공통성과 인적 연속성이 있기 때문이다. 둘째, 베트남연대운동의 조직과 활동 방식의 측면에서 이 운동의 성공 요인을 분석한다. 베트남연대운동은 비록 극좌파 마르크스주의자들이 주도했지만, 이들의 조직 운영은 새로운 세대의 실천에 조응하는 것이었음을 살펴보고자 한다. 셋째, 베트남연대운동을 주도한 국제마르크스주의의 이론적·정치적 관점에서 이 운동이 어떻게 학생운동의 주류를 조직할 수 있었는지를 논한다. 이 과정에서 베트남연대운동이 학생운동과의 접촉에서 미디어와 대중문화, 이론을 얼마나 효율적으로 활용했는지를 밝힐 것이다.

2. 핵무장 반대 운동의 계승과 단절

베트남연대운동은 핵무장 반대 운동에서 시작된 전후 반전운동의 큰 흐름 속에서 보아야 한다. 1957~1963년 영국에서 핵무장 반대 운동을 주도한 핵무장 해제 캠페인은 올더마스턴 행진(Aldermaston March)을 통해 전후 영국 급진주의 세대를 조직했다. 올더마스턴은 핵무기 연구 시설이 있는 영국의 군사기지였다. 1958년의 행진은 런던에서 올더마스턴을 향해 진행되었고, 1959년부터는 올더마스턴에서 런던으로 향했다. 행진은 부활절 연휴 기간에 3박 4일 동안 걷는 것이었다. 참여자들은 함께 걷고 자면서 정치 쟁점을 토론하고, 전술 방향의 옳고 그름을 두고 논쟁했으며, 구호를 외치고 노래를 불렀다. 청(소)년들은 자신이 살던 지역에서 벗어나 새로운 벗을 사귀고, 정치적 동지를 만났으며 스스로 급진화되었다. 행진은 그 자체로 정치학교였다. 미국 민권운동이 새로운 국면에 접어드는 계기가 된 워싱턴 행진을 주도한 비폭력 운동의 주도자들은 영국의 반전운동 그룹과 함께하던 이들이며, 올더마스턴 행진은 워싱턴 행진의 동기가 되기도 했다.

1961년 이후의 핵무장 반대 운동은 버트런드 러셀과 랄프 쇤만 등이 중심이 된 100인위원회(The Committee of 100)가 주도한다. 1960년 당시 핵무장 해제 캠페인 상임의장이던 러셀은 1961년 초 사퇴하고 새롭게 조직된 100인위원회의 의장이 되었다. 러셀은 핵무장 해제 캠페인의 투쟁 방식이 너무 온건하고 관습적이라고 보았다. 100인위원회 의장이 될 시점에 그의 나이는 이미 88세였다. 100인위원회는 저명인사 100인을 비롯해 핵무장에 반대하는 대중이 시민 불복종운동을 조직함으로써 영국 정부가 핵무기를 포기하도록 하고자 했다. 100인위원회의 공식 목표는 '감옥을 채워 국가의 기능장애를 유발하는 것'이었다. 핵무장에 반대하는 시민들의 불복종운동으로 계속해서 시민들이 구속된다면 핵무장에 대한 대중의 반대 여론을 형성하는 데 큰 도움이 될 것이라고 판단한 것이다. 이들은 핵잠수함 입항 저지, 국방부 앞에서의 연좌시위 등 전투적인 시민 불복종운동을 전개함으로써 대중을 일깨우고자 했다.

1963년 핵무장 반대 운동이 점차 약화되는 시점에 랄프 쉰만의 제안으로 버트런드러셀평화재단이 만들어졌다. 이 재단은 국제적인 전쟁을 반대하고 평화 운동을 지원하는 것이 목적이었다. 러셀은 특정한 목적을 지닌 활동 단체에 개인 이름이 붙는 것에 몹시 반대했지만 평화재단 설립을 지지하던 활동가들은 버트런드 러셀이라는 이름의 권위를 동원하지 않고서는 평화재단의 후원금 모금이 어려울 것이라고 생각했다. 러셀 자신도 실용적인 목적에서 그렇게 해야 한다면 어쩔 수 없다고 판단했다.

1962년 미국은 베트남에 군대를 증파했다. 인도차이나에서의 전쟁은 현실로 다가오고 있었다. 크리스토퍼 팔리(Christopher Parley), 랄프 쉰만 등 평화재단 활동가들은 1964년 이후 북베트남을 수차례 방문했다. 1966년 쉰만은 호찌민(Ho Chi Minh), 팜반동(Pham Văn Đông) 등 북베트남 지도부를 만났다(러셀, 2010: 450). 평화재단은 남베트남에서 활동하는 베트남민족해방전선 지도부를 영국으로 초청해 베트남의 실상을 영국 언론에 폭로하고자 했으나, 윌슨 노동당 정부는 이를 봉쇄했다. 쉰만을 만난 자리에서 북베트남 지도부는 영국에서 이뤄지는 평화운동에 강한 실망감을 표현했다. 북베트남 지도부는 영국의 반전운동 세력에 미국의 침공에 반대하고 베트남민족해방전선을 지지해줄 것을 요청했다. 더불어 쉰만 일행은 북베트남 지도부와 함께 미국을 국제전범재판소에 기소하기 위한 실무 논의를 진행했다. 러셀도 이 시기에는 베트남전쟁이 모든 문제의식의 중심에 있었다고 회고했다. 무엇인가 행동하지 않고서는 안 될 상황이었다. 쉰만과 팔리의 베트남 방문은 남베트남의 현실을 파악하고 이곳에서 자행되는 미군의 전쟁범죄에 관한 기초 자료를 수집하는 데 큰 도움이 되었다.

1965년 당시 영국에서 베트남전쟁 반대 운동을 주도적으로 이끈 주체는 베트남을 위한 영국평화위원회(British Council for Peace in Vietnam)다. 이 위원회의 활동은 핵무장 해제 캠페인에 참여하던 영국 공산당이 주도하고 있었다. 영국 공산당은 모스크바의 지침에 따라 미국과 베트남이 전쟁을 중단하고 평화 협상에 참여하라고 요구했다. 그들은 베트남민족해방전선의 승리와 미국의 베트남 침공 반대를 공식으로 표명하지는 않았다. 소련은 1956년에 헝가리를, 1968년에는 체코를 침공했기 때문에 미국이 베트남을 침공한 것에 강력히 반대할 수 없었다. 소련의 평화공존 정책은 자유주의 세계에서 미국의 경찰국가로서의 역할을 승인한다는 전제 위에 수립되었기 때문에 베트남민족해방전선을 공개적으로 지지할 수 없었다. 그런데도 북베트남 지도부는 모스크바와 베이징을 공개적으로 비판하지 않았다. 두 사회주의 맹주들의 지원을 받지 않고서는 승리할 수 없다는 현실적 판단 때문이었다.

버트런드러셀평화재단이 주최한 베트남민족해방전선 창립 5주년 기념식에서 러셀베트남전범재판소(Russell Vietnam War Crimes Tribunal)를 만들자는 제안이 공식적으로 나왔다. 랄프 쇤만은 베트남전쟁 확전을 도모하는 존슨 행정부를 지지하는 노동당을 비판하고, 베트남민족해방전선과 연대하는 운동을 영국에서 즉각 전개할 것과 미국이 자행하고 있는 전쟁범죄를 국제사회에 알리기 위한 전범재판소 설치를 제안했다. 전자의 제안이 실현된 것이 베트남연대운동의 탄생이고, 후자의 제안이 실현된 것이 러셀베트남전범재판소이다. 베트남연대운동은 국제마르크스주의그룹이 주도적으로 조직했으며, 러셀베트남전범재판소는 쇤만과 ≪뉴 레프트 리뷰(New Left

Review)≫의 재정 담당자 퀸틴 호어(Quintin Hoare)의 역할이 컸다. 호어는 프랑스어, 이탈리아어, 스페인어 등에 뛰어나 전범재판소를 지지하는 학자들을 국제적으로 조직하는 데 큰 힘을 보태었다.

국제마르크스주의그룹은 노동당 좌파와 함께하고 있던 트로츠키주의 조직 사회주의노동자연대(Socialist Labour League)에서 분리된 혁명적 사회주의연맹(Revolutionary Socialist League)에 기원을 두고 있었다. 사회주의노동자연대는 제4인터내셔널(The Fourth International)의 영국 지부였다. 제4인터내셔널은 혁명 정당을 지향하는 트로츠키주의 본류 조직이며 프랑스에 본부가 있었다. 사회주의노동자연대는 노동당의 당원으로서 노동당 좌파의 한 축을 담당했으며, 노동당 청년위원회(Youth Socialist)를 장악하고 이 조직을 활동가를 충원하는 경로로 삼고 있었다. 혁명적 사회주의연맹은 사회주의노동자연대의 활동 방식이 지도부 중심의 패권적이고 독단적이라고 비판하면서, 여기에서 분리된 이들과 1956년 헝가리 사태 이후 영국 공산당을 탈퇴한 이들이 함께 만든 조직이다.

제4인터내셔널은 1965년 연차 총회에서 미국의 베트남 침공을 당면한 정세에 가장 핵심적인 투쟁 사안이라고 결의하고, 제국주의 침략에 대한 저항을 중심 사업으로 선정한 상태였다. 켄 코츠, 팻 조던 등은 1961년 혁명적 사회주의연맹에서 이탈해 국제주의그룹(International Group)을 형성했으며 1965년 국제마르크스주의그룹으로 개명했다. 1963년 이후 사회주의노동자연대가 제4인터내셔널에서 탈퇴하며 독자적인 노선을 추구한 이후 제4인터내셔널의 영국 지부는 공식적으로 부재한 상태였다. 1965년 국제마르크스주의그룹은 제4인터내셔널과 접촉하면서 영국 지부의 지위를 새로 획득했다. 켄 코츠와 팻 조던 등은 1964년 영국 노동당 당대회에서 베트남전쟁 관련 특별 결의안을 제출해 미국을 공식 지지하는 윌슨 행정부와 당 지도부를 공개적으로 비판했다. 당 지도부는 이들의 비판을 반당 활동으로 규정하고 노동당 당권을 박탈했다. 그 과정에서 랄프 쇤만이 이 활동가들을 주목하게 된 것이다(Tate and Hearse, 2012).

베트남연대운동의 초동 주체 모임은 1966년 12월에 열렸다. 이 집회에는 200여 명이 참가했다. 조직의 공식 출범 대회는 1967년 6월에 개최되었다. 이는 러셀베트남전범재판소가 개소해 활동을 시작하는 시점과 겹친다. 버트런드러셀평화재단과 베트남연대운동의 주된 선전 방향은 미국의 베트남 침공이 초래한 인간주의적 재앙을 부각시키는 것이었다. 베트남전쟁을 통해 가공할 만한 힘을 지닌 세계 최강 국가가 가난한 농민의 나라에서 자행하는 학살과 만행의 참상을 부각시켰다. 그들은 미국이 베트남전쟁에서 제2차 세계대전 기간에 투하한 폭탄보다 더 많은 폭탄을 투하했고, 화학무기를 사용했으며, 일방적으로 민간인을 학살하고서는 이를 공산주의자들을 물리치는 것으로 정당화했다. 이와 같은 선전이 대중에게 설득력 있게 다가간 데는 전범재판 기소를 위해 파견된 베트남 현지 조사단이 보내온 정보가 큰 역할을 했다. 이 조사단에는 랄프 쇤만, 베트남연대운동의 대변인 역할을 한 타리크 알리, 미국 기자 등 다양한 사람들이 참여했다. 재판 진행에 앞서 베트남 현지에 파견된 조사관들은 포격이 한창인 전선의 중심부로 들어가 학살이 이뤄지는 현장을 보고, 농민, 의사, 현지 관리들과 인터뷰하면서 증거를 수집했다. 조사 결과는 베트남연대운동의 선전 담당자들이 대학생, 노조 모임 등에 곧바로 전하는 형태를 취했다.[1]

핵무장 반대 운동에 참여한 경험이 있는 대학생들은 미국의 베트남 침공

---

1) 타리크 알리(Tariq Ali)의 『1968년의 자서전』(책과 함께, 2008) 4장에는 베트남 현지 조사단의 활동이 자세히 기록되어 있다.

과 이에 동조하는 노동당 윌슨 행정부에 강한 배신감을 품고 있었다. 윌슨은 노동당 좌파의 지지를 받으며 노동당 당수가 되었고 1964년 총리가 되었다. 그러나 당시 윌슨 행정부는 영국의 산업 현대화를 위해 미국의 지원이 절실히 필요했다. 반면 존슨 행정부는 베트남전쟁을 공산주의와 공산주의의 폭동에 맞서는 자유세계의 전쟁으로 묘사했기 때문에 미국만이 아니라 동맹국들도 참전하기를 절실히 바라고 있었다. 윌슨 내각은 미국의 베트남 참전을 일관되게 지지한다고 밝혔지만 군대는 파견하지 않았다. 물론 7명의 기마부대원을 파견했지만, 이것은 미국과의 외교 관례를 중시하는 상징적인 행위였을 뿐이다. 그러나 공식적인 언설을 보면 윌슨은 철저한 친미주의자였다.

베트남연대운동의 초기 주체는 버트런드러셀평화재단이었다. 그러나 쇤만이 체 게바라의 죽음을 확인하기 위해 볼리비아로 떠난 후 영국으로의 재입국 심사가 거절되면서 베트남연대운동과 평화재단의 공식 관계는 끊어졌다. 쇤만을 눈엣가시처럼 여기던 영국 정보부가 그를 영국에서 영원히 추방하기로 결정한 것이다. 평화재단의 실무진을 장악한 코츠는 더는 베트남연대운동에 재정 지원을 하지 않기로 결정한다. 이런 결정의 배경에는 쇤만이 다양한 활동을 추진하면서 재단의 재정이 고갈 상태에 이르렀기 때문이다. 또한 코츠와 국제마르크스주의자 그룹의 다른 활동가들과의 견해 차도 크게 작용했다. 국제마르크스주의그룹은 코츠를 제명했다(Clark, 1975: 633~637). 국제마르크스주의그룹은 국제사회주의자(International Socialist: IS)와 함께 베트남연대운동 특별위원회의 주축으로 활동했고 운동은 지속적으로 성장했다. 러셀재단과 결별할 무렵, 베트남연대운동은 독립적인 지위와 기반 위에서 활동하고 있었다.

베트남연대운동은 인적으로 핵무장 반대 운동과 연결되어 있었고, 선전과 선동에서 침묵의 범죄와 같은 윤리적 의제를 강조했지만, 이 운동은 반핵운동의 지향점이나 투쟁 방식과는 근본적으로 차이가 있었다. 베트남연대운동은 평화공존과 중립주의를 표방한 것이 아니라 베트남민족해방전선의 승리를 위해 투쟁하고 연대했다. 그들은 미 제국주의에 대한 반대를 뚜렷이 한 점에서 이데올로기 면에서 극좌로 기울어 있었다. 더 나아가 경찰에 대응할 때도 베트남연대운동은 훨씬 전투적이었다. 100인위원회는 시민 불복종운동을 통해 구속도 기꺼이 감수하는 투쟁을 지향했다. 그러나 베트남연대운동은 거리에서 경찰과 부딪치며 맞서 싸우는 것을 지향했다. 베트남연대운동은 사회주의를 선택했으며, 국가 장치는 억압 기구라는 점을 뚜렷하게 자각하고 있는 혁명 지향성 조직이었기 때문이다(프레이저, 1999: 247~249).

3. 베트남연대운동 특별위원회

베트남연대운동의 건설을 위한 초동 모임은 1966년 12월 20일에 열렸다. 그 후 1967년 6월 즈음에 200여 명이 모인 가운데 공식 출범했다. 여러 경향의 트로츠키주의 분파들, 학생운동 조직들, 노동당 좌파 청년 사회주의자들, 지역 반전 단체들이 출범 총회에 참여했다. 랄프 쇤만이 대표가 되었고, 러셀은 명예의장이 되었다. 그러나 이들이 실제로 일상 활동에 참여한 적은 거의 없으며 실무 활동은 국제마르크스주의그룹의 활동가들이 수행했다. 국제마르크스주의그룹은 자신들의 지부가 있는 헐, 노팅엄, 스코틀랜드에 베트남연대운동 지부를 설립했다. 1967년 11월 최초의 전국대회를 개최했으며, 활동에 참여하는 이들의 규모는 지속적으로 확대했다.

연대운동의 대중 동원 규모와 활동이 지속적으로 확대되고 학생 조직들과의 교류도 증가했지만, 이 조직이 응집력을 갖추고 단일 대오를 형성한 것은 아니다. 실무적인 사업 기획, 연결망은 조직 내의 핵심 활동가들이 주도적으로 집행했지만, 연대운동 전체의 활동은 특별위원회(Ad-Hoc Committee) 중심으로 움직였다. 특별위원회는 상시 조직이 아니라 투쟁 사업 단위로 조직되었다. 특정한 날짜에 투쟁이 결정되면 연대운동 실무 활동가들이 전국에 산재한 조직, 개인, 단체에 연락하고, 각 영역의 단체가 대표를 파견하면 실무 논의를 거쳐 작업을 수행하는 방식을 취했다.

어니스트 테이트에 따르면 특별위원회는 되도록 활동을 단순화하고, 논의는 기획된 투쟁 사업과 관련된 것에 한정해 진행했다. 집회 일정과 날짜, 행진 시간과 경로, 핵심 구호와 선동 주체, 플래카드의 문구, 재정 분담, 동원 계획 등이 주된 논의 대상이었다. 이론적 논쟁이나 이념적 논의를 최소화하고 전략이나 전술에 대한 논의도 최소화하려는 의도였다. 정치 조직, 단체는 각각 독립된 대오를 형성하며 집회에 참여할 수 있었다. 모든 조직, 단체, 참여자는 공동으로 합의된 구호와 선전물을 사용하는 것을 제외하면 자유로이 선전 선동을 할 수 있었다. 각각의 조직이 투쟁을 통해 새로운 조직원들을 가입시키려는 선전 활동에 대해서도 개방적이었다. 쟁점을 최소화하고 공동 작업을 가능하게 하는 것이 최고의 목표였다. 특별위원회를 이렇게 꾸민 이유는 좌파 내부의 고질적인 분파주의, 패권주의를 극복하기 위해서였다. 활동가 조직 간의 이념 논쟁은 갈등만 유발했다. 지도부 중심의 사업 운영은 다른 분파들과 분쟁을 일으킬 수 있었다. 서로 합의한 사안은 함께하되 자유롭게 자기 조직을 선전할 수 있도록 함으로써 반전운동에 결합된 모든 조직은 운동 내부에서 경쟁할 수 있었다. 특별위원회는 반전운동의 플랫폼이었다. 특별위원회는 영국에서 베트남전쟁 반대 운동을 확산시키는 것을 최우선 과제로 삼았다. 이것이 바로 호찌민과 북베트남 지도부가 서구 사회운동에 요구하는 것이기도 했다.

특별위원회에 유기적으로 참여하는 집단은 노동당 내에서 활동하던 국제사회주의자들이었다. 국제사회주의자들은 국제마르크스주의그룹과 정세 판단, 활동 방식에서 가장 유사했으며, 1964년 이래로 꾸준히 협력해오던 사이였다. 국제사회주의자그룹의 주요 이론가 크리스 하먼(Chris Harman)은 베트남연대운동 전국 위원이었으며, 국제사회주의자 조직원들은 지역별로 베트남연대운동 집행위원회에 참여하고 있었다. 혁명적 사회주의학생연맹(RSSF: Revolutionary Socialist Student Federation)은 1968년 고조되는 정세 속에서 국제마르크스주의그룹 활동가들, 《뉴 레프트 리뷰(New Left Review)》의 급진주의 지식인, 국제사회주의자들, 마오주의자들이 공동으로 만든 혁명적 학생운동 조직이었다. 연맹은 베트남연대운동이 기획한 대중 투쟁에서 핵심 조직을 동원하는 일을 담당하고 있었다. 더불어 국제마르크스주의그룹과 국제사회주의에 새로운 활동가를 가입시키는 경로였다.

베트남연대운동을 통해 소규모 그룹에 불과하던 국제마르크스주의그룹과 국제사회주의는 영국에서 트로츠키 그룹의 양대 산맥이 된다. 두 조직 모두 1960년대 초반까지만 하더라도 조직원이 50명이 채 되지 않던 소규모 단체이다. 그러나 1969년에 이르면 조직원만 각각 200명이 넘었다. 두 그룹 모두 자신들의 주장을 선전하는 이론 잡지를 발간했다. 국제사회주의자들은 《인터내셔널 소셜리즘(International Socialism)》이라는 잡지를 발간했다. 국제마르크스주의그룹은 《블랙 드워프(Black Dwarf)》라는 문화 비평지와 《인터내셔널》이라는 잡지를 발간했다. 《블랙 드워프》와 편집진이 겹치는 《뉴 레프트 리뷰》는 일상적인 정치 활동보다 이론 작업에 더 깊이 관여했다. 1968년 두 그룹은 한때 조직 통합을 목적으로 공동의 워크숍도 진행했지만, 프랑스에 본부가 있는 국제마르크스주의그룹과 영국에

본거지를 둔 국제사회주의 간에는 견해차가 좁혀지지 않았다. 전자는 현존하는 사회주의 국가를 타락한 노동자 국가(즉 사회주의 국가)라는 트로츠키의 테제를 고수하고 있었지만, 후자는 현존하는 사회주의 국가를 '국가자본주의'라고 비판했다. 더불어 혁명으로 탄생한 쿠바를 비롯한 제3세계 사회주의 국가도 국가자본주의로 분석했다. 이런 견해차는 극복될 수 없었다.

베트남연대운동과 특별위원회 안팎에서 갈등의 중심에 선 이들은 아브히마뉴 만찬다(Abhimanyu Manchanda)가 이끄는 마오주의 그룹과 다양한 형태의 아나키즘 활동가들이었다. 마오주의자들은 공산당 평화위원회와 마찬가지로 분쟁 당사자가 1953년 제네바 협정에 따라 곧장 전쟁을 중단하고 유엔 감시하에 남베트남에서 선거를 실시하자고 주장했다. 베트남민족해방전선 역시 평화협정을 지지하고 있었으나, 그것은 미국이 침략을 중단하고 철수하는 조건하에서만 수용할 수 있는 것이었다. 만찬다 그룹은 또한 도시 봉기에 준하는 투쟁을 통해 혁명 세력의 의지를 보여야 한다고 주장했다. 이들은 자신들의 주장이 관철되지 않자 곧장 독립된 운동 조직인 영국베트남연대전선(British Vietnam Solidarity Front: BVSF)을 형성하며 독자적인 길을 갔다. 만찬다 그룹은 비록 분리된 조직을 유지했지만, 베트남연대운동 특별위원회에 참여해 지속적으로 발언했다. 그 외에도 많은 조직이 특별위원회에 참여했다.

베트남연대운동이 비약적으로 발전할 수 있었던 것은 1967년 3월 런던정치경제대학(이하 런던정경대)에서 영국 최초로 대학 점거 농성이 시작되었기 때문이다. 영국령 로디지아가 독립한 이후, 이 소국에서 대학 학장을 지낸 이를 런던정경대 학장으로 임명한 것이 점거 농성의 계기가 되었다. 로디지아는 영국령이었지만 백인 우월주의자들이 쿠데타를 일으켰으며, 백인 우월주의와 인종 분리주의를 합법화하기 위해 영국으로부터 독립을 선언했다. 윌슨 행정부는 로디지아의 쿠데타를 진압하지 않고 방관했으며, 심지어 로디지아 대학에 근무했던 인종주의자를 런던정경대 학장으로 임명한 것이다. 런던정경대는 페이비언 사회주의자들이 설립한 대학으로, 영국의 옛 식민지나 영국령 등 민족적·인종적으로 다양한 배경을 가진 학생들이 다니던 대학이다. 더불어 다양한 급진주의자들이 뿌리내리고 있던 곳이기도 하다. 농성은 보수당 지지자들이 장악한 학생회를 주축으로 시작되었지만, 농성과 시위 과정에서 좌파의 지지가 확대되었다. 베트남연대운동을 지지하는 학생 그룹들이 농성장의 여론을 주도하면서 급진주의자들의 영향력이 확대되었다(Widgery, 1976: 309~312).

대학생 대표 조직인 전국학생연합(National Union of Student)과 분리되어 나온 급진파들이 주축이 되어 급진학생동맹(Radical Student Alliance)을 결성한다. 이 동맹에는 국제마르크스주의그룹과 국제사회주의 등 베트남연대운동 활동가들이 깊이 관련되어 있었으며, ≪뉴 레프트 리뷰≫ 편집부도 개입하고 있었다. 이 조직이 1968년 혁명적 사회주의학생연맹으로 공식 출범한다. 출범 선언문에서 학생연맹은 자신들은 현존하는 모든 조직으로부터 독립적이며 정치적 논쟁에 대해 개방적이고, 공동의 실천 자체를 최우선 과제로 삼는 연대 조직임을 표방했다. 또한 이들은 학생 사회에 혁명적 의식을 고양하기 위해 대학 내의 불필요한 권위와 제도를 배격하고, 학내 의사 결정 과정에 학생들의 적극적인 참여가 보장되는 새로운 형태의 대학을 만들어야 한다고 주장했다. 이와 같은 지향성은 베트남연대운동이 의도한 활동 방향과 정확히 일치하는 것이다.

베트남연대운동이 주도하는 집회의 규모는 폭발적으로 성장했다. 1967년 6월 2일 집회에는 5000여 명이, 9월 9일에는 1만여 명이 참가했다. 1968년 3월 17일 집회에는 3만여 명이, 10월 27일 시위에는 10만여 명이 참가했다. 3월 17일 행진 경로는 트래펄가 광장을 거쳐 그로브너 광장으로 이어졌다. 미국 대사관을 향해 나아간 것이다. 경찰이 행진 대오와 마주쳤을 때 시위대는 경찰의 공격에 맞대응했다. 많은 사람이 부상한 채 체포되었다. 이날 시위를 주도한 선동가는 타리크 알리였다. 알리는 미디어의 집중 조명을 받으며 베트남연대운동의 지도부로 부상했다. 그러나 알리는 특별위원회 내에서 활동하지는 않았다. 그는 주로 학생들 집회에 연사로 참여하거나 TV 토론, 미디어 활동 등에 집중했다. 그의 명성은 대중 집회에서 단연 돋보였으며, 그 결과 특별위원회에 참여한 여러 조직 가운데 국제마르크스주의그룹의 주도력이 강화되었다.

1968년 '가을 공세' 이후 베트남연대운동의 대중 동원은 조금씩 줄어들기 시작했다. 결과적으로 10월의 시위는 이 운동이 정점이자 쇠퇴로 가는 과정이었다. 1965년 이후 국제마르크스주의그룹은 트로츠키 진영에 속하는 소규모 그룹들의 고질적인 분파주의, 패권주의에서 벗어나 있었다. 그들은 베트남민족해방전선을 지지하는 여러 경향의 그룹이 함께 투쟁할 수 있는 단체를 구성하는 데 목표를 두고 베트남연대운동을 조직했다. 이것은 조직의 탄생 과정에 깊이 개입한 버트런드러셀평화재단과 랄프 쉰만, 2세대 신좌파가 주도하던 《뉴 레프트 리뷰》의 급진주의 지식인들과 국제마르크스주의그룹이 공동으로 긴밀히 작업한 결과라고 볼 수 있다. 《뉴 레프트 리뷰》의 타리크 알리와 로빈 블랙번(Robin Blackburn)이 국제마르크스주의그룹에 가입한 것이 이 시기였다. 국제마르크스주의그룹은 조직 내부의 분파적 이해관계에 따른 헤게모니 다툼에서 멀어져 있었다. 그들은 베트남민족해방전선의 승리라는 보편적인 의제를 중심으로 다양한 경향의 조직을 결합함으로써 베트남연대운동이 당대의 투쟁 전선을 주도할 수 있도록 만들었다.

4. 국제주의, 이론, 미디어

베트남연대운동이 다른 경향의 운동들보다 더 효율적으로 대중 동원에 성공할 수 있었던 것은 이 운동을 주도한 트로츠키주의 그룹의 또 다른 특성에서 찾을 수 있다. 국제마르크스주의그룹이나 국제사회주의자들은 국제주의를 가장 중요한 이념 틀로 공유하고 있었다. 마르크스주의자들은 국제주의를 외쳤지만, 제2인터내셔널 이후 국제주의는 사장된 것이나 마찬가지였다. 제1차 세계대전과 제2차 세계대전 중에 각국의 사회민주주의 정당은 국제적인 대의를 버리고 자국의 승리를 위해 헌신했다. 사회민주주의자들이 사회애국주의자로 퇴행한 것이다. 코민테른이 성립한 이후 각국 공산당은 모스크바의 지시를 따랐다. 스탈린주의자들은 서방의 공산당들을 소련 체제를 보위하는 수단으로 이용했다. 영국 공산당이 주도하던 베트남을 위한 영국평화위원회(BCPV: British Peace Committee for Vietnam)와 마오주의자들이 주도하던 영국베트남연대전선(BVSF)이 베트남민족해방전선의 승리가 아니라 미국과 민족해방전선 간에 평화협정을 맺어야 한다고 주장한 것은 마르크스주의적인 국제주의에서 비롯된 것이 아니라 소련 공산당이나 중국 공산당의 주장에 토대한 것이다. 인도차이나에서 전쟁이 진행되는 도중에 베이징의 '사회주의 형제'는 핑퐁 외교를 함으로써 '자유주의 세계의 침략자'의 손을 들어주었다.

반면 권력을 지닌 세계에서의 사회주의자들과 그렇지 못한 세계에 본부를 둔 사회주의자들 사이에는 큰 차이가 있었다. 트로츠키주의자들은 마르크스주의의 핵심은 국제주의이며 1960년대에 국제주의란 바로 제3세계 민족해방과의 연대라고 여겼다. 1960년대 말과 1970년대 초에 트로츠키주의자들은 제3세계 혁명, 게릴라 운동, 반전운동과 함께 호흡하고 있었던 점에서 볼셰비키의 후예들이지만, 사회주의 국가의 사회주의자들과는 다른 길을 걸었다.

베트남연대운동과 긴밀히 협조해온 ≪뉴 레프트 리뷰≫의 관점도 마찬가지였다. 페리 앤더슨, 로빈 블랙번, 스테드먼 존스, 데이비드 페른바흐 등 영국 2세대 신좌파는 제3세계 혁명 운동의 강력한 지지자였다. 덩컨 톰슨(Duncan Thompson)은 ≪뉴 레프트 리뷰≫의 역사를 탐구하는 저작에서 이 시기 편집부의 특성을 제3세계주의(Third Worldism)로 평가했다. 편집부의 주된 구성원들은 자본주의 체제의 가장 약한 고리(weakest link)가 바로 제3세계이며, 쿠바혁명을 이 약한 고리에서 제국주의에 타격을 가한 중요한 사건으로 평가했다. 베트남민족해방전선과 콜롬비아 내전은 이 약한 고리를 확장하는 과정이었다. ≪뉴 레프트 리뷰≫ 편집부는 프랑스의 5월혁명과 체코 공산주의 체제의 개혁 가능성을 보면서 제3세계 민족해방운동이 이제는 제1세계와 제2세계의 변화를 촉진하는 힘이 될 수 있다고 믿었다. 블랙번과 페른바흐가 대학에서 붉은 진지(red base)를 구축해야 한다고 주장한 것은 라틴아메리카 혁명에 참여한 레지 드브레(Régis Debray)의 혁명 이론을 제1세계에서 수입한 것이다(NLR Editorial, 1967: 8~12).

영국 좌파 내에서 작동하던 이와 같은 국제주의적 시야는 베트남연대운동이 국제 정세의 영향을 받으며 저항운동을 조직하는 데도 영향을 미쳤다. 1967년 볼리비아 전선에서 게릴라 운동에 참여한 체 게바라는 당대의 혁명적 상상력을 극적으로 높인 아이콘이었다. 제1세계의 학생들에게 성공한 혁명 권력에 집착하지 않고 제3세계 해방을 위해 자신을 희생한 게바라는 당대의 영웅이었다. 게릴라 조직은 서구 학생운동 지도부에는 중심 없는 자율적인 전사들의 네트워크형 조직처럼 보였다. 소련식 스탈린주의 체제하에서의 권위주의 정당과 분산적 투쟁하에서의 게릴라 조직은 크게 대조되었다. 물론 이것은 전선에 참여하던 제3세계의 전사들이 직면한 현실과는 동떨어진 상상력의 산물이다. 어쨌든 당대의 제1세계 학생운동 지도부에 게릴라 전술은 매우 낭만적인 것으로 묘사되었다.

1967년 6월 쇤만과 《뉴 레프트 리뷰》의 앤더슨, 블랙번, 알리 등은 드브레를 위해 볼리비아의 감옥으로 날아가기도 했다. 드브레는 프랑스 출신으로 제3세계 게릴라 운동을 지지했으며, 게바라와 인터뷰를 하기 위해 볼리비아의 밀림으로 들어가 게바라와 인터뷰한 후 밀림에서 빠져나오다 볼리비아 당국에 체포되었다. 쇤만은 이 여행 도중 볼리비아 현지에서 게바라의 게릴라 지역을 탐방하려고 했지만, 《뉴 레프트 리뷰》의 멤버들은 냉정히 판단했다. 그러다가 모두 죽을 수도 있었다. 쇤만은 남았고 다른 이들은 영국으로 돌아왔다. 쇤만은 이 일과 관련해 영국으로 복귀할 수 없게 된 것이다. 노동당 정부는 이 골칫거리 미국 청년을 영국에서 영원히 추방하기로 결정한 것이다. 그해 10월 게바라의 죽음이 세계에 알려졌다. 베트남연대운동도 즉각 대중적인 저항 조직을 구축했다. 1967년 9월 투쟁은 볼리비아에서 사망한 게바라의 죽음을 애도하며 진행되었다. 1968년 3월 시위는 미국의 점령에 맞서 사이공에서 일어난 최초의 저항을 기념하는 18주년 행사로 기획된 것이다. 1968년 '가을 공세'는 구정 공세(Tet Offensive)와 파리 5월혁명의 힘을 이어받는 실천이었다.

당대 영국인들은 제국주의 경험과 더불어 영연방(Commonwealth) 공동시장의 운영과 관련된 이런저런 쟁점이 국내에서 불거지면서 동시대 유럽인들에 비해 국제 정세에 민감했다. 영국인들은 발달된 대중 미디어와 신문을 통해 베트남에서 진행되고 있는 이슈들을 폭넓게 접하고 있었다. 베트남연대운동은 이와 같은 상황에서 청년과 학생들의 감각에 국제주의의 정서를 불어넣었다. 이는 베트남 침공, 체 게바라의 죽음, 구정공세의 성공이라는 흐름과 연결되어 있었다. 학생들은 베트남과의 연대를 통해 과거 제국주의 국가로서의 영국의 오류를 성찰할 수 있었다.

그뿐만 아니라 국제마르크스주의그룹과 국제사회주의자들은 당대 반전운동 단체와 좌파 세력 가운데서 미국의 베트남 침공을 이론적으로 일관되게 설명할 수 있는 몇 안 되는 조직이기도 했다. 트로츠키주의의 본류를 대표하는 제4인터내셔널의 핵심 이론가 에르네스토 만델(Ernesto Mandel)의 축적 이론에 따르면 미국의 제국주의적 침략에는 현대 자본주의의 모순이 결합되어 있다. 만델에 따르면 자본 간 경쟁에 따른 축적의 심화는 필연적으로 과잉생산을 낳는다. 자본주의적 경쟁으로 인해 지속적으로 향상되는 생산성 속에서 민간 소비와 자본의 투자만으로 과잉자본과 과잉생산을 해결할 수 없으며, 이를 해결할 주된 수단이 군비 수요의 확대라고 했다. 군비수요를 통해 과잉생산을 해결하는 것이다. 자본주의 체제에서 군비 수요는 생산을 위해 필연적으로 소비되는 생산수단도 아니고, 노동자들이 소비하는 소비재도 아닌 사치재와 같은 것이다. 과잉생산에 노출된 미국에는 이와 같은 군비 수요가 필요했다. 만델은 군비 수요를 위해 미국은 주기적인 전쟁이 필요하다고 주장했다. 미국의 베트남 침공과 엄청난 물량 투입은 이렇듯 현대 자본주의의 축적 위기와 결합되어 있었다.

베트남연대운동의 활동가들은 미국 제국주의의 침략을 군비 수요의 필요에 부응하는 것으로 설명했다. 현대 제국주의는 군사주의의 형태를 띠며 여전히 제3세계 민중을 지배했는데, 그렇게 하는 것이 자본주의 축적 위기의 해소 과정이었다. 공산당이나 무정부주의, 평화주의자들은 현대 자본주의의 축적 메커니즘과 제국주의의 침략을 연결 짓는 일관된 이론 체계를 제시하지 못했다. 베트남연대운동의 활동가들은 일관된 이론 체계로서 제국주의 전쟁의 원인을 설명했다. 또한 베트남 현지 방문을 통해 베트남 민중의 현실을 생생히 전했으며, 세계적으로 고조되는 반전운동과 호흡하며 새로운 투쟁을 만들어갔다. 국제주의적 연대 의식, 이론적 일관성, 베트남 현지 조사와 같은 헌신성이 새로운 세대의 상상력을 자극한 것이다.

그뿐만 아니라 국제마르크스주의그룹의 활동가들은 미디어를 활용하고, 대중문화와의 교류에서도 다른 좌파 그룹들보다 탁월했다. 타리크 알리가 옥스퍼드 유니언(학생회)의 대표에서 전국적인 활동가로 떠오른 계기는 TV에 방영되는 농성 토론회에서 미국 정부를 대변하는 측의 논리를 효과적으로 깨뜨렸기 때문이다. 알리와 블랙번 등이 반전운동의 지도부로 떠오른 것도 미디어를 효과적으로 활용하는 그들의 능력에 크게 영향을 받았다. 국제마르크스주의자들이 주도해 1968년에 창간한 잡지 ≪블랙 드워프≫는 문화적인 면에서 좌파의 대의를 대중적으로 선전하고자 했다. 이 잡지의 편집자들은 국제마르크스주의그룹과 깊은 관련이 있었지만, 편집진은 디자이너, 문학잡지 기획자, 시인 등 문화적 감각을 지닌 이들이 중심이 됐다.

≪뉴 레프트 리뷰≫가 이론적 전위주의를 대표했다면 ≪블랙 드워프≫는 반문화(counterculture)와 로큰롤의 감성을 대중 투쟁과 결합하고자 했다. 미국으로부터 온 대중문화와 프랑스에서 들어온 마르크스주의와 정신분석학 등을 영국 좌파는 적극적으로 수용했다. ≪뉴 레프트 리뷰≫는 이론을 수입했고, 언더그라운드에서는 하위문화를 만들었으며, 대중문화 창작자들은 학생운동과 얽히는 것을 꺼리지 않았다. 존 레넌과 믹 재거가 '68년의 아이들'과 어울리는 데도 ≪블랙 드워프≫가 영향을 미쳤다. ≪블랙 드워프≫에는 믹 재거의 '자필 가사'가 프리드리히 엥겔스에 대한 소개와 나란히 실렸다. 존 레넌은 그들 가운데서도 가장 적극적이었다. 그는 국제마르크스주의자들이 발간하는 잡지를 거리에서 판매하기도 했으며, 노랫말이 유토피아주의와 공산주의에 가까워지기도 했다.

극좌파에 참여하는 청년들은 비록 히피 같은 하위문화와는 일정한 거리를 두었지만, 1960년대 문화혁명의 감수성을 받아들였으며 로큰롤, 동 세대 이성과의 열정적인 결합도 일상생활의 중요한 구성 요소로 수용했다. 성의 해방은 히피들에게뿐만 아니라 활동가들에게도 동일한 영향을 미치고 있었다. 이와 같은 문화적 감성의 표출은 반문화운동과 언더그라운드 문화의 성과를 급진 좌파의 관점에서 포용하려는 의지를 드러내는 것이기도 했다. 반전운동에 참여하던 좌파는 이와 같은 문화 변동을 수용하면서 학생들과 더 긴밀하게 연결될 수 있었다. 이는 운동 내에서 대중적 영향력을 확대하는 데 크게 기여했다.

5. 영국 68세대의 기여

지금까지 영국의 68운동은 상대적으로 관심을 적게 받아왔다. 미국처럼 대규모의 투쟁이 전개된 것도 아니고, 독일이나 프랑스처럼 급진적이지도 않았다는 이유에서이다. 그러나 영국의 68세대가 침묵 속에서 동시대와 마주친 것은 아니다. 다만, 영국 68세대는 유럽의 신좌파들과는 다른 관점과 상황에서 그들이 직면한 정세와 대결했다. 영국 68세대는 고전적 마르크스주의와 조우했으며 소규모 트로츠키주의 조직인 국제마르크스주의그룹 활동가들이 주도했다. 이들은 학생운동과 ≪뉴 레프트 리뷰≫, 국제사회주의자들과 연합하면서 베트남전 반대 운동을 이끌었다.

이 글은 소규모 트로츠키 분파인 국제마르크스주의그룹이 어떤 과정을 통해 영국 68운동의 중심이 될 수 있었는지를 분석했다. 이 장에서는 이들의 성공 요인을 세 가지 차원에서 제시했다.

베트남연대운동은 미국의 침공에 저항하는 것이 보편적 악에 대한 저항임을 부각시킴으로써 급진주의자들의 윤리적 감각을 일깨웠다. 세계 최강의 국가가 가장 가난한 국가의 인민을 첨단 무기로 학살한 것이 베트남전쟁의 진실이었다. 베트남연대운동은 버트런드러셀평화재단과 유기적으로 관계를 맺으며 반전운동을 조직함으로써 대중적 설득력을 얻었다. 러셀의 명성, 러셀전범재판소의 활동, 랄프 쇤만, 타리크 알리 등 헌신적인 활동가들이 결속하면서 국제마르크스주의그룹은 반전운동의 근간을 연결하는 핵심 축이 될 수 있었다.

　둘째, 국제마르크스주의그룹은 극좌파 집단의 분파주의, 패권주의에서 자유로웠다. 그들은 베트남연대운동을 네트워크처럼 운영했다. 특별위원회에 참여하는 각각의 조직, 단체, 개인은 독립성을 유지했으며 합의된 투쟁만을 공유했다. 베트남전쟁에 반대하고 미국의 침략에 비판적인 세력은 누구나 베트남연대운동이 조직하는 시위에 참여할 수 있었다. 국제마르크스주의그룹이나 국제사회주의자들은 이 활동을 통해 새로운 활동가들을 규합할 수 있었다. 이와 같은 활동 방식은 영국 공산당이나 이전의 트로츠키주의 분파들이 보였던 특징과 비교된다. 개방성과 연대성에서 베트남연대운동은 새로운 전형이 될 수 있었다.

　셋째, 국제마르크스주의그룹은 국제주의적 감각, 일관된 이론 체계, 문화 감수성에서 다른 진영과 구별되었다. 베트남연대운동은 20세기 공산주의 운동이 폐기해왔던 국제주의를 되살리고자 했다. 그들은 베트남인들이 미국에 맞서 싸우는 것을 지지하기 위해 영국 내에서 노동당 정부와 맞섰다. 투쟁의 기획에서도 그들은 다른 국가의 반전운동과 함께했다. 국제마르크스주의자들은 또한 현대 자본주의와 미국 제국주의의 침략을 일관되게 설명하는 이론 체계를 세웠으며, 급진적인 문화 잡지를 발간함으로써 청년들의 상상력을 자극했다. 또한 이론과 문화를 통해 개입함으로써 급진적인 학생들을 적극적으로 조직했다. 이 모든 특징은 구좌파인 공산당이나 여타의 트로츠키주의 분파들과 달랐다. 국제마르크스주의는 고전적 마르크스주의라는 혁명적 유산을 수용하면서도 국제주의적인 감각과 문화적 감수성이 있었기 때문에 영국의 68년을 주도할 수 있었다.

참고문헌

러셀, 버트런드(Bertrand Russell). 2010. 『러셀 자서전』하. 송은영 옮김. 사회평론.

프레이저, 로널드(Ronald Fraser). 1999. 『1968년의 목소리: 불가능한 것을 요구하라』. 안효상 옮김. 박종철 출판사.

알리, 타리크(Tariq Ali). 2008. 『1968년의 자서전』. 안효상 옮김. 책과 함께.

Anderson, Perry. 1969. "Components of National Culture." Cockburn and Blackburn. *Student Power: Problems, Diagnosis, Action*, pp.215~216. London: Penguin Books.

Clark, Ronald. 1975. *The Life of Bertrand Russell.* London: Jonathan Cape.

Green, Jonathan. 1997. *Days in the Life: Voices from the English Underground.* London: Pimlico.

Hughes, Celia. "Young Socialist Men in 1960s Britain: and Sociability." *History Workshop Journal*, Vol.73, pp.182~185

Jones, Gareth Stedman. 1969. "The Meaning of the Student Revolt." in A. Cockburn and R. Blackburn(ed.). *Student Power: Problems. Diagnosis. Action.* London: Penguin Books.

NLR Editorials. 1967. "Marxism of Regis Debray." *New Left Review*, No.45, pp.8~12.

Tate, Ernest and Phil Hearse. "The Building of the Vietnam Solidarity Campaign and its Consequences for the British Left"(http://www.marxsite.org/(검색일: 2018.4.20).

Widgery, David. 1976. *The Left in Britain 1956-1968.* London: Penguin Books.

3장

1968년 미국의 페미니스트 혁명*

이춘입(동아대학교 사학과)

1. 혁명 속에 가려진 혁명

이 글은 1968년에 갑작스레 등장한 급진적인 여성들에 관한 것이다. 미국은 흑인들의 민권운동이 10년 이상 지속되면서 대중성을 얻게 된 후 급진적으로 변하는 중이었다. 그리고 베트남전쟁을 반대하는 시위가 격렬해지고 있었다. 1968년 인종과 전쟁 문제로 미국 사회가 들끓고 있을 때, 급진적인 여성들이 '여성해방'을 외치며 거리로 뛰쳐나왔다. 그 첫 번째 무대는 9월 7일 뉴저지주 애틀랜틱시티에서 열린 미스 아메리카 선발 대회였다. 이들은 미국 역사상 처음으로 여성의 미(美)를 상징하는 미인 선발 대회

---

* 이 장은 ≪미국사연구≫, 45호(2017)에 실린 「불타는 브라와 위험한 여성들: 여성해방을 위한 여걸들의 외침」을 수정·보완한 것이다.

를 반대하며 시위를 벌였다. 이 반대 시위는 한편으로 미국 페미니즘의 '두 번째 물결'[1]로 알려진 여성해방운동 최초의 전국적인 행동이고, 다른 한편으로 이 반대 시위를 통해 드러난 여성운동은 미국의 68운동에 새로운 차원을 부여해 "혁명 속의 혁명"이라 불렀다.

당시 여성들이 특히 혁명적이었던 이유는 68운동의 남성 중심주의에 도전했기 때문이다. 1968년을 상징하는 혁명가를 떠올려보자. 체 게바라(Che Guevara), 마오쩌둥(毛澤東), 호찌민(Ho Chi Minh), 다니엘 콘벤디트(Daniel Cohn-Bendit), 루디 두치케(Rudi Dutschke), 톰 헤이든(Tom Hayden) 모두 남성이다. 이는 당시 여성의 참여가 전무했거나 여성 지도자가 없었기 때문이 아니다. 여성의 존재가 남성만큼 주목받지 못했을 뿐만 아니라, 연구의 대상으로 다루어지는 경우가 훨씬 적었기 때문이다. 또한 1968년을 기점으로 전 세계 많은 나라에서 새로운 여성운동이 등장했지만, 68운동의 역사는 백인 남성 중심의 사회질서를 그대로 답습했다. 이 때문에 여성운동은 늘 주변적으로만 다루어졌다. 미국도 크게 다르지 않다. 미국은 1950년대 중반부터 1970년대에 베트남전쟁이 끝날 때까지 '장기 60년대'의 격변을 경험했다. 이와 같은 사회변혁 속에서 인종주의, 성차별주의는 새로운 여성운동이 성장하는 계기로 작동했다. 그러나 68운동의 역사에서 주도적인 세력이나 지도자는 언제나 백인 남성이거나 적어도 흑인 '남성'이었다. 이처럼 여성의 사회운동은 지배적인 남성의 운동과 동등한 차원으로 기술되지 않았다. 여성은 남성의 운동 속에 포함된 것으로 간주되어 생략되었다. 그리고 여성운동은 별개의 분리된 운동으로 등장하고, 그렇게 표현되었으며, 또한 그렇게 역사화되었다.

---

1) 미국 페미니즘의 '두 번째 물결'은 1848년에서 1920년까지 주로 자유주의 페미니즘 중심의 참정권 운동 이후 1960년대 말에 새로이 등장한 급진·사회주의·문화·에코·레즈비언 페미니즘 등을 아우른다.

미스 아메리카 반대 시위 역시 68운동과 관련해 조명된 것은 아니다. 당시 언론은 시위를 주도한 급진 페미니스트들을 "브라를 태운 여성들(bra-burners)"이라 불렀고 '불타는 브라(burning bras)' 이미지는 지금까지도 여성운동의 급진성과 과격함을 상징하는 가장 강렬한 표상으로 남아 있다. 그러나 1968년의 그 시위에서는 어떤 것도 불타지 않았다. '불타는 브라' 이미지나 "브라를 태운 여성들"이라는 표제는 미디어가 의도적으로 만들어낸 작품이다. 미디어는 일군의 여성이 그들의 브래지어를 태웠다고 오보(誤報)함으로써 이 사건을 더욱 스펙터클하게 만들려 했다. 그리고 그것은 매우 성공적이었다. 이렇게 만들어진 미스 아메리카 반대 시위의 신화는 여성운동을 대중에게 널리 알리는 데 기여했다. 그러나 이러한 대중화는 여성운동의 폭력성이라는 왜곡된 신화에 편승했다. 그 후 페미니스트들은 왜곡된 신화를 바로잡기 위해, 다시 말해 당시 미디어가 만들어낸 부정적인 기억을 교정하는 데 많은 시간과 노력을 들여야만 했다. 그리고 이는 현재 진행형으로 여전히 남아 있다.[2]

필자가 보기에 '브라를 태우지 않았다'라고 말하는 것은 오히려 그 신화의 프레임을 강화할 뿐이다. 따라서 68운동과의 관련 속에서 반대 시위의 역사적 의미를 살펴보기 위해서는 새로운 질문을 제기해야 한다. 즉, 한나 아렌트(Hannah Arendt)가 폭력 예찬의 세기라고 부른 68운동의 맥락에서 반대 시위와 신화를 분석하면 어떤 해석이 가능한가, 1968년 반대 시위에서 발생한 사건과 이를 둘러싼 논의가 여성운동의 역사에 어떤 영향을 미쳤는가, 급진 페미니스트들은 반대 시위 이후 만들어진 신화에서 벗어나고자

---

2) 탈(脫)신화화에 대해서는 Dow(2003), Kreydatus(2008), 관련 연구로는 Douglas(1994), Echols(1989), Tobias(1997) 참고. 최근 논의는 Gay(2018) 참고.

어떤 전략을 사용했는가, 그러한 전략은 당시의 저항운동에서 어떤 의미가 있었는가, 그것은 '여성해방' 운동을 어떤 방향으로 이끌었는가 등등. 이런 질문을 통해 미스 아메리카 반대 시위에 내포된 새로운 여성운동의 성장과 발전을 재조명할 수 있을 터이고, 동시에 미국 68운동의 맥락에서 그 특징을 온전히 드러낼 수 있을 것이다.

2. 1960년대 미국의 급진적인 여성들

미스 아메리카 반대 시위의 역사적 의미를 이해하기 위해 먼저 '장기 60년대'의 미국을 살펴보자. 1950년대 중반부터 시작된 남부 흑인의 민권운동은 백인 남성 중심적인 미국 사회를 뿌리부터 흔들었다. 남북전쟁 이후 형성된 남부의 짐 크로 체제를 거부한 흑인은 학교나 대중교통 시설에서의 흑백 분리 철폐를 외쳤다. 이는 흑인의 투표권 행사를 위한 유권자 등록 운동으로 이어졌다. 1960년대 중반에는 '민권법'과 '투표권법'이 차례로 통과됨으로써 흑인은 백인과 동등한 시민으로서의 권리를 법적으로 보장받을 수 있었다. 그러나 1965년 북부의 와츠 폭동에서 드러나듯이, 백인 중심의 미국 사회에서 흑인 문제는 법적 평등이나 공적 공간에서의 차별 철폐로 해결될 수 없는 뿌리 깊은 인종주의적 사회질서에 있었다. 그러므로 마틴 루서 킹(Martin Luther King Jr.)식의 비폭력적이고 통합주의적인 민권운동은 한계가 있을 수밖에 없었다. 이러한 한계를 극복하기 위한 새로운 저항으로, 흑인민족주의 성격의 '블랙 파워(Black Power)' 운동이 대두되었다. 이 운동의 중심축인 북부의 젊은 흑인들은 제3세계의 민족해방운동과 자기결정권 사상으로부터 영감을 얻었다. 그들은 맬컴 엑스(Malcolm X)처럼 백인과의 분리를 설파했고, 흑인의 자부심을 역설했다. 그 어느 때보다 급진적인 사상에 바탕을 두고 과격한 언어를 쓰며 행동을 개시했다.

1968년, 블랙 파워 물결은 베트남전쟁 반대 운동과 결합함으로써 장기 60년대는 절정에 달했다. 베트남의 설날인 1월 30일에 일어난 구정 공세(Tet Offensive)는 승리를 자신하던 미국의 국내 여론을 반전으로 뒤바꾸는 계기가 됐다. 곧이어 미국 내에서 68운동을 상징하는 가장 폭력적인 두 가지 사태가 벌어졌다. 하나는 그해 봄 뉴욕의 컬럼비아대학 점거 사건이고, 다른 하나는 여름 시카고에서 열린 민주당 전당대회이다. 이미 1967년 3월 컬럼비아대학이 국방부의 싱크탱크인 국방분석연구소의 일원으로 전쟁 관련 연구를 진행한다는 문서가 발견되었다. 이때부터 컬럼비아대학은 민주사회학생연합(Students for a Democratic Society, 이하 SDS)이 주도하는 반전 활동의 주 무대가 되었다. 1년 뒤, 대학 당국이 평화적인 시위를 한 여섯 명의 학생에게 징계를 내리면서 그 조치에 반대하는 학생들의 저항이 거세졌다. 그러던 중 4월 23일 컬럼비아대학 점거 사건이 발생했다. 대학의 체육관 건립 계획이 인근 할렘 지역의 공유지를 강탈하는 문제가 있었기 때문에 컬럼비아대학의 흑인학생연합(Students' Afro-American Society, 이하 SAS)이 반전 운동을 이끌던 SDS와 함께 해밀턴 홀을 점거한 것이다. 이에 학내 문제는 민권 및 반전 이슈와 결합했다. 그러나 SAS는 점거 운동을 함께했던 백인 학생들을 해밀턴 홀에서 쫓아냈다. 참여민주주의를 실천하던 SDS 백인 학생들이 무질서하고 규율을 지키지 않는다고 생각했기 때문이다. 그 후 대학의 다른 건물들을 점거한 백인 학생들은 미디어에 의해 크게 조명되어, 마크 러드(Mark Rudd) 같은 남성 SDS 지도자를 전국적인 스타로 만들었다. 그러나 점거 운동에 참여한 흑인이나 여성은 백인 남성에게 가려져 보이지 않았다(Cronin, 2018; Wallerstein, 2018).

컬럼비아대학 점거 사건은 4월 초 마틴 루서 킹 목사가 암살된 직후에 벌어진 일이다. 당시 킹 목사는 민권운동 지도자로서 테네시주 멤피스에서 흑인 청소 노동자들의 파업을 지원하는 연설을 했다. 지지 연설을 한 것은 그가 비폭력주의 전략을 버리고, 흑인 해방을 위해 인종뿐 아니라 계급에 대해 분석하기 시작했다는 의미였다. 그리고 이는 어떤 면에서 맬컴 엑스의 급진적 사상과 유사했다. 킹 목사가 피살된 지 두 달 뒤인 6월 초에는 대통령 예비선거 연설을 마치고 나오던 로버트 케네디(Robert Kennedy) 민주당 상원의원이 암살되었다. 유력한 반전운동 지지자이던 케네디와 킹의 피살 사건은 젊은 행동가들이 기존의 비폭력주의적 사회운동에 작별을 고하고 더욱 과격하고 급진적인 행동주의로 나아가게 만들었다. 이로써 1968년 여름은 폭력으로 물들었다. 미국 내에서는 블랙 파워 운동의 전위 세력인 블랙팬서당(Black Panther Party)과 경찰의 물리적 대립이 끊이지 않았고, 국외에서는 소련의 체코 침공 등이 연이어 발생했다.

그 와중에 컬럼비아대학 점거 사건보다 훨씬 더 충격적이고 폭력적인 사건이 시카고에서 벌어졌다. 8월 말 대통령 선거 후보를 뽑기 위한 민주당의 전당대회가 시카고에서 열렸다. 유력한 후보였던 로버트 케네디가 암살당한 뒤, 부통령이던 휴버트 험프리(Hubert Humphrey)의 후보 지명이 거의 확실시되는 상황이었다. 따라서 전당대회 자체는 별다른 이슈가 없었다. 그러나 반전운동 세력이 시카고 전당대회장으로 몰려들었다. 4000여 명의 시위대와 경찰이 충돌했고, 그 과정에서 다량의 최루탄이 발사되었으며, 수많은 시위자가 피투성이가 되었고 수백 명이 체포되었다. 이러한 폭력 상황이 텔레비전 생중계로 전 세계로 전해졌다. 사실 시위대와 경찰 사이에 무력 충돌이 벌어진 것은 "경찰 폭동(police riot)"이라 불리는 엄청난 국가적 탄압이 가해졌기 때문이다. 그러나 정부와 경찰은 시위대가 폭력을 선동했다고 발표했다. SDS의 톰 헤이든, 이피(Yippies)의 애비 호프먼(Abbie Hoffman), 블랙팬서당의 보비 실(Bobby Seale) 등 '시카고 8인'은 내란죄로 기소했다.

이런 와중에 미스 아메리카 선발대회가 급진 페미니스트들의 공격을 받았다. 이는 기존의 여성운동에서는 볼 수 없었던 충격적인 사건이었다. 당시의 여성운동은 주로 페미니즘의 '첫 번째 물결'에서 부활한 자유주의 페미니즘 운동이 주류였고, 이는 평등한 권리를 위한 운동이어서 성적 불평등 구조를 문제 삼지는 않았기 때문이다. 1963년『여성의 신비(The Feminine Mystique)』로 유명해진 베티 프리던(Betty Friedan)이 1966년에 전미여성기구(National Organization for Women, 이하 NOW)를 결성해 그 운동을 주도했다. 자유주의 페미니스트는 기본적으로 백인 중상류층 기혼 여성 중심이었으며, 주로 법적·제도적 차원에서 남성과의 평등을 목표로 활동했다. 이들은 1960년대를 통해 대중적인 여성운동으로 성장했다. 1972년에 창간된 ≪미즈(Ms.)≫는 가장 대중적인 페미니스트 잡지가 되었으며, 글로리아 스타이넘(Gloria Steinem) 같은 스타는 지금도 미국의 가장 대표적인 페미니스트로 간주된다.

반면 1960년대 말에 등장한 완전히 새로운 형태의 여성운동, 즉 여성해방운동(Women's Liberation Movement)의 전위 세력은 단연 애틀랜틱시티에 나타난 급진 페미니스트들이었다. 이 페미니스트들은 이미 1967년부터 소규모 그룹으로 '여성해방' 모임을 시작했고, 소식지 등을 발간하면서 전국적인 연락망을 구축했다. 이들은 대체로 시카고, 뉴욕, 워싱턴 같은 대도시를 중심으로 생겨나기 시작하다가 전국으로 급속히 확산돼나갔다. NOW보다 비교적 젊은 층으로 구성된 이들은 공적 영역에서 남성과 동등한 권리를 누리려는 자유주의 페미니스트들과는 달랐다. "개인적인 것이 정치적인 것이다"라는 슬로건 아래, 공적·사적 영역의 구분을 아예 없애버리려고 했다. 또 로비를 통해 입법에 관여했던 NOW의 활동과는 달리, 여성해방을 위한 의식 고양을 통해 새로운 정치학과 이론을 발전시켰다. 이를 위해 그들은 거리나 집회, 다양한 활동 공간에서 게릴라 전술을 택했다.

1960년대 말, 새로운 여성운동의 원동력은 다양했다. 먼저 당시의 젊은 여성들은 부모 세대보다 고등교육을 훨씬 많이 받았다. 그들은 경제적으로 독립했으며, 1960년대 미국의 성적·문화적 자유와 해방 문화를 공유하고 있었다. 이 중 많은 수가 남성 지배적인 사회운동에 참여했다. 그러나 해방운동에서 남성이 보여주는 고질적인 성차별주의와 남성우월주의에 분개했다. 이 중 일부 여성이 분리주의 여성운동을 주장하면서 독립적인 '여성해방' 그룹을 결성했다. 이들은 제3세계 민족해방운동의 마르크스·레닌주의나 마오주의뿐만 아니라 블랙 파워 운동의 혁명적 사고를 받아들였다. 미국 흑인의 사회적 지위가 제3세계 식민지와 유사하다고 본 블랙팬서당처럼 이들도 이등 시민이나 다름없는 여성의 지위가 흑인이나 식민지 국민과 유사하다는 정치적 생각을 발전시켰다. 국내외의 민족주의적 자기 결정권 개념을 여성에게 적용해 '여성해방'을 외친 것이다. 요컨대 급진 페미니스트에게 가장 근본적인 여성 억압은 성차별주의와 가부장제였고, 거기에서 파생된 남성우월주의, 여기에 계급, 인종, 섹슈얼리티 등의 억압이 복잡하게 뒤얽힌 다층의 문제였다.

3. 미스 아메리카 반대 시위와 '브라를 태운 여성들'이라는 신화

급진 페미니스트의 존재를 대중에게 널리 알리게 된 계기가 바로 미스 아메리카 반대 시위다. 이 시위를 계획하고 이끈 것은 뉴욕급진여성(New York Radical Women)이었다. 뉴욕급진여성 회원들은 미스 아메리카 선발대회가 제시하는 이상적 여성의 이미지가 여성을 억압한다고 보고 이에 대한 저항 시위를 계획했다. 그들이 보기에 미스 아메리카는 백인 인종주의, 전쟁의 마스코트, 여성의 상품화 등 자본주의의 억압 요소가 모두 결합된 근본 문제였다. 그 때문에 이를 대중에게 알릴 필요가 있었던 것이다. 당시의 반인종주의, 반전 및 반문화 운동의 영향을 받은 이들은 여성의 몸을 정치 선언의 공간으로 삼고, 여성의 외모와 행위에 부과된 전통 규범과 규제를 완전히 전복하는 행동으로 반대 시위를 계획했다. 따라서 이는 여성해방을 위한 혁명과 다를 바 없었다. 그리고 뉴욕급진여성의 취지에 공감한 급진적인 여성 수백 명이 시위에 동참하기 위해 전국에서 모여들었다.[3]

반대 시위는 크게 보아 미스 아메리카 행사장 실내와 실외에서 각각 이루어졌다. 뉴욕급진여성은 15명의 '비밀 전술(Secret Tactics)'팀을 구성해 행사가 열리는 컨벤션 홀로 들어갔다. 이들은 관람석에 앉아 있다가 미스 아메리카가 고별인사를 하는 순간 발코니에서 "여성해방(Women's Liberation)"이라고 쓴 현수막을 펼쳐 들었다. 동시에 "여성을 위한 자유(Freedom for Women)", "이제 미스 아메리카는 없다!(No More Miss America!)" 등의 구호를 소리 높여 외쳤다. 그 외침 때문에 미스 아메리카는 고별사를 하다 머뭇거렸다. 생방송 중계가 일시 정지되면서 방송 사고를 일으켰다. 그러나 방송이 중단된 사이, 여성들이 대회장 밖으로 끌려 나갔기 때문에 시청자들은 무슨 일이 벌어졌는지, 페미니스트의 메시지가 무엇이었는지 구체적으로

---

3) 참가자 수는 논란의 여지가 있으나, 최소 100여 명에서 400명 정도로 추정된다. 대부분 백인이고, 흑인 여성 보니 앨런(Bonnie Allen)과 플로린스 케네디(Florynce Kennedy)도 참여했다(Welch, 2015). 반대 시위를 위한 전단지는 이 책의 표지 참고.

보고 들을 수 없었다.

언론 보도가 거의 없었던 실내 상황과 달리, 행사장 밖의 널빤지가 넓게 깔린 산책로는 페미니스트들이 자유롭게 표현할 수 있는 무대였다. 미디어도 실내에서보다 훨씬 자유롭게 여성들의 말과 행동을 기록하고 보도했다. 급진적인 여성들은 미인대회가 여성의 몸을 상품화하고 성적으로 착취한다고 전제했고, 전통적으로 여성에게 강요된 억압적 관습의 대표 사례로 보았다. 따라서 미인대회 후원사 상품 불매운동을 벌였고, 오직 여성 기자와만 인터뷰한다는 원칙을 세웠으며, 대회 참가자와 심사 위원들에게도 시위에 참여할 것을 독려했다. 다양한 게릴라 극은 마치 열린 공간에서의 축제처럼 보였다. 몇몇은 실제 사람 크기의 널빤지로 만든 '미스 아메리카' 인형에 족쇄를 채워 행진하면서, 여성을 노예에 비유함과 동시에 모든 여성이 '미의 기준'에 예속된 상품으로 간주된다고 주장했다. 또한 살아 있는 양에게 왕관을 씌워 미스 아메리카를 바보로 풍자하기도 했다. 이는 시카고 민주당 전당대회에서 이피가 돼지를 대통령 후보로 선출한 것을 연상시켰다.

반대 시위에 참여한 여성들은 여성에게 억압적이라고 생각되는 물품을 '자유 쓰레기통(Freedom Trash Can)'에 던져 넣는 퍼포먼스도 벌였다. 여성의 몸을 물리적으로 옥죄는 브래지어나 거들 같은 속옷, 전통적 여성성을 직접 혹은 은연중에 강요하는 남성 잡지 ≪플레이보이(Play Boy)≫나 여성 잡지 ≪레이디스 홈 저널(Ladies Home Journal)≫, 가정에서 여성의 역할을 표상하는 앞치마나 아름다운 여성의 몸을 강조하는 하이힐 등 다양한 물건을 쓰레기통에 내던졌다. 이 중 그 어떤 물건도 불타지 않았다. 하지만 언론은 여성들이 그런 물건을, 특히 속옷을 그 자리에서 불태웠다고 전했다. 이 때문에 실내외의 다양한 이벤트에도, 반대 시위는 단 하나의 고정된 이미지와 신화로 만들어졌다. 대중매체가 페미니스트들의 다양한 정치적 행동을 단 하나로 수렴해버린 것이다. 그들은 '불타는 브라'를 여성해방운동의 상징으로 만들고, '공공장소에서의 방화'를 다른 과격한 사회운동의 어리석은 모방으로 만들어버렸다.

반대 시위에 대한 반응은 다양했지만, 대체로 부정적이었다. ≪뉴욕타임스≫ 등의 대중매체는 주로 실외에서 벌어진 이벤트에 주목하면서 페미니스트들이 시위를 벌인 근본적인 이유보다는 시위에 참여한 여성들의 용모와 행위에 초점을 맞추었다. 그리고 여성의 억압에 대한 페미니스트들의 주장은 부정과 오해, 왜곡으로 이어졌다. 행사 중 고별사를 하다가 페미니스트들의 고함에 말을 잇지 못했던 미스 아메리카 데브러 반스 스노그라스 (Debra Barnes Snodgrass)는 여성들이 억압받는다는 사실 자체를 부정했다. 많은 사람들이 브라 태우기를 전형적인 가슴 페티시(breast fetish)로 일축하면서, 속옷을 벗어던지는 여성의 퍼포먼스를 일종의 섹시함과 에로틱한 효과를 위한 것으로 오해를 샀다. 그리하여 다음 해 미국 유명 주간지 ≪뉴스위크≫는 여성운동을 "가슴 해방을 위한 운동"으로 표현한 기사를 실었다. 노브라는 원래 성적 해방을 위한 표현이지만, 결과적으로 그것이 페미니스트들의 열망과는 정반대로 성적인 측면에서만 해석된 것이다. 미인대회 반대 시위는 또한 아름다운 여성을 향한 '추한' 페미니스트들의 개인적인 질투와 적개심으로도 해석되었다.

반대 시위 지지자들조차 언론이 대중의 관심을 브라 태우기에만 쏠리게 함으로써 시위의 본래 의미를 훼손하고 부정적 의미만 양산했다고 평가했다. 반대 시위에 참여한 페미니스트들도 브라를 태운다는 너무 강렬한 이미지가 결과적으로 여성해방에 대한 본래의 명분을 왜곡함으로써, 그 시위는 실패했다고 스스로 평가했다. 이 때문에 반대 시위를 기획한 뉴욕급진여성 캐럴 해니시(Carol Hanisch)가 "거들을 태운 여성들(girdle-burners)"이라고 불렸다면 차라리 더 성공적이었을 것이라는 볼멘소리를 하기도 했다. 그 후 브래지어를 태운 페미니스트들의 행동은 대체로 이상적인 여성성을 상징하는 미스 아메리카의 아름다움을 시기한 것이라거나, 혹은 여성의 성적 매력을 과도하게 드러내는 행위로 왜곡되었다(Hanisch, 2003).

반대 시위에 대한 신화는 역사적으로 더 중요한 의미가 있다. 바로 당시 신좌파 남성의 성조기 및 징집영장 태우기에 비유된 폭력성이다. 1960년대 후반 베트남전쟁이 격해지면서 국가나 군대의 상징물을 불태우는 행위가 상징적인 저항의 표현으로 시위에 나타나기 시작했다. 특히 SDS는 1967년 봄부터 반전운동의 한 형태로 영장 태우기를 대규모로 주도했는데, 이것이 이후 가장 과격한 형태의 반전 행위가 되었다. 이처럼 상징물을 태우는 저항의 표현은 성조기를 태우는 데까지 이르렀다. 영장과 성조기 태우기는 국가의 강제 징집에 대한 거부이자 베트남에서 벌어지던 제국주의 전쟁에 반대하는 가장 과격한 저항 행위였다. 따라서 '불타는 브라' 신화는 미스 아메리카 반대 시위가 있기 일주일 전에 일어난 시카고 민주당 전당대회에서의 폭력적 이미지가 덧씌워짐으로써 신좌파 남성들의 징집영장 태우기를 모방한 폭력 행위로 해석된 결과다.

이 신화는 《뉴욕 포스트》 린지 반 겔더(Lindsy Van Gelder) 기자가 반대 시위를 예고하는 기사에서 "브라 태우기(bra-burning)"라는 용어를 처음 사용한 데서 비롯했다. 의도는 나쁘지 않았다. 반 겔더에게 '브라 태우기'라는 용어는 여성운동을 당시의 반전운동과 마찬가지로 진지하게 다루기 위한 표현 방식이었다. 반 겔더와의 사전 인터뷰에서 뉴욕급진여성의 언론 담당 로빈 모건(Robin Morgan)은 자유의 쓰레기통에 불을 피울 계획을 말하면서 이를 반전운동에서 남성들의 영장 태우기와 마찬가지로 진지하고 급진적인 것으로 간주했다. 반 겔더는 그런 모건의 의도를 전달하고자 한 것이다.

그리고 그 기사는 '브라를 태우는 여성들과 미스 아메리카'라는 자극적인 제목으로 실렸다(Gelder, 1992).

반대 시위 이후 ≪뉴욕 포스트≫에 연이어 실린 논평은 실질적으로 그 신화를 만들어냈다. 실제 시위에서 불태우는 행위는 벌어지지 않았지만, 논평가들은 사실관계를 따지지 않았고, 오히려 기정사실로 간주함으로써 신화가 탄생한 것이다. 논평에서 비교한 대상은 일주일 전 있었던 시카고 시위 참가자들이었다. 한 여성 평론가는 시카고 전당대회에서의 폭력은 이해할 수 있었으나, 자유 쓰레기통에 불을 낸 여성에게는 거북함을 드러냈다. 사흘 뒤 한 남성 평론가는 「브라를 태운 여성들」이라는 글에서 여성들이 "쓰레기통에 불을 지르고 자신들의 브래지어를 공공연하게" 태웠다고 했다. 그는 애틀랜틱시티에서 '브라를 태운 여성들'을 시카고 전당대회에서 경찰에게 두들겨 맞은 여성 시위대와 비교하면서 여성들이 구타당해 마땅하다고까지 말했다. 여성이 남성처럼 보이기를 원했기 때문에 경찰도 남성 시위대와 동등하게 대우한 결과라는 것이다. 이들 평론가에게 페미니스트들은 여성성을 거부했고 폭력적인 남성성을 모방한 점에서 전당대회에서의 급진적인 여성들과 똑같았다. 이처럼 미디어의 과장되고 왜곡된 보도와 독자의 맹목적인 수용 과정을 거치면서 브라 태우기라는 허구의 신화가 만들어지고 더욱 견고해진 것이다.

페미니스트들의 반대 시위는 SDS나 블랙팬서가 연루된 물리적·실질적 혹은 상징적인 폭력과 달리 미디어에 의해 만들어진 재현된 폭력이다. 미디어는 대체로 시위의 폭력적 이미지를 강화함으로써 정당성을 약화시킨다. 폭력성이 드러나지 않을 때조차 미디어에 의해 재현된 폭력적 이미지는 자기 완성적인 예언으로서 운동에 영향을 미친다. 여성해방운동도 마찬가지였다. 불타는 영장이나 성조기 이미지와 마찬가지로 불타는 브라로 환원된 미스 아메리카 시위도 미디어의 필터를 거치면서 전복적인 위협인 동시에 정치적으로 효과가 미미한 사소한 사건으로 고착되었다. 이는 여성운동이 본격적으로 전국적인 담론의 장에서 논의되기 시작한 1970년 ≪타임≫이 급진 페미니스트 대표인 케이트 밀렛(Kate Millett)을 묘사한 삽화에서도 증명된다. 삽화에서 밀렛은 노브라에 한 손에는 불타는 브래지어를 높이 치켜들고 성난 표정으로 서 있다. 이렇듯 불타는 브라 이미지가 여성해방운동의 기표로 재등장한 것이다(Hesford, 2013).

그 후 페미니스트들은 반대 시위가 실패했다고 평가하면서 미디어에서 허구로 만들어낸 신화에서 벗어나기 위해 노력했다. 뉴욕급진여성 구성원과 다수의 역사가는 1968년 미스 아메리카 반대 시위에서 실제로 방화가 일어나지는 않았다고 강조했다. 로빈 모건은 전당대회와의 연관성을 부정하면서 '또 다른 시카고'를 원하지 않았으며 '단지 상징적인 브라 태우기'를 한 것이라고 해명했고, "브라 태우기는 미디어가 날조"한 것이라고 거듭 강조했다. 그러나 대중과 언론은 여전히 페미니스트를 브라를 태운 여성들과 동일시한다. 반대 시위 이후 여성운동의 역사가 브라를 태운 여성들이라는 부정적 이미지에 사로잡혀버린 것이다. 또한 브라 태우기라는 이미지는 여성운동의 지배적인 '이미지 기억'으로 자리 잡아 '복잡하고, 모순되며, 이질적인' 행동을 생략하고, 왜곡하는 과정을 통해 하나의 이미지로 환원되어버린 것이다(Curtis, 2013; Hesford, 2013).

신화의 힘은 너무 강렬해 여성운동의 역사에도 결정적인 영향을 미쳤다. 새로이 생겨나기 시작한 여성운동에는 구체적이고 분명한 개념과 전략이 없었다. 그런데 신화를 거부하는 과정에서 여타의 사회운동과 더욱 분명하게 선을 긋기 시작했다. 최초의 전국적인 행동이 미디어를 통해 남성 지배적인 좌파 운동의 맥락에서 이해되고 왜곡되자 페미니스트들은 그 운동과의 구별 짓기를 시도했다. 이는 여성운동이 기존의 민권이나 신좌파 운동에서 성차별을 인식한 여성들이 분리 독립한 것이었기 때문에 한편으로는 당연한 결과지만 다른 한편으로는 모순된 시도일 수밖에 없었다. 왜냐하면 반 겔더가 기억하는 것처럼 반대 시위는 애초에 방화를 계획했기 때문이다.

뉴욕급진여성은 브래지어, 하이힐, 거들, 여성 잡지 같은 여성을 고문하는 기구를 쓰레기통에 넣고 거기에 '모닥불'을 피워 태울 계획이었다. 그러나 애틀랜틱시티의 널빤지를 깐 산책로에서 물건을 태우는 행위는 불법이기 때문에 '법을 준수하고 평화적인 방식'으로 시위를 한다고 약속한 뒤 시위 허가를 받을 수 있었다. 따라서 시위대는 계획을 변경해 실제로 물건을 불에 태우기보다는 '상징적인 브라 태우기' 퍼포먼스를 결정했던 것이다. 그럼에도 시위 이후에 신화가 만들어지자, 급진 페미니스트들은 계획조차 없었던 것처럼 방어적으로 말하기 시작했다. 미디어가 만들어낸 신화는 시위 전 자신들의 계획을 반영한 것이지만, 그 사실을 부정해야 하는 덫에 걸린 것이다. 이 신화가 여성운동을 심각하게 제약해, 이듬해에 열릴 미스 아메리카 선발대회를 앞두고 뉴저지 법원에서는 브라를 태우는 것을 포함해 그 어떤 과격한 행위를 금지하는 처분을 내렸다. 일어나지도 않았던 브라 태우기가 마치 사실처럼 논의되었고, 향후 재발되지 않도록 법적으로 금지하는 아이러니한 사태에까지 이른 것이다.

4. 급진 페미니즘에서 문화 페미니즘으로

덫에 걸린 페미니스트들의 탈신화화 노력은 여성해방운동을 더욱 여성 본질주의적인, 다시 말해 비폭력적이며 평화주의적인 성격으로 규정하는 흐름과 일치했다. 이는 보편적으로 여성은 평화적인 존재이자 남성 폭력의 희생자이고, 남성은 전쟁이나 무장 저항처럼 폭력적 행위자로 인식되는 경향을 반복한다. 노동운동가 머더 존스(Mother Jones)나 무정부주의자 루시 파슨스(Lucy Parsons) 혹은 에마 골드먼(Emma Goldman) 등 예외적인 경우를 제외하고 미국의 여성운동은 대체로 평화주의적 활동이었다. 미국 여성의 참정권 운동은 주로 피켓 시위나 단식투쟁 정도가 가장 전투적인 행동이었는데, 이는 폭발물을 심기도 했던 영국의 서프러제트(suffragettes)에 비하면 훨씬 평화적이었다고 할 수 있다. 그러나 1960년대 말 여성해방운동에서 페미니스트들은 저항 폭력을 새로이 해석하고 있었다. 사회 변화를 위해 급진 페미니스트들에게 무장 자기 방어뿐만 아니라 혁명적 폭력은 불가피하다고 믿었던 에마 골드먼이 여성운동의 영웅이자 과격한 페미니스트의 조상으로 재등장한 것이다.

이런 현상은 초기 여성해방운동의 저항 폭력에 대한 논쟁에서도 드러난다. 한편으로 급진 페미니스트들은 폭력적 저항을 옹호했다. 예를 들어 1968년 6월 3일 급진 페미니스트 발레리 솔라나스(Valerie Solanas)가 팝 아티스트 앤디 워홀(Andy Warhol)에게 중상을 입힌 총격 사건이 일어나자 페미니스트들은 솔라나스를 지지했다. 그 일로 솔라나스의 『스컴 선언(SCUM Manifesto)』이 당시 페미니스트들 사이에서 널리 읽히기 시작했다. 솔라나스는 생물학적으로 남성이 여성보다 우월한 것이 아니라 그 반대라고 주장하면서 여성은 가부장제 사회에서 벗어나기 위해 군대를 조직해야 한다고 선언했다. 또한 급진 페미니스트는 여성이 흔히 강간이나 가정폭력처럼 남성의 물리적인 폭력의 피해자였기 때문에 자기방어를 위한 저항 행위가 여성해방에 필수라고 간주했다. 무장을 하지는 않더라도 가라테나 태권도 같은 자기방어 기술을 익히는 데 동의한 것이다. 블랙팬서당이 애초에 인종주의적 폭력에 맞서 스스로를 방어하기 위해 무장을 주장한 것과 동일한 방식으로 페미니스트들은 여성의 자기방어권과 '무장할 권리'를 역설했다. 로빈 모건도 1971년 디트로이트에서 열린 급진 페미니스트 회의(Radical Feminist Conference)에서 여성이 자기방어를 위해 "폭력을 사용할 필요"가 있다고 주장하면서 자기방어적 무장을 지지했다(Morgan, 1977).

급진 페미니스트는 여성해방을 위해서는 자기방어도 필요하다고 믿었지만, 폭력적 저항의 '남성성'에는 반대했다. 폭력적 저항 그 자체가 아니라 그것의 남성 스타일이 문제였던 것이다. 페미니스트는 '남자다움(machismo)', 즉 신좌파 운동의 과격성 혹은 전투성과 공존하는, 남성적이고 남성으로 정의된 스타일을 부정했다. 따라서 페미니스트는 남성적인 좌파 운동과 함께 그 운동에 헌신한 여성에게 반감을 드러냈다. 특히 남성이 지배하는 조직에서 과격한 무장 저항에 참여하는 SDS의 과격파 웨더맨(Weatherman) 여성들을 가장 신랄하게 비난했다.

1970년 로빈 모건이 쓴 「그 모든 것에 작별 인사」는 남성적인 좌파 운동과 운동에 참여하는 여성에 대해 반감을 드러낸 대표적인 글이다. 이 글에서 모건은 좌파 남성이 여성을 대상화하고 여성운동을 무시하고 상처 주는 성차별적 태도, 수사, 행동에 분노했다. 그리고 좌파 남성과 함께 활동하는 웨더 여성은 '남성의 승인'을 얻기 위해 '남자다움의 스타일과 쓸데없는 폭력'을 수용했다고 비난했다. 이성애주의와 가부장적 차별에서 벗어나기 위해서는 여성이 남성에게서 해방되어야 하며, 그런 관점에서 남성과 함께 일하는 것은 마치 '적과의 동침', 혹은 '악마를 사랑하는' 것과 같다고 했다. 성차별주의자이자 남성우월주의자인 좌파 남성에게 조종당한 희생자로 여김으로써, 웨더 여성을 자율적인 정치 주체가 아니라 남성에게 이용당하는 수동적인 존재로 해석한 것이다(Morgan, 2000).

1960년대 말부터 1970년대에 티그레이스 앳킨슨(Ti-Grace Atkinson)이나 록산 던버오티즈(Roxanne Dunbar-Ortiz) 등 다수의 페미니스트가 저항 폭력을 옹호하거나 실제로 비밀 무장 조직에 참가했다. 그러나 다수의 급진 페미니스트는 여성해방을 반(反)폭력으로 정의했고, 그 주류가 문화 페미니즘이다. 문화 페미니즘은 로빈 모건과 제인 앨퍼트(Jane Alpert)로 시작해 메리 데일리(Mary Daly), 에이드리언 리치(Adrienne Rich), 수전 그리핀(Susan Griffin) 등으로 이어졌다. 최초의 문화 페미니즘 이론을 제시한 것으로 평가되는 글은 1973년 앨퍼트의 「모성의 권리」이다. 여기에서 앨퍼트는 신좌파 비밀 조직에서 활동한 과거를 반성하면서 페미니스트로의 전향을 공개 선언했다. 앨퍼트도 모건과 마찬가지로 여성의 무장 저항이 좌파 남성의 세뇌에 의한 것이며, 성적으로 착취당한 결과라고 주장했다. '모성의 권리'에서 앨퍼트는 여성의 모성성이 남성보다 우월한 것이라고 주장하면서 가부장제를 거부하고 모권제를 확립해야 한다고 선언했다. 이는 당초 여성해방운동이 등장했을 때 대부분의 급진 페미니스트가 모성에 대한 반대를 분명히 했던 것과 상반된다(Alpert, 1973; Alpert, 1981).

앨퍼트의 글이 공개된 1973년 이후 문화 페미니즘은 성장해 1975년에는 여성해방운동의 지배적 흐름이 되었다. 모건과 앨퍼트가 시작한 문화 페미니즘은 기본적으로 여성성에 대한 본질주의적 주장을 펼쳤으며, 여성의 문화를 강조하고 발전시켰다. 문화 페미니스트들은 여성을 단일하며 통합된 존재로 간주했다. 그리고 특히 남성적인 것으로 여긴 폭력적 저항을 거부했다. 여성해방을 위해서는 효과적인 전략이 아니라고 여긴 것이다. 모건과 앨퍼트 모두 남성이 여성의 적이라고 생각했고, 여성 중심의 관점으로 여성의 특징을 강화하는 데 초점을 맞췄다. 따라서 분리주의적이고 반(反)남성적인 운동을 촉구했다. 문화 페미니스트에게 블랙팬서당이나 웨더맨에서 활동하는 여성들의 다소 마초적인 행동은 여성의 특징을 위반하는 행위이자 여성 본래의 비폭력적인 본성에 반하는 것이었다.

문화 페미니즘이 발전한 1973년부터 1975년 무렵에 베트남전쟁이 종결되고, 급진주의 운동은 쇠퇴하고 있었다. 1960년대 말부터 1970년대 초까지 다양한 형태의 혁명이 가능하며 절박하다고 믿었던 급진적인 여성들은 1970년대 중반이 되면서 혁명에 대한 가능성과 급박함을 상실했다. 그때부터 페미니스트는 '여성해방'이라는 말을 사용하지 않고, 급진 페미니즘, 사회주의 페미니즘, 혹은 레즈비언 페미니즘 등 특정한 여성운동과 그룹의 용어를 선호하기 시작했다. 그 결과, 페미니즘 내부에서 경계가 뚜렷해졌고, 타 집단과의 차이를 강조하면서 편협하게 경계를 설정했다. 결국 다른 여성 집단에 배타적일 수밖에 없었다.

물론 1970년대 중반 급진 페미니즘이 완전히 쇠퇴하고 전적으로 문화 페미니즘이 지배했다는 설명은 도식적인 면이 있다. 그러나 다양한 페미니즘의 흐름 중에서 여성해방운동의 주요한 줄기로서의 급진 페미니즘은 쇠퇴했다. 그리고 문화 페미니즘, 레즈비언 페미니즘, 유색인 여성의 페미니즘 등 다양한 흐름이 그 뒤를 이었다. 특히 1970년대 중반부터 다양한 페미니즘을 관통하는 통일성은 미스 아메리카 반대 시위 이후 끊임없이 제기된 여성해방운동과 저항 폭력의 관계에 대한 논의에서 비롯된 폭력에 대한 반대였다. 결국 어느 정도 여성은 평화적이고 비폭력적이라는 본질주의로 귀결된 것이다.

5. 1968년 여성운동의 한계와 2018년 한국의 여성운동

1968년 미스 아메리카 반대 시위로 모습을 드러낸 새로운 여성운동에서 '브라를 태운 여성들'이라는 신화가 만들어졌다. 이 신화는 미디어의 창작이었으나, 다른 한편으로는 1968년의 폭력적 분위기에서 해석된 결과이기도 하다. 반대 시위를 주도한 급진 페미니스트들은 신화로 인한 성적인 왜곡과 마찬가지로 그것이 의미하는 폭력성과 그 폭력의 남성성에서 벗어나기 위해 노력했다. 역사상 남성보다 열등한 정치적 주체로 여겨졌던 여성이 여성해방을 외친 것은 남성과의 동등한 대우와 여성 문제에 관한 진지한 논의를 바랐기 때문이다. 그러나 이를 성취하는 과정은 남성의 실천과는 달라야 했다. 이는 아이러니하게도 여성운동에 가장 큰 영향을 준 68운동과의 분리, 그것의 과격함과 저항 폭력 그리고 남성성과의 결별로 귀결되었다. 결국 여성의 비폭력성과 본질주의적인 관점을 발전시킨 것이다.

이러한 여성 본질주의적 페미니즘의 규정은 여성운동의 한계와 모순을 드러낸다. 폭력의 희생자로서 여성의 자기방어를 위한 저항 폭력을 옹호하면서도 당시 만연하던 폭력적 저항의 남성성은 부정함으로써, 여성은 비폭력적이고 남성은 폭력적이라는 이분법적 해석을 고착시키는 오류를 낳았다. 또한 남성 중심의 좌파 운동에서 활동한 여성을 남성에게 세뇌당한 희생자로만 간주함으로써, 백인 급진 페미니스트들이 흑인 여성들뿐만 아니라 다양한 인종이나 국가의 여성 세력과 연대하고 화합하기 어렵게 만들었다. 결과적으로 비폭력 저항과 여성 본질주의의 추구는 다양한 사회 활동을 벌이던 여성 상호 간의 연대에 큰 장애가 된 것이다.

조앤 스콧(Joan W. Scott)이 말한 역설적 존재로서의 페미니스트들의 역사는 결국 미국 여성해방운동의 역사에서도 반복되었다. 남성과 여성의 차이를 강조하면서 페미니즘 이론을 발전시키고 실천하다 보니 여성의 특수성과 여성 간의 동질성을 극단적으로 강조하게 되고 여성 내부의 차이와 다양성을 이론화하지 못한 것이다. 따라서 문화 페미니즘이라는 본질주의와 여성의 본성으로서의 비폭력이라는 고정된 행동주의 전략을 선택하게 되었다. 이는 결국 여성해방운동이 1968년 저항운동의 연장선에 놓이기보다는 오히려 급진 페미니스트들이 그토록 벗어나고자 했던 '브라를 태운 여성들'이라는 신화의 프레임 속에 갇히게 되는 악순환을 낳았다.

50년 전 미국 여성운동이 겪은 경험은 2018년 한국에서 벌어지고 있는 여성들의 움직임에도 시사하는 바가 크다. 한국 성 평등의 역사에 격변을 일으키고 있는 미투 운동과 '탈코르셋' 운동처럼 여성성에 대한 본질적인 성찰과 문제 제기가 성적 체제에 대한 전면적인 저항으로 확대되고 있기 때문이다. 미국의 여성운동이 1968년의 격동 속에서 완전히 새로운 모습을 띠었던 것처럼, 현재 한국의 여성운동도 현 사회의 급진적인 변화와 진보적인 흐름과 상응한다. 이에 우리 모두는 미스 아메리카 반대 시위 이후 미국 여성운동의 역사를 거울삼아 오늘날 우리 사회에서 여성의 요구와 주장이 대중의 시선과 미디어라는 프리즘을 통해 어떤 변이를 거쳐 부정되거나 수용되는지, 그리고 그것이 여성운동에 어떤 영향을 미치는지 지켜볼 필요가 있겠다.

참고문헌

Alpert, Jane. 1973. "Jane Alpert on Feminism." *Off Our Backs,* Vol.3, No.8.

_____. 1981. *Growing Up Underground.* New York: William Morrow and Company.

Buchwald, Art. 1968.9.12. "The Bra Burners." *New York Post*, September 12.

Cronin, Paul(ed.). 2018. *A Time to Stir: Columbia '68.* New York: Columbia University Press.

Curtis. 1968.9.8. "Miss America Pageant Is Picketed by 100 Women." *New York Times.*

Douglas, Susan. 1994. *Where the Girls Are: Growing Up Female with the Mass Media.* New York: Three Rivers Press.

Dow, Bonnie J. 2003. "Feminism, Miss America, and Media Mythology." *Rhetoric & Public Affairs*, Vol.6, No.1.

Echols, Alice. 1989. *Daring to Be Bad: Radical Feminism in America 1967-1975.* Minneapolis: University of Minnesota Press.

Gay, Roxane. 2018. "Dethroning Miss America," *Smithsonian*, January and February.

Gelder, Lindsy Van. 1992. "How We Got Here: The Truth about Bra-Burners." *Ms.*, Vol.3, No.2. September/October.

Hanisch, Carol. 2003.6. "Background and Introductory Thoughts." *Joy of Resistance,* WBAI, http://carolhanisch.org/CHwritings/MissACritique.html(검색일: 2019.1.29)

Hesford, Victoria. 2013. *Feeling Women's Liberation.* Durham: Duke University Press.

Horne, Harriet Van. 1968.9.9. "Female Firebrands." *New York Post.*

Kreydatus, Beth. 2008. "Confronting the "Bra-Burners": Teaching Radical Feminism with a Case Study." *The History Teacher*, Vol.41, No.4.

Morgan, Robin. 1977. *Going Too Far: The Personal Chronicle of a Feminist.* New York: Random House.

_____. 2000. "Goodbye to All That." in Rosalyn Baxandall and Linda Gordon(eds.), *Dear Sisters: Dispatches from the Women's Liberation.* New York: Basic Books.

Robin Morgan Papers. David M. Rubenstein Rare Book & Manuscript Library. Durham: Duke University.

Tobias, Sheila. 1997. *Faces of Feminism: An Activist's Reflections on the Women's Movement.* Oxford: Westview Press.

Wallerstein, Immanuel. 2018. "Columbia 1968: Some Personal Memories." *Commentary No. 472.*

https://www.iwallerstein.com/columbia-1968-some-personal-memories/(검색일: 2019.1.29).

Welch, Georgia Paige. 2015. "'Up Against the Wall Miss America': Women's Liberation and Miss Black America in Atlantic City, 1968," *Feminist Foundation*, Vol.27, No.2.

4장

독일 대학생들의 삶의 방식과 새로운 주거 문화*

이병철(홍익대학교 역사교육과)

1. 독일 68운동의 성격

대중의 기억에서도, 학계의 연구에서도 68운동은 여전히 미완의 영역으로 남아 있다고 할 수 있다. 그 이유는 무엇보다 이 운동이 세계관과 정치 성향이 서로 다른 운동가들에 의해 일어났다는 점, 즉 구성원들의 다양성으로 설명된다. 그러나 프랑스와 함께 유럽 68운동의 중심 역할을 한 독일은 그 참여자의 폭이 특정 집단으로 훨씬 더 좁혀진다. 학생운동으로서의 성격이 뚜렷하게 나타나는 것이다. 학생과 노동자들이 연대한 프랑스와 달리 독일에서는 학생 조직의 개입 제의를 노동계가 거부함으로써 더욱 광범

---

* 이 장은 ≪한국교육사학≫, 37권 1호(2015)에 실린 「독일 68세대의 학생문화: 대안적 주거 형태의 발전을 중심으로」를 수정·보완한 것이다.

한 계층이 동참하는 사회운동으로 발전하지 못했다. 독일에서 68운동은 대학생들 조직이 펼친 학생운동이다.

이들은 권위주의적인 기성세대에 비판을 가했다. 그것은 반파시즘, 반자본주의, 반제국주의라는 세 가지 근본적인 비판으로 모아진다. 첫째는 구세대가 자신의 나치 관련 이력에 대해 취한 무비판적 자세를 겨냥한 것이다. 둘째는 약탈과 사회적 불의에 기반을 둔 경제 질서에 대한 비판이며, 셋째는 제1, 2세계를 통한 제3세계 국가들의 억압에 대한 반대였다(Kraushaar, 2001: 15). 이 세 가지 문제, 즉 파시즘, 자본주의, 제국주의는 모두 기성 권위주의 사회의 얼굴이다. 그러므로 68운동의 비판은 반권위주의로 요약될 수 있다.

1945년 이후 독일의 형세는 권위주의 사회의 강화로 나아가고 있었다. 재건은 전후 서독 사회의 시대적 사명이었고, 그것은 독일의 자력에 의한 것이 아니라 국제 협력 체계 속에서 구현되어야 할 문제였다. 냉전 구도에서 서독은 서방 통합 정책을 선택해야 했고, 안보의 강화와 무엇보다 괄목할 만한 경제 재건의 성공이 '국가'에 절대 권위를 부여하게 했다. 단시일 내에 이룬 세계 3대 경제 대국으로의 재도약은 민족의 자의식을 회복시켜 주었다. 1960년대 중반의 여론조사에서 국민 대부분이 '국가비상사태가 발생할 때 이를 타개'하기 위해서는 '국가에 전권을 위임할 것'에 동의했다. 여기에는 노동자 71%의 응답도 포함된다. 경우에 따라서는 기본권까지 포기할 수 있을 정도로 국가권력을 전폭 지지한 것이다. 사민당이 1959년 '고데스베르크 강령'으로 기존의 반자본주의 노선을 수정한 것도 이와 같은 맥락의 산물이다. 사민당의 보수화 경향은 1966년에 기민당과의 대연정에 참여하는 것으로 귀결되었고, 1968년 5월에 사회불안을 조장하는 사건에 대해 국가가 비상대권을 갖는다는 '긴급조치법'을 여야의 정치적 타협을 통해 제정하는 데까지 이르렀다. 권위적인 국가권력은 헌법이 보장하는 국민의 민주적 권리와 자유를 크게 제한할 정도로 확대되었다.

그러나 전후 서독 사회의 권위주의는 정치에만 국한된 것이 아니다. 일상의 차원에서 가장 권위주의적인 특징이 지배하는 곳은 교육제도와 가족제도였다. 여전히 특권적인 엘리트 양성에 존재 의미를 두고 있던 대학 교육은 19세기식 계급적 위계질서를 재생산하는 구조에서 벗어나지 못했고, 그 핵심에 정교수들의 권위가 있었다. 교육제도의 개혁은 68운동의 주체인 대학생들 자신의 사안이었다. 이보다 더 중요한 문제가 가족제도에 있었다. 학생운동이 비판하는 권위주의는 무엇보다 가정에서 시작된 것이다. 가장의 경직된 권위 의식이 일차적인 비판의 대상이 되었다. '가장 중요한 교육기관의 하나'로서 가정은 기존 사회질서를 유지하기 위해 권위와 굴종의 행동방식을 익히는 학습장이었다.

사민당 내 학생 기구지만 일찍이 당과 결별하고 독일 68운동을 주도한 '독일사회주의학생연맹(SDS: Sozialistischer Deutscher Studentenbund)'은 원외 투쟁을 통해 국가제도, 교육제도, 가족제도를 비롯해 사회 전반의 권위주의를 총체적으로 비판하고 공격했다. 그러나 68운동은 스스로를 정치·경제혁명이 아니라 문화혁명으로 규정하고자 했다. 그것은 마르크스·레닌주의 정당이 주도하는 정치·경제 혁명이 후기 자본주의 사회에서는 산업의 생산력 발전 상태에 호응하는 혁명 의식을 불러일으킬 수 없다는 진단에 의한 것이다. 이 시대가 요구하는 혁명은 집단 선전, 선동, 조직 작업으로 수행될 문화혁명이었다. "시민혁명은 사법혁명이었고, 프롤레타리아혁명은 경제혁명이었다. 우리의 혁명은 사회적이고 문화적인 혁명이 될 것이다"(조규희, 2003: 217).

문화혁명으로서의 본질적인 의미는 선전·선동·조직이라는 방법과 더불어 문화라는 영역에 강조점을 두는 데 있었다. '사회혁명은 일상생활에서 출발해야' 한다는 인식이 그것이다. 후기 자본주의 사회를 혁명으로 이끄는 유일한 길은 이론 논쟁을 통해서가 아니라 전복의 열정적 행동을 통해서 일상생활을 변화시키는 것이라고 역설했다. 68의 신좌파가 주도한 혁명 개념은 전통 좌파가 추구한 정치혁명 개념과 달리 개인의 의식이 조작되는 자본주의 체제의 일상에서 개인의 의식 변화와 내적 혁명의 체험과 맞닿았다.

변화시켜야 할 일상은 무엇보다 권위주의의 출발점인 가정, 곧 가족제도였다. 가부장의 권위에서 벗어나는 것이 인간 해방의 시발점으로 인식되었다. 68운동에서 성 문제가 집중적으로 부각된 것은 가장의 절대 권위에 대한 도발을 배경으로 한다. 그것은 도덕적 엄숙주의를 주장하면서 이면에서는 성적 일탈을 일삼던 기성세대의 허위의식에 대한 반발이었다. 동시에 왜곡된 성 관념이 인간 의식의 왜곡으로 이어질 수밖에 없다는 확신에서 성 해방이 인간 해방의 필수 요건이라고 주장했다. 가부장 중심의 가족제도에 대한 비판은 대항 및 대안 문화의 하나로서 새로운 생활공동체의 실험으로 전개되었다.

이러한 68운동의 자기 이해는 그에 대한 평가에도 반영된다. 이 운동 자체의 복합성 때문에 다양하고 이질적인 평가가 제기되는 것은 사실이지만, 문화혁명에 대한 논의가 중심을 이룬다고 할 수 있다. 이들의 정치·경제 이념은 이상향에서나 구현될 수 있는 것이고 바로 그 때문에 좌초된 것이라 할 수 있다면, 이 운동이 일으킨 사회문화적 변화에 혁명이라는 이름을 붙일 수 있는 것으로 평가된다(Watzal, 2001: 1). 이들이 권위주의적이라고 비판하면서 기득권층의 세력 해체와 전체 사회·국가 영역의 민주화를 요구한 것은, 정치에서는 원외 투쟁을 통해 조건적으로 성공했고, 경제에서는 소유관계의 재분배를 주장했지만 실패했으며, 대학에서는 동등한 공동 결정을 관철시켰고, 가정에서는 부모와 자녀 사이를 반권위적인 새로운 관계로 이끌었고, 남녀 관계에서는 여성의 동등성이 사회의 모든 영역에서 속행되고 있다. 몇몇 분노한 사람은 1789년에 바스티유로 향했던 물결을 1968년에 다시 한번 재연하기를 원했다. 그러나 결과적으로 구세계의 하부 문화는 쇠퇴했지만, 정치체제의 교체나 자본주의 경제 질서의 극복에는 이르지 못했다.

68운동의 사상적 주역 중 한 명인 위르겐 하버마스(Jürgen Habermas)가 1988년에 68운동 20주년을 맞아 '영광의 해'에서 남은 것이 무엇이냐는 질문을 받았을 때, 그는 "리타 쥐스무트(Rita Süssmuth)"라고 간단히 반어적으로 대답했다. 1988년 여성으로서는 처음으로 쥐스무트가 국회의장이 되었다는 사실은 정치체제의 변혁과 상관없는 것이다. 그러나 그가 보수 여당인 기민당 출신이라는 점은 사회문화적 현상으로서 여성동등주의의 관철을 상징적으로 보여주기에 충분했다. 그것은 독일 사회에 풍미하던 가부장적이며 복고적인 성별 구조가 68 이후 어떻게 변화되었는지를 예증하는 것이었다. 하버마스에게도 68운동은 문화적, 특히 일상적 차원의 변혁이었다. 68운동 40주년 즈음에 독일에 첫 여성 총리 앙겔라 메르켈(Angela Merkel)이 등장하는 것도 이 흐름의 연속으로 볼 수 있을 것이다.

2. 부르주아 주거 문명화 과정

문화혁명으로서 68이 과연 선정적인 구호와 과격한 우발적 사건들을 넘어 일상 문화에 남긴 흔적은 무엇인가? 가족제도와 가정은 68운동이 권위주의 비판의 대상으로 삼아 대안적 실험을 시도한 일상의 현장이다. 가정이 주거 공간을 공간적 기반으로 하여 구성되는 혈통 사회라 할 때 68운동의 가정에 대한 비판과 대안은 주거 공간과도 밀접하게 관련되기 마련이다. 가족제도가 권위주의적이라면 주거 공간에도 그것이 반영되며, 그에 대한 대안은 공간의 변화로 나타나야 하기 때문이다.

건축 공간과 사회의 상관성은 독일의 사회학자 노르베르트 엘리아스(Norbert Elias)가 정립한 '문명화 과정'의 중심을 이루는 개념이다. 그는 사람들이 시대적으로 공유하는 감각의 기준이 수 세기 동안의 장기적인 발전을 통해 만들어졌다고 보고, 그 과정을 문명화 과정이라고 했다. 오늘날 한 사회의 문명화 양상은 식사 예절이든, 의상의 유행이든, 언어적 관례든 최근 몇 세기를 지나며 형성된 과정의 결과라 할 수 있다. 이 과정에서 건축 공간은 특히 중요한데 신분, 서열, 성별, 신체적 감각 등 모든 사회적 관계가 그것에 반영되기 때문이다. 이 점에서 건축 공간은 사회적 공간이다. 가정은 사회의 최소 단위공동체로서 문명화 과정의 가장 핵심적인 현장이며, 주거 공간은 한 시대의 '사회적 지표' 역할을 한다(엘리아스, 2003: 115~152; 이병철, 2009: 125~156).

근대의 문명화 과정은 17, 18세기 프랑스 절대군주의 궁정 사회에서 주변부 사회로 확산되는 식으로 진행되었다. 베르사유 궁전을 진원지 삼아 왕족과 귀족 중심으로 배타적으로 구축된 궁정식 행위의 기준들이 하위 계층들에 의해 모방되었고, 전 사회적인 문명적 합리성의 틀로 자리 잡은 것이다. 이와 관련된 공간 차원의 현상이 '주거 문명화 과정'이다. 베르사유 궁전의 건축 구조가 수 세기에 걸쳐 사회적으로 확산되는 과정을 말한다. 궁정 사회의 공간 배치에서 가장 중시된 것은 사회에 '과시'하는 것이다. 신민들에게 과시하기 위한 공간인 연회실(살롱, '거울의 방')이 건물의 중심 역할을 했다. 주거 문명화 과정의 전개는 무엇보다 이 '과시성의 배치'가 상류

부르주아 계층으로, 그리고 하층 노동자 계층으로까지 확산(모방)되는 것으로 나타난다. 오늘날 계층을 막론하고 대부분의 주택이 거실이라는 과시 공간을 중심으로 구성되는 것은 바로 이 과정의 귀결이라 할 수 있다.

궁정 사회에서부터 퍼져나간 '과시성의 배치'와 더불어 부르주아지의 주택에서 시작된 '내밀성의 배치'가 주거 공간의 근대화 과정에서 다른 한 축으로 나타난다. 그것은 19세기 이후 사회적으로 가장 중요한 계층으로 부상하는 부르주아지가 주택 구조의 재구성에서 위아래의 다른 계층에 영향력을 확대하는 과정이다. 루이 14세가 "짐이 곧 국가다"라고 단언한 바와 같이 공적 권위를 표방한 절대왕정 시대의 지배 계층에게는 모든 것이 공적 영역에 속했다. 베르사유 궁전에서는 왕과 왕후의 침실도 공적인 공간이었고, 신체 청결과 배변을 위한 화장실마저 사적 공간이 아니었다. 이와 달리 부르주아 계급에게는 공적 영역과 사적 영역이 구분되었다. 그것이 주거 공간에 반영된 것이 '내밀성'의 발달이다. 그리고 이 내밀성의 배치가 부르주아지의 사회적 영향력에 비례해 위아래로 귀족과 민중의 주거 공간 구조에 반영되기 시작했다.

20세기에는 제1차 세계대전 이후 혈통과 토지 재산에 근거한 귀족의 사회적 역할과 영향력이 사라지면서 부르주아지가 문명화 과정의 핵심 역할을 수행한다. 부르주아지는 궁정 사회의 '과시'를 수용해 자기 것으로 하는 동시에 부르주아의 '내밀성'을 확산시키면서 주거 문명화 과정을 주도한다. 그것은 부르주아지의 감각 기준에 따라 주거 공간이 재구성된다는 것을 말한다.

주거 공간에서 과시의 중요성이 궁정 사회에서 비롯된 것이기는 하지만, 그것을 부르주아지가 그대로 수용한 것은 아니다. 여기에는 공과 사, 남성과 여성이라는 별도의 요소가 작용했다. 궁정 사회에서는 공과 사, 남성과 여성의 구분이 건축 공간에 반영될 여지가 없었다. 모든 것이 공적 영역일 뿐 아니라, 그들의 남녀 관계(결혼)는 같은 신분에 의해 형성되는 것이므로 남성과 여성이 공간적으로도 대등했다. 베르사유 궁전은 정(正)대칭의 양 날개 구조로 구성되어 왕과 왕비의 공간을 침실까지 대등하게 나누었다. 이와 달리 부르주아지에게는 공과 사, 남성과 여성의 관계가 분리되었다. 이들은 남성의 직업 활동으로 형성된 계층이기 때문이다. 대외적인 직업 활동은 공적 영역이었고, 가족의 삶은 사적 영역이었다. 그리하여 부르주 아지의 주택에서 부부의 침실은 손님맞이용 과시 공간인 1층에서 분리되 어 가족의 사적 공간인 2층으로 옮겨졌다.

부르주아의 감각 기준은 어느 계층보다도 남성 중심의 가부장적 구조를 특징으로 하며 성별 역할의 구분을 강조하는 방향으로 발전한다. 그것은 거실과 부엌의 구분에서 명확히 나타난다. 궁정 사회에서 이 구분은 공과 사, 남성과 여성의 구분이 아니라 신분상 차이로 규정되었다. 그것은 부르 주아지에게도 마찬가지였다. 거실은 주인의 공간이고 부엌은 하인의 공간 이다. 그러나 제1차 세계대전 이후 부르주아 주택에서 가정부로 일하던 여 성들이 공장 노동자나 사무직으로 전직하면서 여주인이 부엌일을 맡기 시 작한다. 거실과 부엌이 남성과 여성의 공간으로 분리되는 것이 20세기 부 르주아 주거 문명화 과정의 귀결이었다.

부르주아지의 주거 공간에서 부엌일은 단연코 여성의 일이며, 부엌일은 보이지 않고 들리지 않으며 냄새가 나지 않아야 했다. 부엌은 과시 영역인 식사 공간과 거실에서 분리되어야 한다. 즉, 여성은 사적 공간에서 보이지 않게 일하며, 공적 공간은 남성이 주도하는 과시 공간이다. 그리하여 요리·식사·주거의 공간은 여성의 공간인 부엌과 남성의 과시 공간인 식사실과 거실로 분리된다. 전자는 사적 공간, 후자는 공적 공간이다. 요리하는 장소와 식사하는 장소가 더 멀어졌고, 그것은 여성의 동선이 더 길어졌음을 뜻한다. 부엌은 부엌일의 기능적 면만 참작해 최소화되어 1인 작업실이 되었다. 아이들은 좁은 부엌에서 어머니와 같이 있을 수 없으며, 이는 자녀 양육을 위한 동선의 길이가 길어진다는 것을 의미했다. 주부에게 요리와 식사의 부르주아화는 여성의 가사노동 조건을 더 악화시켰다. 반면에 노동을 하지 않고 담소를 나누는 과시와 휴식의 주거 공간인 거실은 가사를 수행하는 여성에게는 허용되지 않는 공간이 되었다. 거실이 가사에서 분리된다는 것은 곧 가사 노동을 하는 여성이 공적 공간인 거실에서 추방됨을 의미했다. 남편이 집 밖의 직업 세계에서 역동적으로 상승하는 동안, 주부는 격리된 봉사 수행자(가사 노동자)로 남았다. 동시에 남자가 집에서 머무는 공간, 즉 거실은 점점 더 커져서(35~80㎡) 그들의 사회적 상승이 주거 영역의 크기로 인식되는 반면, 아내의 상대적인 위치는 더 낮아지고 부엌 공간은 더 작고 더 멀어졌다.

부르주아지의 또 하나의 특징적 감각 기준은 '내밀성'이다. 그것은 사적 공간의 발달과 직결된 것이다. 직업 활동인 공과 가정생활이라는 사의 구분을 적용한 결과, 부르주아의 주거 공간에서 손님을 위한 과시 공간과 가족만을 위한 사적 공간으로 구분되었다. 거실과 식사 공간이 과시 공간이라면 침실과 부엌은 사적 공간이다. 그리고 특히 배변 및 신체 청결과 관련된 화장실 및 욕실은 가장 사적인 공간이다. 그리하여 부르주아지의 내밀성은 화장실 및 욕실의 분화(손님용과 가족용, 부모용과 자녀용)와 심미화로 발전한다. 궁정 사회에서 공적 공간에 속했던 곳이 신체의 은밀성을 보호하고 극대화하는 사적 공간으로 발달한 것이다. 신체적 수치심과 무안감이 더욱 치밀하고 민감해졌고 이를 위해 더욱더 내밀한 공간이 필요했다. 1950, 1960년대에는 심미화 과정이 더 발전한다. 욕조와 세면대, 변기 외에 타일

장식, 거울, 비누 받침, 수건대, 전등과 조명 등 다양한 형상의 비품으로 욕실을 장식했다.

전후 경제 번영과 함께 강화된 부르주아의 주거 문명화 과정은 사회적 하위 계층의 주택 건축에도 반영되었다. 전쟁 직후의 극심한 주택난은 공적 자금으로 서민용 사회주택의 건설을 추진하는 첫 '주택건설법'을 1950년에 발효하게 했다. 서서히, 그리고 지속적으로 증가하는 국민총생산과 더불어 노동자들을 위한 주택은 부르주아지의 표준을 따랐다. 노동자 아내들도 부르주아 아내들의 역할을 모방해 전업주부가 되면서 공장 노동을 통한 긴장과 부담에서 벗어나 가족을 평안하게 하는 가정 분위기를 만들 수 있었다. 그러나 그것은 금전적으로 아내가 남편에게 전적으로 의존하게 했고, 가정 내의 세력 관계에서 여성이 더 불리해지는 결과를 불러왔다. 노동자 아내들의 정체성은 점차 남편의 근로 지위와 수입 관계를 통해 분화되었으며, 남편의 수입이 생활의 기회와 자신을 비롯해 자녀들의 물질적 소비 행태의 기준을 결정했다(Weresch, 2005: 137, 123).

결국 1950, 1960년대 부르주아의 주거 문명화 과정은 가부장적 구조와 그로 인한 성별 역할의 차별을 전 사회적으로 확산시키는 기제가 되었다. 가족제도와 가정에서의 권위주의 문제는 주거 공간과 밀접하게 연관되어 전개된 것이다. 그러므로 68운동의 반권위주의적 대안과 실험은 주거 공간의 변화를 수반하지 않을 수 없었다. 주거 형태와 공간의 구성 및 배치에서 변화가 나타난 것이다.

〈그림 4-1〉의 네 그림은 1950년대와 1960년대의 주거 공간이 68운동이 비판했던 권위주의적 가정 및 가족제도와 어떻게 상응하는지를 단적으로 보여준다. 이 주택들은 부르주아의 감각 기준을 반영하는 주거 공간이라는 특징이 있다. 〈그림 4-1-1〉은 1952년 중산층을 위한 건축 잡지에 실린 주

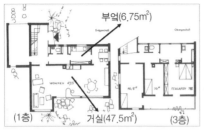

4-1-1_ 단독주택 평면도(슈투트가르트, 1952)

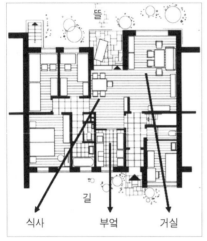

4-1-3_ 연립주택 단지의 평면도(하노버, 1961)

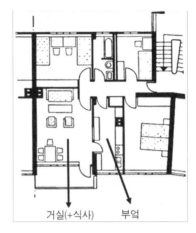

4-1-2_ 노동자를 위한 사회주택의
평면도(베를린, 1957)

4-1-4_소가족 부르주아의 주거 구조
(카를스루에, 1960)

〈그림 4-1〉 부르주아의 감각 기준을 반영하는 1950, 1960년대 주거 공간
자료: Weresch(2005: 125, 127, 131, 138).

거 면적 156㎡의 단독주택 평면도이다. 거실의 면적은 47.5㎡로 거의 대부
르주아 주택 수준으로 확대되었지만, 부엌은 6.75㎡에 지나지 않는다. 부
엌 합리화가 시작된 1927년의 노동자를 위한 '프랑크푸르트식 부엌'보다도
좁다. 〈그림 4-1-2〉는 1957년 베를린 국제건축전시회에 발터 그로피우스
(Walter Gropius)가 출품한 노동자를 위한 사회주택의 평면도다. 식사 공간과

부엌이 부르주아 주택처럼 분리되어 있다. 〈그림 4-1-3〉은 1961년에 세워진 연립주택 단지의 평면도인데, 거실은 다른 공간에 비해 더욱 넓어지고 과시적으로 배치되었다. 즉, 전망이 최고인 뜰 쪽을 향하고 있다. 식사 공간은 주거 영역에서 독립된 채 뜰과 연결되어 역시 최고의 전망을 확보하고 있다. 이에 반해 부엌은 더 폐쇄적이고 전망이 가장 안 좋은 길 쪽에 위치함으로써 가사 활동만 하는 여성을 위한 매우 작은 취사용 '기능성 부엌(Funktionsküche)'의 의미만 남았다. 1960년의 중산층 주택 단지 모습인 〈그림 4-1-4〉는 이웃에게 폐쇄적이며 자신에게 강하게 집중하는 소가족 부르주아의 주거 구조를 분명히 보여준다. '캡슐 부엌'과 함께 담으로 둘러싸인 아트리움(Atriumhaus: 가운데 마당이 있는 집)은 고조되는 냉전, 베를린 장벽, 전 세계적인 군비 확장 위험에 공간적으로 반응해 사적인 벽 뒤로 물러나 칩거하는 모습으로 해석된다.[1]

3. 68 이후 공동 주거(WG) 형태의 발전

1968년의 학생운동은 주거 공간의 형태와 구조에 어떤 변화를 불러왔을까. 그것은 일차 집단의 유일한 합법적 형태로서 가정의 독점을 깨뜨리는 쪽으로 발전했다. 대학생들이 정면으로 도전하고, 중요 공격 목표로 삼은 것은 소가족 부르주아의 심리사회적 특수성으로 구축된 가정이다. 이들은 1930년대의 '비판이론' 대변자들이 발전시킨 논거들을 재수용하면서 가정

---

1) 프랑크푸르트식 부엌에 대해서는 이병철이 쓴 「주거문명의 사회사: 1920년대 독일 노동자 주택의 부엌 합리화를 중심으로」(2008)를 참조.

을 억압된 사회의 '심리적 대행 기관'이요, '권위적 특성의 부화 장소'라고 비판했다. 자본주의를 '소비 테러'로 규정하는 체제 투쟁과 함께 부르주아 '소가족 인간'의 폐지가 대학생들의 전위적 목표에서 동일한 비중을 차지했다. 그것은 이미 1966년 이전부터 대도시에 혁명적 코뮌 조직을 준비해왔던 독일사회주의학생연맹의 소수 분파가 1967년 1월 베를린 '코뮌 1(Kommune 1, K 1)'을 결성함으로써 가시화되었다. 거기서 내건 구호는 사유재산과 일부일처의 철폐, 일상의 정치화였고, 내세운 목표는 '사귀고, 다정하게 지내며, 재미있고, 일하지 않고, 우리를 이해하는 것'이었다. 7개월 뒤에 '코뮌 2(K 2)'가 역시 베를린에 세워졌다. 성인 남성 6명, 여성 3명, 어린이 1명 등 총 10명이 코뮌 1에서, 성인 남성 4명, 여성 3명, 어린이 2명 등 총 9명이 코뮌 2에서 전통적인 가족을 벗어난 공동체 생활을 시작했다.

"사적인 것이 정치적이다(Das Private ist politisch)", 이것이 코뮌 설립자들이 표방한 정신이다. 부르주아지 정치를 청산하기 위해서는 형식적인 정치 전선의 변화를 일으키는 단순한 정치 혁명보다 그 근간이 되는 생활 방식의 변화가 더 중요하다는 인식이 이 문장 속에 반영되었다. 코뮌 1은 개개인이 안고 있는 문제가 애정 문제인지, 가정 문제인지, 학업 문제인지는 무시한 채 정치 현상에만 몰두하는 것이 아니라 개인의 문제를 정치적인 행위와 연관시켜야 한다고 보았다. 그러나 이러한 시도는 개인 내부에 집중해 심리적인 문제 해결에 집착하는 데 반대하는 코뮌 2의 설립을 자극했다. 이보다는 밖에서 공동의 정치적 작업을 통해 시대와 사회의 문제에 대항하는 것이 이들에게는 급선무였다. 코뮌 1이 공동 주거와 공동생활을 지향하는 주거 공동체였다면, 코뮌 2는 '정치 코뮌'으로 불릴 만큼 작업 공동체를 표방했다. 이로써 코뮌 운동은 두 가지 상반된 흐름을 내포하고 있었던 것으로 보인다. 한편으로 부르주아 가족제도에 저항하는 것을 목표로 하는 무정부주의적이고 즉흥적이며 기본적으로 삶의 변화를 꾀하고자 하는 흐름이 있었고, 다른 한편으로 의식과 사회적 관계의 변화를 위해서는 그것의 바탕이 되는 생산구조, 즉 사회구조의 변화에 우선순위를 둬야 한다는 주장이 맞서고 있었다. 그러나 이 두 주장이 자동으로 두 코뮌을 구분하는 것은 아니다. 처음에 시작할 때와 달리 코뮌 1은 일상보다는 정치 문제에 민감해졌고, 코뮌 2는 정치보다는 일상의 문제에 더 관심을 기울였다(송충기, 2011: 338~339, 342). 그렇다고 이것이 코뮌 주체들의 개방성이나 다양성, 또는 상호 보완성을 보여주는 것도 아니다. 오히려 이들이 표방한 주장의 한계를 드러내는 것이었다고 할 수 있다.

그러므로 이러한 시도를 '코뮌 운동'이라고 말하는 것은 근본적으로 잘못되었다는 평가를 받는다. 그것은 '단지 몇몇 괴짜의 문제'였을 뿐이라는 것이다. 코뮌 1과 코뮌 2에 대한 반응은 독일사회주의학생연맹 내에서조차 경악을 금치 못하고 비난 일색이었다. 심지어 단체의 명예를 훼손했다는 이유로 연맹에서 코뮌 거주자를 제명할 정도로 충격적이었다. 물론 코뮌은 공적으로 엄청난 시선을 모으는 데 성공했고, 또한 엄청난 반감을 불러일으켰다는 점에서 하나의 '운동'이라고도 할 수 있을 것이다. 그러나 코뮌 거주자들이 빠르게 정치적·문화적 쇼 비즈니스의 스타로 부상했고, 그들의 이름이 널리 퍼지고 활동이 자세히 알려졌지만, 코뮌은 호기심을 유발하는 주제와 표현 형태로 단지 일시적인 관심을 불러일으켰을 뿐 '우발적 사건' 이상으로 나아가지 못했다. '코뮌 운동'은 1969년 11월과 1968년 여름에 각각 조기 해체되면서 유성에 불과한 것으로 간주되었다.

그러나 코뮌적 사고는 베를린 창시자들의 도발적 모습을 변형시키며 다른 지역으로 확산되어갔다. 소비주의에 맞선 농촌 코뮌이 결성되고, 약물에 의한 의식 체험, 종교적 깨달음의 추구, 정치 활동, 또는 상업 활동 등으로 특성화된, 그러나 더 온건한 코뮌들이 세워졌다. 집단 주거 형태는 다양한 하위문화에서의 저항의 틀 안에서 분화 과정을 겪으면서 각각 특수한 하위문화의 특징을 나타냈다. 이 새로운 형태의 주거 집단들은 매우 선택적이고 자율적이었지만, 서서히 그리고 전반적으로 '정상적인 공동 주거' 형태로 발전했다. 이 과정에서 두 가지 변화가 공통으로 나타났다. 한편으로 괴벽스러움이 사라져갔다. 시간이 흐르면서 그러한 생활 형태가 개인과 집단의 정체성으로서 꾸준히 유지될 수 없다는 것이 분명해졌기 때문이다. 다른 한편으로 다른 부류의 사람들이 점차 이 주거 형태에 참여하기 시작했다. 이데올로기의 동질성과 책임이 더는 참여의 전제가 되지 않았다. 결과적으로 주변 세계도 이 새로운 형태의 일차 집단에 익숙해지기 시작했다.

이제 이 주거 형태는 '공동 주거(Wohngemeinschaft: WG)'로 불리기 시작했다. 사회학적 정의에 따르면 그것은 '서로 친척 관계가 아닌 다수의 사람이 한집에 함께 거주하는 것'을 의미했다. 68운동 10년 뒤, 즉 코뮌을 통해 대안적 형태의 공동생활과 주거를 발전시키려던 첫 번째 시도가 실패한 뒤 10년이 흘러 이 공동 주거에 관한 연구가 처음 나왔을 때, 1만 개 정도의 주거 공동체에 약 8만 명이 살고 있었는데, 대부분이 젊은이였던 것으로 파악되었다.

68운동이 추구한 대안 주거 공동체의 귀결인 공동 주거가 코뮌 거주자들이 말한 대로 가정의 '빈 전통 껍데기'를 대체했다고 할 수는 없다. 무엇보다 공동 주거의 '수명', 즉 거주자들이 한 공동체에 머무르는 기간이 짧았다. 1978년의 보도에 따르면 공동 주거 거주자 중 82.8%가 2년을 넘기지 않은 것으로 집계되었고, 1983년의 연구에서는 약 18개월로 파악되었다. 짧은 거주 기간은 구성원들의 심한 동요로 귀결되었다. 그리고 특정 연령층과 학력자에 집중된 속성도 이 공동 주거 형태가 가정을 대체할 수 없다고 평가하게 하는 요인이 되었다. 거주민은 주로 21~30세의 젊은이이며,

80%가 대학 교육을 받은(또는 받고 있는) 사람들이었다(Huber, 2012: 19).

코뮌과, 공동 주거 초기의 이 주거 형태는 부르주아 소가족의 대안으로서 정치 이념을 강력히 지향했다. 부르주아식 생활은 무엇보다 공동체답지 않았다. 그것은 가부장적 권위주의, 성별에 따라 특수하게 규정된 역할 모델과 남녀의 노동 분업, 공적·사적 영역의 엄격한 구분, 부모에 대한 아이들의 종속이라는 특징 속에 개개인을 고립시키며 사생활로 후퇴하게 했다. 그리하여 코뮌과 공동 주거의 대안은 무엇보다 공동체성의 구현에 중점을 두어 개인 간의 경계를 지양한다는 의미에서, 심지어 모든 방의 문을 열어 그러한 성격을 과시하기도 했다.

그러나 집단 주거를 통해 대안적인 생활 형태를 실험하고 확산시키려고 한 이 시도는 점차 정치적·문화적 목표와 의미에서 멀어졌다. 오히려 얼마 후 학업을 마칠 성인들에게 계속 부담으로 작용하던 주택난의 실제적인 해결 방책 중 하나라는 의미가 더 커졌다. 코뮌에서 '실리적 공동 주거(Zweck-WG)'로 변화한 것이다.

오늘날 공동 주거는 대학생들 사이에서 가장 많이 이용되는 주거 형태가 되었다. 이것은 대학생복지기구(Studentenwerk)가 주도해 1951년부터 약 3년마다 대학생들의 경제 및 사회적 상태를 조사해온 '사회조사(Sozialerhebung)'의 통계에서 명확히 나타난다. 이 조사에서 대학생들의 주거 형태는 시대별 차이를 보이며 최종적으로 여섯 가지로 분류된다. 부모(친척)의 집, 전대차(轉貸借, Untermiete), 단독 주거(Wohnung allein), 기숙사(Wohnheim), 공동 주거(WG), 동거(Wohnung mit Partner[in])가 그것이다. 최근의 조사인 제21회 사회조사(2016년 조사, 2017년 발표)에서는 이 주거 형태들의 분포가 각각 20%, 1%, 17%, 12%, 30%, 21%로 나타났다. 공동 주거 형태가 상대적으로 가장 높은 비율을 차지한다. 그러나 실제로는 그 전체의 몫이 이보다 더 높아진다. 기숙사 거주 학생 중 다수가 공동 주거 형태의 기숙사에서 살기 때문이다. 대학생복지기구가 기숙사 학생들을 대상으로 조사한 2009년의 통계에 의하면 기숙사 안에서 1인실 29%, 공동 주거 40%, 층별 시설 공유 형태 27%, 2인실 1%, 가족 주택 3%의 분포로 나타나며, 이로써 전체 대학생의 10%인 기숙사 거주자 가운데 40%가 기숙사 내 공동 주거 형태에 거주하므로 사실상 공동 주거의 전체 분포가 4.8% 증가하는 셈이다. 이 비율을 2016년 발표에 적용한다면 공동 주거 형태를 이용하는 학생은 34.8%, 즉 3분의 1 이상이 된다.[2]

이 통계들에서 두 가지 사실이 주목된다. 하나는 1967년, 1968년의 제6회 사회조사까지는 주거 형태의 분류에 들어 있지 않았던 공동 주거 형태가 1973년의 제7회 사회조사에서야 독립적인 항목이 되었으며, 그 후 점차 증가하는 추세를 분명히 확인할 수 있다. 공동 주거 형태 거주자는 2006년 사회조사 때부터 가장 높은 분포를 보이고 있다. 최근 20여 년간의 흐름을 보면 18%(1991), 18%(1994), 20%(1997), 22%(2000), 22%(2003), 25%(2006), 26%(2009), 29%(2012), 30%(2016)로 꾸준히 증가하는 추세이다. 다른 하나는 공동 주거 형태가 대학생들만의 주거 형태로 자리를 잡았다는 점이다. 공동 주거 거주자의 분포가 대학생에게서는 3분의 1 이상에 이르지만, 전체 국민의 통계에서는 20분의 1밖에 되지 않는다. 2013년의 통계청 자료는 전 국민 가운데 5%(360만 명)만이 공동 주거 방식을 이용하는 것으로 나타난다. 국민 대다수의 주거 형태는 자택(49%)과 임차(46%) 방식이다. 즉, 공동 주거

---

[2] 사회조사는 독일대학생복지기관이 처음에는 내무부의 후원으로 실시했다가 최근에는 독일대학연구소(HIS-Institut für Hochschulforschung)와 공동으로 주관하고 교육부의 후원을 받아 실시한다(Wank·Willige and Heine, 2009: 28; Middndorff, 2012: 3; Middndorff et al., 2017: 64).

형태는 68운동 당시부터 시작되어 대학생들의 주거 형태로 발전하고 있다.

공동 주거가 대학생들에게 매력적인 이유는 무엇보다 공동으로 임차함으로써 임차료를 상대적으로 낮출 수 있다는 것이다. 공동 주거는 일반적으로 오래된 다인실 주택을 공동으로 임차하는 형태로 이뤄진다. 1인실(원룸)에 비해 임차료 부담을 크게 낮출 수 있다. 또한 공동 주거는 친밀한 동거에 알맞은 적당한 대안을 제공한다. 1인실 주거와 달리 공동 주거는 입주, 주거, 청소, 요리 등에서 공동체 방식이 중요한 특징이 된다. 그러나 오늘날 공동 주거의 공동체성은 코뮌과 초기 공동 주거와는 매우 큰 차이가 있다. 초기의 시도들이 부르주아 소가족의 내밀성, 개별성의 대안으로 결속력이 매우 큰 공동체를 지향했다면, 공동 주거 형태의 모습은 고립되어 살지 않으면서도 점점 더 개인의 권리와 공간 확보가 강화되는 쪽으로 변화되었다. 68운동이 저항했던 부르주아지의 가부장적 질서에서 권위주의와 성차별은 장기적으로 분명히 제거되었지만 부르주아의 개인성 확보는 계속 유지되었다. 사실 이 현상은 최초의 코뮌 실험에서부터 나타났다. 코뮌 2의 설립자들은 공동주택에 입주하던 날 가구를 배치하고 방을 분배하면서 이미 "주택의 내부 설비에 대한 우리의 생각이 언제나 부르주아의 안전에 대한 욕구를 통해 결정된다는 것을 우리는 아주 분명히 알게 되었다"라고 고백한다(Kommune 2, 1971: 51). 코뮌 1이 커다란 공동 침대를 사용했다면 코뮌 2는 긴 토론 후에 개별적인 수면 공간을 마련하기로 결정했다.

이 점에서 오늘날의 공동 주거에서 나타나는 한 가구 내에서의 동거는 신념적 공동성과는 거리가 멀다고 할 수 있다. 이념적으로 동기가 유발되어 결성되었던 개척자들의 코뮌이 일상적 차원의 친분을 나누는 공동 주거로 전환된 것이다. 그리하여 작은 '소우주'가 한 주택 안에서 문을 맞대고 형성된다고 할 수 있다. 이러한 변화는 공동 주거가 더는 운동가들의 실험실이 아니라 사회적으로 '정상적인' 기구나 제도가 되었다는 것을 보여준다. 68 학생운동이 스스로를 주류 사회에서 분리시키고 총체적인 사회 및 제도권 비판에 매진한 반면, 주거 문명화 과정에서 나타나는 산물은 오늘날 오히려 주변성에서부터 정상성으로 변화하고 확대되는 특징이 있다.

68운동이 공동 주거라는 새로운 형태의 등장과 발전으로서만 주거 생활에 영향을 미친 것은 아니다. 이 운동은 공간 구조 자체에서의 건축학적인 변화도 불러왔다. 전통적인 주택 건설을 대신할 '대안 프로젝트'가 가동되었고, 그것은 68운동의 정신과 그 여파가 점차 사회적으로 가시화된 것이다. 즉, 가정 내 위계질서의 변화, 성별과 관련한 활동의 변화, 직업이 있는 부모들의 자녀 돌보기 공동 분담이 1970년대 이후의 대안 건축으로 구현된 것이다. 학생운동의 영향이 건축물에 실제로 반영된 것은 그로부터 10년 후, 대략 1970년대 중반이다. 이것은 대개의 경우 여성 건축가들의 참여로 이루어졌다.

예를 들어 1975년에 건축된 헨제 부부(Ingrid & Peter Hense)의 연립주택인 '긴 작은 집(Lange Kate)'(〈그림 4-2〉)은 68운동의 영향을 받은 첫 대안 프로젝트 중 하나다. 참여자들은 그 작업을 이렇게 회상했다. "이러한 계획을 세우려는 생각은 1973년에 싹 텄다. 그 생각의 뿌리인 1960년대 중반 학생 소요의 이상은 당시에 이 운동에 대한 공포로 인해 약화되어 있었다. 그러나 우리는 부르주아이면서도 긴밀한 결속을 원칙적으로 문제 삼지 않으며 각 구성원에게 자유를 주고 동시에 가능한 한 많이 접촉할 수 있게 하는 공동체 생활 형태에 대해 숙고하기 시작했다."[3] 이 프로젝트에서 주거, 식사,

---

3) 이 주거 프로젝트는 여러 건축가와 설계사, 여성 신학자 한 명의 참여로 이루어졌다(Hense, 1981: 139).

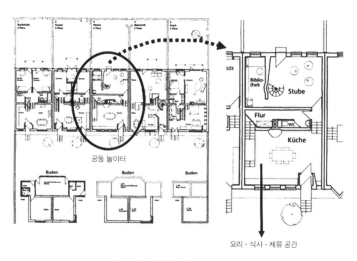

요리·식사·체류 공간

〈그림 4-2〉 연립주택(킬실크제, 1975)

부엌, 아이들 공간에서 급진적인 변화가 나타난다. 먼저 외적 영역의 변화
는 전통적인 주택에 딸린 개별적 앞뜰이 사라지고 건물 전체에 딸린 공용
놀이터가 등장한 것이다. 그것은 부르주아식 개별화보다 조금은 덜 부르주
아식인 대안이었다. 각 가정 내로 국한되었던 부모와 자녀의 사회적 관계
가 건물 전체의 거주민에게로 확대되었고, 그것은 아이들에게 길거리 놀이
터일 뿐 아니라 성인들의 공동 활동을 위한 것이기도 했다. 부수적으로 부
모가 자녀를 돌보는 시간도 줄었다. 또한 건물 내적으로도 큰 변화가 있었
다. 바로 주택 안으로 들어가는 중심 공간에 식사, 요리, 체류가 공동으로
이루어지는, 오늘날에 흔히 볼 수 있는 주방 겸 거실이 등장한 것이다. 이
식사-요리-체류 공간은 주택의 전체 넓이에 해당될 정도로 확대되어 실내
공동 놀이터 기능을 하면서 가족공동체를 시공간적으로 확보했다. 이 공동
공간의 기능은 공간이 넓어지고 중심에 자리 잡음으로써 성별 사이, 부모
와 자녀 사이의 변화된 관계를 반영했다. 남성의 직업적 지위를 상징했던

전통 거실은 배제되면서 공간 지배력을 상실했다. 그것은 식사-요리-체류 공간보다 훨씬 작은 크기로 주택의 상층으로 옮겨졌다. 왼쪽 평면도는 다섯 가구로 이루어진 연립주택 전체의 평면도로서 각 가구가 공유하는 길이 공동 놀이터 기능을 함으로써 공동체의 결속을 강조한다. 이 중 한 가구를 확대해 보여주는 것이 오른쪽 평면도이다. 화살표로 표시된 식사-요리-체류의 종합 공간을 통해 부르주아 주거 형태에서 보였던 성별 차이가 확연히 사라진다.

대안적 건축운동은 분명 68운동의 한 부분이다. 주거 문명화 과정에서 주거 공간에 남아 있던 성차별 요소가 제거되고, 덜 공동체적인 공간 배치에서 벗어나는 데 대안 건축 운동이 중요한 역할을 했다. 68운동이 주장하고 실험했던 다양한 영역의 공동 주거 형태를 대학생이라는 주택 시장 소비자가 발전시켰다면 대안 건축은 생산자인 건축가들이 주도했다는 점에서 주체가 다르기는 하지만, 이 두 가지 현상은 68운동의 정신이 일상의 현장에 남긴 문화적 변혁임이 틀림없다.

1960년대 말 이후에 형성되어 오늘날 대학생들이 가장 선호하는 주거 형태로 자리 잡은 공동 주거는 68의 성격을 특징적으로 보여준다. 68운동은 전통적 권위주의에서 벗어나 한편으로는 개인의 자율성을 구현하면서 다른 한편으로는 좀 더 공동체적인 관계를 구축하려는 현재의 사회상의 발전에 추동력을 제공했다. 그것은 강제에 얽매이지 않고 자유롭게 공동체 생활을 할 수 있게 하는, 즉 자율성을 보장하면서 사회적 책임을 중시하는 '선택적 친화력(Wahlverwandtschaft)'의 추구라 할 수 있다. 공동 주거는 스스로 선택한 공동체인 '선택적 가정(Wahlfamilie)'에서 자율성, 사회적 책임, 소속감 사이에서 건강한 균형을 이루려는 시도로 평가된다(Besser, 2010: 11~12, 14). 동시에 그것은 좌파 엘리트의 난해한 용어들로는 접근할 수 없던 광범한 사회 범주에 68운동이 다가갈 수 있었던 소통 양식으로 기억된다. 1960년대의 코뮌이 의도했던 바가 "부르주아적 개인을 혁명화하려는 시도"였다면, 그것이 실제로 남긴 것은 생활 형식의 대안을 발견하려는 시도라고 할 수 있다(Hasse, 2018: 5).

4. 68운동이 남긴 것

이상에서 살펴본 바와 같이 68운동은 그것의 이상을 관철하려는 과격한 투쟁보다 일상의 문화적 차원에 남긴 실제적인 변화와 영향에 따라 평가해야 할 것이다. 괴벽스럽고 극단적인 형태의 주장과 실험들은 결국 일상성으로 여과되어 일상생활 현장의 민주적인 변화로 귀결되었다. 이 장은 일상의 중요한 영역으로서의 주거 공간에 주목해 68세대가 주도한 주거 문명화 과정을 고찰했다. 그것은 문화혁명으로서 68운동의 본질을 특징적으로 보여준다.

19세기까지는 주거 문명화 과정을 궁정 사회의 지배층이 주도했다. 20세기에는 부르주아지의 주거 공간 특성이 영향력을 장악하는 시기였다. 이를 통해 주택의 공간 구조에서 관철된 것은 과시와 내밀성이었다. 그것은 바로 68운동의 저항을 불러일으킨 부르주아지의 가부장적 권위주의를 반영하는 것이다. 이 운동은 결국 20세기의 부르주아 주거 문명화 과정에 맞서 공동 주거라는 새로운 주거 형태를 만들어냈고 대안 건축을 시도하게 했다. 물론 구호로 외쳤던 가족제도의 파괴와 부르주아식 안정의 거부는 선정적인 일탈의 예시에 지나지 않았지만, 성별 역할의 차별을 지양하고 공동체 관계를 도모하는 주거 형태와 공간 구조의 구축은 오늘날의 주거 공간에 실제로 변화를 불러왔다. 68운동은 사회계층과 성별 관계, 신체 감각 등의 시대 변화가 주택 공간의 재구성에 장기적으로 영향을 미치는 주거 문명화 과정에서 20세기의 중요한 분기점을 형성했다.

  68운동 자체는 물론이고 주거 문명화 과정의 측면에서 더욱더 분명한 것은 이 운동에서 나타나는 탈물질주의적 가치 변화의 특성이다. 68운동은 물질주의적 가치 체계에 대한 염증에서 비롯된 탈근대적 저항이다. 전통적인 좌우의 대립을 넘어선 탈물질주의는 전쟁과 나치즘으로 귀결된 근대에 대항하는 다음 세대들의 새로운 신념이었다. 이로써 68운동은 세대 간 대립으로 전개되었고 1960년대 후반의 대학생에게만 국한되지 않은, 그 이후의 청년 세대, 대학생 세대의 문화를 산출했다고 할 수 있다. 68운동은 무엇을 남겼는가? 68이 남긴 것은, 또는 68에서 남은 것은 사라지는 데 3년도 채 걸리지 않았던 코뮌이 아니라 WG였다고 할 것이다.

참고문헌

송충기. 2011. 「독일 68운동기 〈코뮌〉의 일상과 성혁명, 그리고 몸의 정치」. ≪사림≫, 40호, 331~354쪽.

이병철. 2009. 「주거문명의 사회사: 1920년대 독일 노동자 주택의 부엌 합리화를 중심으로」. ≪서양사론≫, 102호, 125~156쪽.

_____. 2015. 「독일 68세대의 학생문화: 대안적 주거형태의 발전을 중심으로」. ≪한국교육사학≫, 37권 1호, 81~108쪽.

조규희. 2003. 「서독의 68운동과 문화혁명」. ≪독일어문학≫, 23집, 207~232쪽.

Besser, Jutta. 2010. *Zusammen ist nicht allein. Alternative Wohnprojekte für Jung und Alt*. Düsseldorf: Patmos-Verlag.

Bookhagen, Christel. 1969. *Kommune 2: Versuch der Revolutionierung des bürgerlichen Individuums-Kollektives Leben mit politischer Arbeit verbinden!*. Berlin: Oberbaumpresse.

Bundesministerium für Familie, Senioren, Frauen and Jugend(ed.). 2003. *Die Familie im Spiegel der amtlichen Statistik*. Berlin: DruckVogt GmbH.

Hasse, Jürgen. 2018. "Was bedeutet es, zu wohnen?" *Aus Politik und Zeitgeschichte,* B.25-26, pp. 4~8.

Hense, Peter. 1981. Die "Lange Kate." in Werkbund Kiel-Schilksee(ed.). *Beispiele-Experimente-Modelle, Neue Ansätze im Wohnungsbau und Konzepte zur Wohnraumerhaltung*. Darmstadt: Werkbund Verlag.

Huber, Alexander Josef. 2012. "Gruppenpolitik im Wohnprojekt." Wien: Universität Wien, Diplomarbeit.

Kraushaar, Wolfgang. 2001. "Denkmodelle der 68er-Bewegung." *Aus Politik und Zeitgeschichte,* B.22-23, pp.14~27.

Middndorff, Elke. 2012. *Sozialerhebung des Deutschen Studentenwerkes 1951~2012*. Hannover: HIS.

Middndorff, Elke et al. 2017. *Die wirtschaftliche und soziale Lage der Studierenden in Deutschland 2016 : Zusammenfassung zur 21. Sozialerhebung des Deutschen Studentenwerks durchgeführt vom Deutschen Zentrum für Hochschulund*

Wissenschaftsforschung. Hannover: HIS.

Wank, Johanna, Janke Willige and Christoph Heine. 2009. *Wohnen im Studium. Ergebnis einer Online-Befragung im März und April 2009 im Auftrag des Deutschen Studentenwerks.* Hannover: HIS.

Watzal, Ludwig. 2001. "Die 68er-Generation." *Aus Politik und Zeitgeschichte,* B.22-23, pp.1~2.

Weresch, Katharina. 2005. *Wohnungsbau im Wandel der Wohnzivilisierung und Genderverhältnisse,* Hamburg: Dölling und Galitz.

5장

독일 68세대의 변화*
극좌에서 극우로

윤용선(한성대학교 역사문화학부)

> 유럽에서 …… 과이질화(過異質化, Überfremdung)는 민족과 문화의 근본적인
> 파괴를 의미하며, 자본주의적인 가치 재평가를 통해 민족 정체성의 해체가 이미
> 독일만큼 진행되었다면 특히 그러합니다.
>
> 베른트 라벨(Bernd Rabehl)

1. '민족혁명'으로서 독일 68운동

독일 역사에서 '민족국가', 유럽 역사에서 '독일 문제'는 일순간 분위기를
어둡게 만드는 주제이다. 역사에서 두 개념은 정면으로 충돌했다. 독일의
통일은 유럽에는 위기를, 독일에는 번영을 의미했으며, 반대로 분단은 독일

---

* 이 장은 「독일 68 운동의 민족 혁명론에 대한 비판적 고찰: 라벨(Bernd Rabehl), 말러
(Horst Mahler), 오버레르허(Reinhold Oberlercher)를 중심으로」, ≪서양사론≫, 130호
(2016)를 고쳐 쓴 것임을 밝힌다.

에는 낙후를, 유럽에는 평화를 의미했다. 그러나 민족국가 시대인 19세기 유럽에서 독일의 통일은 불편하다고 무작정 회피하고 막을 수 있는 문제가 아니었다. 마침내 1871년 독일제국이 탄생했고, 우려했던 대로 유럽의 세력균형은 빌헬름 2세 시대(1888~1918)의 출범과 함께 위기를 맞았으며, 독일 통일은 43년 후 발발한 제1차 세계대전의 여러 원인 중 하나가 되었다.

그런데 흥미로운 사실은, 유럽의 세력균형을 파괴한다는 이유로 독일의 통일을 극구 반대했던 유럽 열강은 독일이 제1차 세계대전에서 패전했음에도, 종전 후 정작 통독 자체를 문제 삼지는 않았다는 점이다. 독일 통일을 가장 극렬히 반대한 프랑스조차 독일의 통일을 기정사실로 인정하고 베르사유조약을 통해 앙갚음하는 데만 골몰했다. 물론 통일한 지 반세기를 넘긴 시점에 이를 문제 삼는 것이 지나쳐 보일 수 있지만, 복수심과 증오가 짙게 투영된 베르사유조약의 내용을 보면 독일제국의 해체 요구가 불가능한 것도 아니었다. 조약으로 모두가 쾌재를 부르던 프랑스에서 통독 자체를 건드리지 않은 데 대해 홀로 불만을 제기한 인물은 다름 아닌 파시즘 이론가 샤를 모라스(Charles Maurras)였다. 그는 '독일의 통일이 존중된' 이유를 프랑스의 사회주의와 자유주의의 책임으로 돌렸다.

이처럼 독일은 제1차 세계대전에서 패배했음에도 바야흐로 유럽 국제정치에서 변수가 아닌 상수의 지위를 획득했다. 그렇다고 '독일 문제'가 해결된 것은 아니며, 문제는 이제 통일에서 이념과 체제 차원으로 이동했다. 그 결과 프랑스혁명으로 상징되는 서구적 가치인 '1789년 이념(Ideen von 1789)'은 제1차 세계대전 발발 당시 독일 보수주의 진영에 확산된 '1914년 이념'에 의해 구축되어야 했다. 바이마르 공화정을 거부한 독일 보수주의는 독일 고유의 체제와 이념을 모색했으며, 그로 인해 1871년 통독 이후 진부한 주제가 되어버린 '독일 문제'는 새로운 자극과 동력을 얻었다.

'서구적'인 바이마르 체제가 전후 위기관리에서 무기력한 모습을 드러내자, '독일적'인 것의 권위는 더욱 강화되었고, 독일 보수주의는 '보수혁명'이라는 용어가 등장할 만큼 사회적으로 주목을 받았다. 이러한 변화의 최대 수혜자는 자유주의와 사회주의로 상징되는 서구를 부정한 나치즘이다. 물론 나치즘 역시 두 이념과 마찬가지로 독일에서 발상한 것은 아니나, '분열적인' 개인이나 계급을 배격하고 전체와 민족을 중시한다는 면에서 '독일적'이다.

그러나 참혹한 인종 학살, 폐허, 독일의 분단을 남긴 채 사라진 나치의 과거는 마침내 '독일적'인 것에 대한 집착과 욕망을 걷어낸 듯했고, 이념 차원의 '독일 문제' 역시 의미를 상실한 듯했다. 전후 서독 사회의 공적인 논의에서 민족이라는 단어는 은연중에 자취를 감췄으며, 이제 애국의 대상은 민족국가가 아니라 서구보다 더 서구적인 헌법이었다. 따라서 1945년 이후 서독에서 사실상 바이마르 공화정이 부활한 셈이었지만, 과거와 같은 보수주의의 저항과 비난을 더는 볼 수 없었다. 마침내 '서구를 향한 기나긴 도정(Der lange Weg nach Westen)'[1]이 끝난 듯했다. 그러나 1980년대에 접어들어 그동안 대중의 뇌리에서 사라졌던 '독일 문제'가 정치 문화 담론에서 민족 정체성 찾기의 형태로 다시 수면으로 고개를 내밀기 시작했다.

1989년 베를린 장벽의 붕괴와 뒤이은 동서독의 통일은 이러한 정체성 찾기에 엄청난 에너지를 불어넣었다. 1990년 이후 보수 진영의 독일사 서술에서는 '민족의 귀환(return of nation)'을 알리는 팡파르가 울려 퍼졌고, 이제 '독일의 특수한 길'[2]은 1848~1945년에서 1949~1990년으로 바뀌어야

---

1) 독일의 자유주의 역사학자 하인리히 빙클러(Heinrich August Winkler)가 통일 10주년인 2000년에 출판한 저서명이다. 그는 19, 20세기 독일사를 기술한 이 저서에서 독일의 민족국가 형성과 민주주의 정착 과정, 양자의 관계를 다루었다(Winkler, 2000).

할 판이었다. 역사 논의에서 민족 열풍은 그동안의 억압에 앙갚음이라도 하듯 강력히 분출됐으며, 급기야 1998년에는 1960년대 서독 학생운동을 이끈 주요 인물 중 한 사람인 베른트 라벨(Bernd Rabehl)에 의해 68운동마저 '민족 혁명'으로 재평가되기에 이르렀다.[3] 심지어 극좌 테러 그룹인 적군파(RAF) 창립 멤버 호르스트 말러(Horst Mahler)는 자본의 '촉수'로부터 독일 '민족공동체'를 보호하기 위해 의회민주주의의 타파와 왕정복고를 주장하고 나섰다.

1990년 이전에는 통일이 '민족 혁명'의 목표가 되었다면, 이후에는 분단 시기에 어질러진 독일사를 정돈하는 것이 새로운 과제가 되었다. 라벨이 보기에 1950년대부터 지속적이고 대규모로 유입된 외국인 노동력은 독일을 과도하게 이질적으로(Überfremdung) 만들었다. 그래서 1960년대에 '민족 혁명'에 참여했던 라벨은 이제 독일의 정화를 주장하고 나섰다. 그는 독일 68운동의 상징적 인물 루디 두치케(Rudi Dutschke)와 자신이 처음부터 민족 혁명가였다고 항변하지만, 그의 옛 동지들과 다른 이들이 보기에 그의 행보는 좌에서 우로 이념적 역주행을 한 것에 불과했다. 물론 독일 역사에서 사회주의와 민족주의 간의 좌우 결합이 없었던 것은 아니지만, 사회주의

---

2) 2014년 별세한 독일의 역사학자 한스울리히 벨러(Hans-Ulrich Wehler)는 나치 독일의 역사적 기원을 찾는 연구에서 근대 이후 독일이 영국이나 프랑스와는 다른 역사적 발전 과정을 밟아왔다고 지적했다. 자유주의와 민주주의를 정상적인 것으로 간주하고 독일의 권위주의적 국가 전통과 미약한 부르주아 세력을 특수한 것으로 본 그의 주장은 논란을 야기했다.

3) 라벨은 1998년 12월 6일 뮌헨의 급진 우익 학생 조직인 다누비아(Burschenschaft Danubia)가 주최한 강연회에서 강연했다. 이 자리에는 말러와 좌파 철학자 페터 푸르트(Peter Furth)가 함께했다. 강연 원고는 약간 수정되어 극우 잡지 ≪젊은 자유(Junge Freiheit)≫와 ≪우리 자신(Wir selbst)≫에 게재되었다. 라벨에 따르면, 자신은 원고의 공개를 원치 않았으나 말러가 그의 동의 없이 출판했다고 한다. 그러나 라벨은 출판된 강연 원고의 내용이 사실과 다르지는 않다고 확인했다.

학생운동으로 정의된 68운동을 민족주의 운동으로 재해석하는 것은 경악스러웠고, "선별적 기억과 분절적 인용으로 탈맥락화한 당대 증인의 역사에 대한 횡포"(이동기, 2009: 71)로 간주될 만했다. 아무튼 라벨과 말러는 하늘 아래 영원한 것은 없음을 보여주었다.

그들의 주장은 황당하기 짝이 없지만 차분하게 비판적으로 검토해봐야 할 내용을 담고 있다. 즉, 민족혁명론을 정신적으로 반(反)서구를 내세우는 이념적 '독일 문제'와 동서독 분단의 맥락에서 보면, 68운동을 단지 좌파 학생운동으로만 규정하는 것은 자칫 빈곤한 역사 서술이 될 수도 있다. 이와 관련해 귄터 바르치(Günter Bartsch)는 이미 1975년에 68운동 내의 민족주의 경향을 지적한 바 있으며, 1980년대에 서독의 민족주의 경향을 연구한 아르노 클뢰네(Arno Klönne) 역시 그런 현상이 민족사 및 민족 분단과 관련이 있다고 본다. 함부르크 사회연구소(Hamburger Institut für Sozialforschung)의 볼프강 크라우스하르(Wolfgang Kraushaar) 또한 대개 왼쪽에서만 조명되는 68운동을 오른쪽에서 바라보는 대표적인 연구자 중 한 사람이다.

이 장에서는 동독 출신 68세대인 베른트 라벨, 호르스트 말러, 라인홀트 오베를러허(Reinhold Oberlercher) 등이 주장하는 바를 살펴보고 이를 비판적으로 평가해보고자 한다. 이를 위해 먼저 민족혁명론을 오랜 역사를 가진 이념적 '독일 문제'의 맥락 속에서 스케치해보고자 한다. 여기서는 19, 20세기 독일의 보수 혁명 전통과 민족혁명론의 연관성을 고찰할 것이다. 다음은 역사의 현재화라는 관점에서 민족혁명론을 1990년 통일 이후 동독의 상황과 관련 속에서 살펴볼 것이다. 독일 통일 이후 10여 년이 지난 시점에서 좌파의 민족 담론이 다시 등장한 배경은 무엇이며, 이를 어떻게 평가해야 하는지를 논하고자 한다.

2. 이념적 '독일 문제'로서의 68운동

라벨은 68운동이 애당초 민족 문제에 주목했다고 보며, 이에 대한 근거로 독일사회주의학생연맹(Students for a Democratic Society, 이하 SDS)이 표방한 반미·반소 노선을 들었다. 운동의 주요 이슈 중 하나인 권위주의에 대한 투쟁 역시 "사회주의의 민족적 토대, 자유, 독립으로 돌아가는 길을 다시 찾는 것이었다"라고 했다. 라벨의 눈에 비친 냉전의 본질은 '미국과 소련의 공존'이다. 베트남전쟁 반대 운동은 베트남의 통일을 방해하는 미 제국주의에 대한 투쟁이지만, 동시에 독일의 분단에 대한 간접적인 항의의 표시이기도 했다. 그는 베트남전쟁 반대 운동은 68운동의 견인차 역할을 했으며, "모든 문화혁명의 추동력은 여기에서 기원했다"라고 보았다. 이처럼 68운동을 외세에 저항한 '민족 혁명'으로 규정하자, 좌파 진영에서 지금까지 독일 68운동의 주요 이슈로 간주되어온 학내 민주주의, 비상조치법 반대 운동, 재야 반체제 운동(APO), 나치 과거 청산 등은 부차적인 것으로 전락해버렸다.

민족혁명론에서는 사회주의 역시 민족주의와 결합한다. 라벨에 따르면, 두치케와 자신은 소비에트 사회주의의 수용을 거부하고 독일식 사회주의를 추구했는데, 그 이유는 "소련은 세계혁명의 시작과 전제정의 부활 사이에 놓인 채 내적 붕괴의 위험성을 안고 있었기" 때문이다. 1974년 출간된 「레닌 두 발로 서게 하기: 사회주의로 향한 반(牛)아시아적인 길과 서유럽적인 길에 관하여 - 레닌, 루카치, 제3인터내셔널」은 두치케가 베를린 자유대학에 제출한 박사학위 논문으로, 그는 여기서 소련을 위시한 외부 세력의 영향을 배제하고, 독일식 사회주의 모델을 제시하고자 했다. 논문의 제목이 암시하듯이, 여기서는 러시아의 후진적 정치문화에 대한 불신과 독일 노동운동의 전통과 경험에 대한 신뢰감이 드러난다. 라벨보다 좀 더 일찍, 좀 더 오른쪽으로 치우친 세 명의 68세대인 말러, 라인홀트 오버레르허(Reinhold Oberlercher), 귄터 마시케(Günter Maschke)는 68운동의 민족주의적 성격을 더욱 강하게 피력한다. 그들이 보기에, 1953년 6월 17일의 동독 노동자 봉기[4]는 소비에트 사회주의를 거부하고 독일식 사회주의를 찾으려는 최초의 저항이며, 반미 노선을 표방한 서독의 68운동은 1953년에 이어 점령 세력에 저항한 두 번째 봉기다.

세 사람은 더 나아가 68운동을 독일의 민족주의 전통과 이념적 독일 문제와 결부시켰다. 이들이 보기에 68운동의 이론과 강령은 독일 관념론(Deutscher Idealismus)을 계승했으며, '신의 관점에서(von Gott her)' 세계를 사유하려 노력했다. 게다가 독일 68운동의 중심 조직인 SDS는 19세기 예나의 학생운동과 비교되었다. 1970년대 초 조직된 무장 SDS(적군파)는 19세기 독일 민족주의 운동의 탄압에 앞장선 아우구스트 폰 코체부(August von Kotzebue)를 암살하고 형장의 이슬로 사라진 대학생 카를 잔트(Karl Sand), 나폴레옹의 침략에 맞서 싸운 영웅 페르디난트 폰 실(Ferdinand von Schill), 무장 학생운동의 전통을 계승한 것으로 간주되었다. 이렇게 해서 68운동은 독일의 통일을 추구한 자유주의적이고 민족주의적인 19세기 독일 학생운동의 연속선상에 자리하게 된다.

같은 맥락에서 1989년은 1848년과 비교된다. 즉, 이들이 보기에 두 해 모두 민족 해방의 첫 삽을 떴지만, 1848년 이후에는 군주와 제후들이 민족

---

4) 이 봉기는 냉전 시대 서방에서 동독 사회주의 체제의 독재에 대한 노동자의 저항으로 간주되어 반공주의를 확산시키는 데 활용되었다. 서베를린을 동서로 관통하는 대로인 '6월 17일 거리'는 오늘날까지도 이 봉기를 냉전과 연관해 기억하도록 만든다. 이처럼 동일한 사건이라 하더라도 관점에서 따라 전혀 다르게 해석된다.

통일의 장애물이었다면, 1989년 이후에는 외세를 의미하는 자유주의 정당 제도와 헌법이 그 역할을 하고 있었다. 서독의 민족주의 경향을 연구한 클뢰네에 따르면 1980년대의 민족 정체성 찾기란 동서독의 정치적 관계를 의미한다기보다 '독일 문제'와 관련이 있었다. 그가 보기에는 여기서 독일 문제란 정치 철학이나 정치 문화의 성격을 띠는 것으로 '사회 모델(gesellschaftliche Leitbilder)'이자 '역사·정치적 해석 모델(historisch-politische Deutungsmuster)'을 의미한다.

한편 이념적 '독일 문제'의 프리즘을 통해 비추어진 68운동의 이미지는 흔히 알려진 '신좌파 운동'과는 확실히 다르다. 서구에 대항한 이념 투쟁에서 1933년에는 파시즘(나치즘)이 선택되었다면, 1968년에는 마르크스주의가 선택되었다. 말러를 비롯해 앞서 언급한 세 사람은 68운동을 자본의 세계 지배에 저항한 독일의 두 번째 혁명 시도로 보았다. 운동에 '좌익 파시즘'이라는 명칭이 붙은 이유는 이 때문이다. 그런데 흥미로운 사실은 이러한 인식이 이들만의 주장이 아니라는 점이다. 20세기 평화·갈등 연구 분야를 개척한 것으로 평가받는 노르웨이의 요한 갈퉁(Johan Galtung)에 따르면 1960년대 말 서독에서 나타난 마르크스주의 붐은 풀브라이트재단의 막강한 재정을 앞세운 미국 앵글로색슨 학문의 확산에 대한 저항의 성격을 띤 일종의 '독립운동(Unabhaängigkeitsbewegung)'이다. 그는 이러한 현상을 둘러싼 분위기를 두고 조심스럽게 질문을 던진다. "이러한 마르크스주의의 부활은 부분적으로 독일 민족주의가 아니었을까?" 물론 이 질문은 그가 자유주의자로서 민족주의와 마르크스주의를 동시에 비판하는 것으로도 읽을 수 있다. 그러나 '독립운동'이라는 표현은 자유주의적 비판이라기보다 이념적 '독일 문제'를 연상시킨다.

라벨은 1960년대 반미(反美)주의를 반유대주의 및 과거사 문제로 확대시킨다. "1944, 1945년 미국의 독일 전문가들(amerikanische Deutschlandspezialisten)이 내세운 '심리적 조치(psychologische Aktion)'란 민족의 전통을 해체하고, 엘리트를 전면적으로 교체하며, 문화와 인간의 심리적 성향을 변화시키는 것이다." 여기서 그가 말하는 '미국의 독일 전문가들'이란 나치의 박해를 피해 미국으로 망명했다가 돌아온 유대인 학자들로 특히 비판이론을 정립한 프랑크푸르트학파를 지칭한다. 라벨이 보기에 그들은 바로 전후 서독 사회가 죄 콤플렉스를 갖도록 만든 사람들이다. 이러한 주장이 그가 반유대주의 혐의를 받는 근거인데, 이러한 그의 사고방식은 모든 혼란과 위기의 배후에 유대인이 존재한다고 보는 19, 20세기 반유대주의와 흡사하다.

　이러한 주장을 보고 있노라면 의문이 생긴다. 즉, 독일의 이념적 방황은 1945년 종전과 함께 정말 끝난 것인가? 1945년은 독일적인 것과 나치 과거로부터 완전히 환골탈태할 기회를 의미하는 '영의 시점(Stunde Null)'이었는가? 서구 자유민주주의는 서독 땅에 확실하게 뿌리를 내린 것인가? 클뢰네는 전후 서독의 서구 통합(Westintegration)을 거의 필연으로 확신하는 자유주의자들을 당혹스럽게 만드는 주장을 한다. 즉, 서독에서 자유민주주의가 별다른 저항 없이 수용된 것은 라인강의 기적이 가져온 물질적 풍요 덕분이라고 본다. 물론 그는 제1차 세계대전의 경우와 달리 1945년 이후에는 패배의 인정 대신 복수심을 증폭시킨 국제정치적 상황이 나타나지 않은 것도 서독의 서구 편입을 도왔다고 본다. 그러나 그가 보기에 서독 정치 문화의 서구화는 경기 변동에 좌우되는 가변적이고 불안정한 현상일 뿐이다. 그의 견해는 1945년과 그 이후의 독일사에 대한 좌파 자유주의 지식인들의 '영의 시점', '헌법 애국주의', '독일의 특수한 길' 등의 다소 현란한 형이상학적 해석을 머쓱하게 만든다. 그의 주장은 대상을 지나치게 단순화한다는 인상을 주기는 하지만, 바이마르 공화정의 위기관리 실패가 나치즘이 대안으로 선택된 주된 원인이라는 점을 상기시켜주며, 라벨이 변절 비난을 감수한 채 민족혁명론을 내세우는 이유가 1990년 이후 동독 지역의 불만이나 실망 때문일지도 모른다는 생각을 하게 한다. 이에 대해서는 다음 장에서 살펴보기로 하자.

한편 민족혁명론을 거부하는 68세대는 베트남전쟁 반대 운동의 궁극적인 목표는 민족 해방이 아니라 자본주의 체제의 타파라고 본다. 68운동은 분단의 극복이라는 협소한 민족적 어젠다가 아니라 자본주의의 극복이라는 더욱 원대한 프로젝트였다는 것이다. 그러나 당시 학생운동의 정신적 지주인 마오쩌둥, 호찌민, 체 게바라, 파농 등은 모두 민족 해방을 내세워 사회주의혁명을 추구했다는 점에서, 혹은 그 반대로 양자를 분리해서 보기 어려운 점이 있다. 그렇다 해도 68세대 다수가 보기에 민족 해방이란 사회주의혁명 과정의 부수 효과이지 목표가 될 수는 없었다.

그 밖에 68운동을 '민족 혁명'으로 정의하기 위해서는 마르크스, 엥겔스와의 대면이 선행되어야 했다. "노동자에게 조국이란 없다"라고 외친 「공산당 선언」 이후 민족은 사회주의 진영에서 금단의 열매가 되었다. 그러나 보편적 개념인 계급은 민족주의와 민족국가의 시대인 19, 20세기에 배타적 개념인 민족과 버거운 싸움을 해야 했으며, 급기야 이탈리아 사회주의는 걸출한 마르크스주의자 베니토 무솔리니(Benito Mussolini)를 잃어야 했다. 노동자 계급을 놓고 벌인 치열한 경쟁 끝에 적어도 이탈리아와 독일에서는 민족이 계급을 누르고 승리했지만, 양자의 관계가 오로지 대립과 경쟁으로만 점철된 것은 아니다. 민족과 계급을 물과 기름의 관계로 보도록 요구한 마르크스의 이론적 권위는 현실과 부단히 씨름해야 했던 일단의 사회주의 운동에서 무시되고 말았다.

'민족 볼셰비즘(Nationalbolschewismus)' 혹은 '민족 공산주의(Nationalkommunis- mus)'

는 민족과 계급의 합성어이다. 1920년대 바이마르 공화정 시대에 등장한 민족 볼셰비즘은 서구가 강요한 베르사유조약으로 인해 '극소수의 자본가를 제외한 독일 민족 전체의 프롤레타리아화'가 벌어지고 있는 상황에서 오로지 노동자 계급의 이익만을 내세우는 것은 부도덕하고 비현실적이라는 문제의식에서 출발했다. 그런데 흥미로운 점은 여기에도 그 기저에는 이념적 '독일 문제'가 자리하고 있다는 사실이다. 이 운동이 보편사적인 기원에도 불구하고 유독 독일에서만 의미가 있었던 이유는 19세기 독일의 낭만주의, 민족주의, 반서구 운동의 영향 때문이며, 민족 볼셰비즘은 이것에 커다란 자부심을 느꼈다. 그런데 민족주의 색채가 짙은 운동의 이름에 붙은 이질적인 개념인 볼셰비즘은 소련의 영향이나 지배를 의미한 것이 아니라 서구 자본주의의 위협에 둘러싸인 채 고군분투하는 '일국사회주의'에 대한 연대의 표현이다.

물론 1920년대의 민족 볼셰비즘과 68민족혁명론을 평면적으로 비교할 수는 없다. 전자가 국제주의를 철저하게 반대했다면 68운동은 이에 유연했고, 1945년을 전후해 미국과 소련의 등장으로 말미암아 제국주의의 범주도 변화했으며, 소련은 과거와 달리 이념적 동지가 아니라 독일 민족을 위협하는 위험이 되었다. 그러나 민족 해방과 사회주의를 결합했다는 면에서, 그리고 독일만을 위한 독일식 사회주의를 모색했다는 면에서 양자는 친화적이며, 더구나 양자의 이러한 관계는 여전히 지속되고 있다.

라벨이 민족주의자라고 밝힌 1998년 다누비아 강연을 마련한 것은 동독 지역의 사민당 청년 조직(Jusos)의 한 단체로, 이 조직은 바이마르 시대의 주요 민족 볼셰비키 에른스트 니키시(Ernst Niekisch)가 만든 호프가이스마르 서클(Hofgeismarkreis)이라는 이름을 계승했다. 니키시는 공산주의자들과 함께 독일 민족의 번영을 위해 서구의 퇴폐에 대항한 최후의 결전을 외친 바 있다. 1986년 프라이부르크에서 창간된 극우 주간지 ≪젊은 자유(Junge Freiheit)≫ 역시 1920년대 민족 볼셰비즘의 부활을 목표로 하고 있다. 이처럼 민족 볼셰비즘의 정신은 시대가 변했음에도 여전히 생명력을 잃지 않고 있다.

니키시의 메아리는 1960년대에도 독일의 분단에서 자양분을 얻으며 계속 울려 퍼졌다. "마르크스주의적 좌파는 민족주의를 추구하지 않으면 안 된다. 서독의 동맹으로 테헤란에서부터 분단을 승인한 미국에 의해 독일이 분단된 바로 그 예민한 지점까지 말이다. …… 이러한 민족주의는 일종의 결집으로 개별적인 사회주의자들을 하나로 결집해 정치세력화할 수 있다." 학생운동이 한창이던 1967년 3월 파농(Franz Fanon)의 해방민족주의 수용을 촉구하면서 라벨이 SDS 내부에 돌렸던 문서에 들어 있는 내용이다. 그의 제자들 역시 라벨의 민족주의적 성향을 증언한다. 1970년대에 베를린 자유대에서 라벨의 강의를 수강해 그의 이념적 성향에 대해 밝은 마르틴 얀더(Martin Jander)와 라이너 마이샤인(Rainer Maischein)은 1945년 이후 서독 민주주의에 대한 라벨의 비판은 민족주의와 민족공산주의가 바탕을 이룬다고 본다.

그러나 두치케를 둘러싸고는 치열한 줄다리기가 벌어지는데, 이는 아마도 68운동에서 그가 차지하는 권위와 상징성 때문일 것이다. 두치케는 풀뿌리민주주의(Rätedemokratie)가 '미래의 독일 통일을 위한 피댓줄' 역할을 할지 모른다고 봄으로써 동독 출신으로 민족 통일을 중시했던 것으로 보인다. 오버레르허는 그의 민족주의 성향을 좀 더 구체적으로 예시한다. 1968년 4월 권총 세 발을 발사해 두치케에게 중상을 입힌 요제프 바흐만(Josef Bachmann)은 동독의 작센안할트 출신 극우 민족주의자인데, 교도소에서 병상의 두치케와 서신을 교환하면서 두치케의 민족주의 성향을 알게 된 뒤

진심으로 뉘우쳤다고 한다.

크라우스하르는 두치케가 다녔던 브란덴부르크 루켄발데(Luckenwalde)의 레닌고등학교에서 1957년 11월에 있었던 일화를 소개한다. 교장이 학생들을 모아놓고 자원입대를 종용하는 자리에서 당시 18세이던 두치케는 같은 민족인 서독을 향해 총부리를 겨눠야 하는 동독군에 입대할 수 없다고 당차게 거부했다. 그가 병역을 거부한 이유가 평화주의 신념 때문이 아니라 동독군이 '내전을 위한 군대'이기 때문이라는 점에서, 그에게는 이미 청소년 시절부터 민족주의 성향이 있었던 것으로 보인다. 크라우스하르는 자신의 연구에서 두치케가 민족 통일을 매우 중시했음을 보여주는 여러 근거와 사례를 제시한다.

라벨 역시 두치케를 민족 혁명가로 규정하기 위해 애쓴다. 라벨은 베트남전쟁을 승리로 이끈 베트콩의 민족 혁명 사상을 독일에 소개한 것은 그와 자신이며, 이 사상은 커다란 반향을 불러일으켰다고 주장한다. 그러나 두치케가 사망한 후 그의 아내 그레첸(Gretchen)은 라벨의 주장을 반박할 만한 그의 발언을 인용하면서 자신의 남편이 민족주의자가 아니라 사회주의자였음을 누누이 강조한다. 두치케를 둘러싼 쟁탈전은 계속되었으며, 라벨은 2002년 10월 출간된 『루디 두치케』에서 또다시 두치케가 자신의 사상적 동지였다고 주장했다. 그러나 이 책은 그를 친구의 가족과 영원히 결별하도록 했다. 2005년 당시 25세이던 두치케의 아들 마레크(Marek)는 아버지의 친구에게 자아현시증(自我顯示症) 환자라는 폭언을 퍼부었다.

68운동을 논하는 자리에서 두치케의 존재감은 결코 부정할 수 없다. 그러나 16세기 루터의 종교개혁까지 거슬러 올라가는 독일(특히 동부)의 자기 확신과 그것에 의해 추동되는 고유한 길 찾기의 비장하고 기나긴 역사를 생각하면, 민족혁명론 논의에서 두치케의 존재는 그리 중요하지 않을지도

모른다. 그가 1979년 말 세상을 떠난 뒤 1980년대에 민족주의 진영에서 흔히 볼 수 있었던 구호인 해방민족주의, 서구 자본주의로부터의 서독 분리, 동유럽 공산주의로부터의 동독 분리, 독일적인 제3의 사회제도, 신뢰할 수 있는 사회주의, 민족 정체성 등은 내용이나 추구하는 가치로 보아 1933년 나치 집권 이전에 이미 존재한 '독일운동(die deutsche Bewegung)'의 계승으로 신민족주의 혹은 좌익 민족주의라는 이름으로 부활했다.

3. 현재화된 기억으로서 68운동

　민족혁명론은 68운동과 동독의 인적 관계를 강조한다. "우리의 비전은 민족 해방이었습니다. 그렇습니다. 우리는 동독 출신이었습니다." 1994년 2월 두치케의 고향인 루켄발데에서 거행된 추모식에서 라벨이 한 말이다. 동독을 탈출하려다 15세 어린 나이에 수감 생활을 경험한 오버레르허는 동독에서 서독으로 유입된 반체제 저항 정신이 68운동의 정신적 토대라고 본다. 그는 라벨과 마찬가지로 68운동을 이끈 많은 인물이 동독 출신이라는 점을 근거로 내세운다. 그는 두치케와 라벨 외에도 동프로이센에서 추방된 한스위르겐 크랄(Hans-Jürgen Krahl)을 언급하는데, 크랄은 아데나워 정권에서 보수 진영이 오데르나이세 동부 국경을 인정하자 급진 좌익으로 돌아섰으며, SDS 이론가로서 학생운동이 위르겐 하버마스(Jürgen Habermas)와 헤르베르트 마르쿠제(Herbert Marcuse)로부터 결별하는 데 중요한 역할을 했다고 본다. 68운동 세력의 내부 사정에 정통한 크라우스하르 역시 SDS 내부에서 동서독 출신 사이에 뚜렷한 차이가 있었음을 지적한다.

　그러나 실향민의 통일에 대한 열망이 1990년에 충족되자, 동독을 흡수 통일한 서독의 자유·자본주의 체제가 비판의 표적이 되었다. 오버레르허는 1990년 통독 이전과 이후에 서독 체제를 경험한 동독인들은 공히 두 개의 모순을 극복하기 위한 계급투쟁과 인종 투쟁을 하지 않을 수 없다고 본다. 여기서 그가 말하는 바는 '서구적 가치공동체(westliche Wertegemeinschaft)'로 명명한 서독 자유주의 체제의 허구성이다. 공산주의와 나치즘을 악마화하는 자유주의 역시 많은 문제점을 안고 있는데, 이는 특히 동독 출신들한테 선명히 보인다는 것이다. 그가 에둘러 말하려는 것은 다름 아니라 통일 이후 동독 지역의 위기와 불만이다.

앞서 언급한 대로, 민족혁명론은 사회주의와 민족주의의 결합에서 출발한다. 계급과 민족의 융화는 정통 마르크스주의에 의해 단호히 부정되었음에도 19세기 민족주의, 제국주의 시대의 유럽 노동운동 현장에 이미 등장했으며, 1990년 이후 동독에서도 형태를 달리한 채 다시 모습을 드러냈다. '이등 국민'인 동독인이 보기에 동독은 서독 자본의 시장 역할을 함과 동시에 동서독인 사이에는 계급 격차가 분명하게 존재했다. 라벨이 다누비아 강연을 한 시점이 1998년 말인데, 이 시기는 동독인들이 가졌던 통일의 환상이 깨지던 시점이다. 이러한 맥락에서 보면 민족혁명론은 부분적으로 동독 출신 68운동가들이 통일 이후 동독의 현실에 직면해 주조해낸 회고적(retrospektiv) 기억 내지는 구성된 과거일 수 있다. 게다가 1960년대에는 민족 통일에 대한 원론적인 요구에 머물던 민족혁명론이 통일 이후에는 좀처럼 극복될 기미가 보이지 않는 동서독의 간극 때문에 과거에 비해 그 의미와 내용이 훨씬 증폭된 것일 수 있다.

오버레르허는 신화화된 자유주의의 해체를 부르짖는다. "주요 무기는 터부를 깨는 것이다. 그것이야말로 반드시 해야 하는 가치의 재평가를 향한 첫걸음이다. 가치의 재평가는 민주주의 같은, 실현될 수도 대체할 수도 없는 적대 진영의 이데올로기를 조롱하는 것에서 출발한다." 사라져버린 과거의 적 동독 체제는 이제 명단에서 아예 제외되었다. "뉴라이트에는 동독이 더 나은 독일인데 그 이유는 더 독일적인 독일이기 때문이다." 그래서 라벨은 옛 동독청년동맹(FDJ)의 노래가 울려 퍼지는 다누비아 집회에서 강연했다. 민족혁명론이 '서구'와 다른 독일을 추구한다는 점을 고려하면, '더 독일적'이라는 말은 자유주의적 '서구'와 더 많이 다르다는 의미일 것이다. 오버레르허는 독일 보수주의의 고전적인 레퍼토리인 중유럽론을 독일 내부 관계에 적용해 이를 좀 더 명확하게 표현한다. 즉, 68운동이 '정신적으로 서독인과 중동부 독일인 간의 대립'이며, '서구 괴뢰 정권 세력과 …… 배반당한 독일 지역 간의 대립'이었다고 본다. 그로 인해 동독 출신 68세대가 떠나야 했던 동독의 '장벽 사회주의'는 이제 68운동의 기억 속에서 사라지고 만다. 이처럼 민족혁명론에서 68운동이란 과거는 1990년 이후의 동독이라는 현재와 대화를 통해 재구성된다.

민족혁명론이 추구하는 독일적인 것의 부활은 인종주의 영역까지 포괄한다. 68운동이 국제주의로 상징되었다면, 동독의 현실에서 출발하는 민족혁명론은 외국인의 배제를 내세우는 국수주의 경향을 드러낸다. '이등 국민'의 경제적 곤궁을 유발하는 원인 중 하나는 단순 저임금 노동시장에서 경쟁해야 하는 이주민이다. 높은 실업률과 그로 인한 지역공동화(地域空洞化) 현상은 자연스럽게 외국인에 대한 적대감과 연결된다. 동독의 경제적·정신적 소외감은 '민족'이나 '인종' 같은 집단 정체성에 근거한 '상상의 통합(imaginäre Integration)'을 통해 스스로 치유하려는 경향을 보인다. 따라서 민족을 강조하고 이방인의 배제를 내세우는 극우주의의 대두와 관련해 우리가 주목해야 할 부분은 그것의 급진성이나 폭력성 외에 그것이 자유주의 체제의 이상 징후를 알리는 경보라는 측면이다.

경제 위기와 극우주의의 상관관계는 독일 극우 정당의 득표에서도 확인된다. 1990년대 중반까지 동독보다 서독에서 더 많이 득표한 극우 정당들은 1990년대 중반 이후부터는 동독 지역에서 더 많은 지지를 받았다. 1920년대 바이마르 시대의 경제 위기와 정치의 위기관리 실패가 결국 초기에는 별다른 주목을 받지 못했던 나치의 급부상을 초래한 점을 기억해보면 오늘날 동독 지역에서 목격되는 극우주의 세력의 발호는 전혀 새로운 현상이 아니며, 민족혁명론의 대두 역시 경악할 만한 일은 아니다. 그러나 동독 지역의 정치적 급진화의 원인을 다른 곳에서 찾으려는 관점도 존재한다.

통일 이후 동독의 통합 위기나 극우주의의 확산과 관련해 두 개의 상반된 설명 모델이 존재하는데, 이른바 '사회화론(Sozialisationshyphothese)'과 '경험론(Erfahrungshyphothese)'이다. 전자는 동독 지역에서 급진 이념이 주목받는 원인을 과거의 독재 체제가 남긴 영향으로 설명한다. 동독인들은 사통당 독재하에서 사회화 경험으로 인해 권위주의 사고방식을 갖고 있으며, 그 결과 통일 이후 자유주의적 민주주의에 적응하는 데 어려움을 겪는 반면 극우주의 같은 급진 이념에 쉽게 경도된다는 것이다. 이와 반대로 경험론은 통일 이후 동독의 현실에 주목한다. 즉, 서독보다 동독에서 더 두드러지는 극우주의의 영향은 동서독 간의 경제 격차가 좁혀지지 않고 미래 역시 불확실한 상황에서 나타나는 자연스러운 현상이라는 것이다.

물론 동독의 극우주의 현상은 과거와 현재 중에서 하나만을 각각 강조하는 두 가설 중 어느 하나로는 설명되지 않으며, 양자 모두를 통해서만 이해될 수 있다. 동독인은 의식 속에서 사회주의라는 과거와 자본주의라는 현실 사이를 마치 진자(振子)처럼 오가고 있으며, 그들의 불만은 바로 이러한 운동 속에서 더욱 증폭되기 때문이다. 물론 여기서 말하는 과거란 사회화론이 주장하는 일당독재 체제의 경험은 아니며 사회주의 평등 이념을 학습하고 경험하던 사회화 과정을 말한다. 바꿔 말해 동독 체제가 남긴 정신 유산은 독재와 권위주의의 경험에 국한되지 않고 반자본주의 선전의 영향까지 포함한다. 게다가 흥미로운 사실은, 오버레르허가 앞서 지적했듯이 과거 동독 체제하에서 전혀 권위가 없던 자본주의 비판이 오히려 오늘날 설득력이 있다는 점이다. 그로 인해 독일의 자유주의 체제는 동독 지역에서 과거에 형성된 평등 의식과 현재의 불평등을 통해 이중으로 부정된다. 그렇다고 이미 붕괴해버린 사회주의 체제가 현실적인 대안이 될 수는 없으며, 결국 제3의 안인 극우주의가 주목받게 된다.

경쟁과 배제가 불가피한 자본주의의 테두리 안에서 해결책을 찾아야만 한다면 이주민을 배제하기 위해 민족주의 전략을 선택하는 것은 매우 당연하다.

독일에서 과이질화(Überfremdung) 문제와 민족문화 혹은 도시 문화의 해체 문제가 논의되지 않으면 안 됩니다. 반파쇼 좌파는 이 문제와 관련해 국내외의 일부 언론과 협력해 의도적으로 특정한 문제들을 제기하지 못하도록 독일의 문화 지성을 억압하고 있습니다. 이주민 유입과 '과이질화'로 인해 '독일 문제'를 금기시하는 것이 밝혀지는 날에는 비판과 여론의 영향을 받는 지배 엘리트가 무기력해질지도 모릅니다. 이처럼 민족 문제에서 변화가 없으면 언젠가는 대량 실업과 나라의 내적 분열을 독재로 해결하자는 급진적인 주장이 해결책으로 부상할 수도 있습니다.

여기서 라벨은 1920년대 나치의 등장 원인을 들춰내며 외국인 혐오를 정당화하는 절묘한 전략을 구사한다.

젊은 시절 국제주의자였던 라벨은 다누비아 강연에서 독일 거주 이주민에 대해 노골적으로 적대감을 드러냈다. 격세지감이 아닐 수 없다. 그는 강연에서 이주민들이 자유로운 유럽을 악용하고 있으며, 마약 거래를 포함한 불법 사업, 경찰과 정부 관리 매수, 인신매매 등을 일삼고 있다고 비난했다. 극우주의적 선동과 전혀 다르지 않다. 말러 역시 추상적이고 철학적인 지식인의 혼잣말이 아니라 대중의 눈높이에 맞춘 말을 하겠노라고 선언했다. "민족에게 향토가 필요하고 외래의 영향을 배제하려는 것은 비인간적인 이데올로기의 표현이 아니라 지극히 정상적인 삶의 표현이다." 1998년 국적법 개정 반대 운동에 앞장섰던 말러의 주장이다. 이주 문제를 자본주의의 맥락에서 이해하는 좌파의 관점에서 보면 이들의 변화는 가히 극적이다.

라벨의 비난은 좌파 진영으로도 향한다. 이주민에 의한 '과이질화'로 민족과 도시 문화가 와해되고 유럽의 정체성이 위기에 처했음에도 좌파는 이를 공론화하는 것을 금기시한다고 개탄한다. 그는 이러한 분위기를 과거 동독의 반체제운동에 대한 정권의 탄압과 비교한다. 심지어 민족 문제의 논의를 막는 세력은 슈타지나 사통당의 정보기관과 유사하다고 주장한다. 물론 그의 비판은 당내 민주주의라는 측면에서 일견 타당해 보이지만, 좌파의 전통적인 국제주의가 민족주의로 대체되는 것이 과연 가능한지는 모르겠다. 자유주의 체제하에서 사상의 자유가 사유재산의 부정까지 허용하지는 않는 것과 같은 이치이다. 게다가 노동시장에서 이루어지는 저임금 노동력의 거래 결과인 이주민 문제를 '과이질화'와 같은 문화 갈등으로 간주하는 문화주의 관점은 시선을 구조가 아닌 현상으로 유도한다는 점에서 전통적인 마르크스주의와 거리가 있다.

물론 라벨의 주장에 자본주의에 대한 언급이 전혀 없는 것은 아니다. "유럽에서 …… 과이질화는 민족과 문화의 근본적인 파괴를 의미하며, 자본주의적인 가치 재평가로 민족 정체성의 해체가 이미 독일만큼이나 진행되었다면 특히 그러합니다." 독일의 '민족 정체성'을 해체하는 요인 중에는 자본주의도 포함되어 있다는 주장으로, 그는 민족 문제의 반자본주의적 성격을 지적한다. 말러의 경우에는 민족주의와 반자본주의의 결합이 좀 더 명확하게 나타난다. 그는 오늘날 자본의 '촉수'로부터 독일 '민족 공동체'를 보호하기 위해 의회민주주의의 타파와 왕정복고를 주장한다. 라벨은 다누비아 강연에서 자신이 다소 흥분했음을 인정하고 유럽 이주민 문제의 원인을 남북 문제에서 찾는데, 즉 이슬람 국가들의 빈곤이 서유럽의 정체성을 위협하는 무슬림 이주민 증가의 근본 원인이라고 본다. 그러나 그의 민족혁명론조차 분위기에 편승해 우발적으로 행한 발언으로 보기는 어렵다. 동독의 현실을 외면할 수 없는 라벨은 노동 이주민의 양가성, 즉 '과이질화'의 주요 원인이자 프롤레타리아 계급이라는 양가적 특성에 내재하는 이론적 모순을 극복하지 못하는 듯이 보인다.

전체적으로 보아 라벨의 다누비아 강연은 오늘날 독일 이주민 문제와 특히 동독의 위기 상황을 부각시키기 위해 68운동을 재해석한다는 인상을 준다. 말하자면, 라벨은 현안에 관한 견해를 표명하면서 자신의 이력을 염두에 두고 68운동의 재해석을 활용하는 것이다. 즉, 공식적으로 좌파로 규정된 자신의 정치적 정체성과 오늘날 독일 사회의 '과이질화'에 대한 동독의 불만 사이에 존재하는 모순을 지우기 위해서는 68운동을 신좌파 운동에서 민족 혁명으로 탈바꿈시키는 수밖에 없다. 그는 자신이 원하는 것은 극우주의가 아니라 부유(浮遊)하는 동독이 더는 존재하지 않는 진정한 민족 통일임을 말하려는 듯이 보인다. 그러나 그가 강연에서 외국인을 향해 퍼부은 원색적인 비난은 그가 극우주의와 어떤 면에서 다른지를 알 수 없게 만든다. 동독의 경제 위기에 대한 불만을 서독 자본에 대한 공격이 아닌 민족

정체성이나 외국인 혐오로 표현하는 것은 전혀 좌파적이지 않으며, 따라서 변절이라는 딱지를 떼기는 어려울 것으로 보인다.

4. 이념적 좌절과 현실의 위기 사이에서

더는 좌파가 없기에 우파가 되었다는 라벨의 주장은 자의적인 주장이자 변명일 수 있지만, 사실일 수도 있다. 68운동의 메카인 베를린 자유대학의 정치학과 강의실에는 오늘날 마르크스와 레닌을 열광하는 라벨을 심드렁한 표정으로 바라보는 학생들이 앉아 있다. 그는 비판 의식을 거세당한 학생들로 가득한 강의실에서 경험한 소외감을, 세상의 이치를 터득하고 설파하는 예언자로 자신을 떠받드는 극우주의 집회를 통해 치유받는다.[5] 말러도 라벨과 비슷한 경험을 한다. "50명 앞에서 연설하는 것과 6000명의 청중 앞에서 연설하는 것은 근본적으로 다릅니다. 거기서는 무언가가 이루어집니다. 여러분도 여기서 어떤 정신을 느낄 것입니다." 파사우의 니벨룽겐 홀에서 개최된 극우 정당 NPD 집회를 찾은 대규모 청중을 앞에 두고 말러

---

[5] 비판 의식이 있는 학생들은 라벨의 이념 편력에 대해 매우 공격적이었다. 베를린 자유대학의 좌파 학생들은 그의 세미나를 방해했고, "정신적 방화범에게 어떠한 강의실도 허락하지 말라"라는 현수막을 앞세우고 그를 에워쌌다. 라벨의 견해에 동조하는 어느 강사의 세미나 역시 거부했다. 강의 거부 운동은 대학 행정에도 영향을 주어, 총장은 자유대학의 이름과 지원으로 극우주의자의 주장을 확산시키는 것을 더는 방조할 수 없다는 이유로 그의 강의를 금지했다. 아이러니하게도 자유대학 학생운동은 68운동의 간판스타가 30년 후 직업 활동을 하는 것을 금지하는 데 앞장선 것이다. 이를 마녀사냥으로 보는 비판적 시각도 존재했다. 자유대학 좌파 원로 중 하나인 정치학자 볼프디터 나르(Wolf-Dieter Narr)는 라벨에 대한 공격을 캠퍼스의 모스크바 재판이라고 비난했다. 그는 대학에서 논의를 통해서가 아니라 법을 내세워 견해차를 억압하는 것은 옳지 못하다고 보았다.

가 한 말이다.[6)]

정치평론가 리하르트 헤르칭거(Richard Herzinger)는 극우와 극좌의 결합이 양자의 무기력에서 비롯되었다고 본다. 그에 따르면 통일 이후 1990년대를 집권한 사민당의 게르하르트 슈뢰더(Gerhard Schröder) 정권이 '자신 있는 민족국가(selbstbewußte Nation)'를 내세움으로써 민족주의 이슈를 선점해버린 상황에서 우익의 미래는 불투명해졌고, 이러한 위기를 극복하기 위해 좌파 명망가들을 끌어들이는 전략을 선택했다는 것이다. 좌파 역시 체제 전복의 가능성이 희박해지면서 자유주의 시장경제와 '미국주의'에 대항하기 위한 최후 수단으로 도발적인 민족주의와 협력하게 되었다는 것이다.

이유야 어쨌든 지식인의 이념적 변절은 그의 정치적 행위와 주장에 대한 불신을 낳는다. 말러는 동독의 청년동맹에서 출발해 서독의 사민당, SDS, 적군파, NPD, 반유대주의에 이르기까지 근대 이후 등장한 거의 모든 정치 이념과 조직을 편력했다. 물론 이러한 이념적 방황은 경박해 보이고 진지함과는 거리가 멀어 보인다. 그러나 차분하게 살펴보면 이처럼 극좌에서 극우를 오가는 현기증 나는 그네 타기가 시종일관 자유주의 체제에 대한 비판이자 저항임을 알 수 있다. 이른바 '뉴라이트(Neue Rechte)'로 통칭되는 독일의 급진 우익 지식인들은 몰락한 공산주의와 부패한 자본주의 사이에서 '제3의 길'을 모색한다고 주장한다.

오버레르허는 "오늘날 서구의 가치 공동체를 인정하는 68세대는 모두 배신자"라고 일갈한다. 민족혁명론은 자신을 오랜 역사를 가진 독일의 정신적 전통과 결부시키며, 바로 이 점이 필자를 포함해 일부 연구자들이 그들

---

6) 말러는 2000년 8월 NPD에 입당했다가 당이 합법 정당으로 인정받자 2003년 탈당했다. 탈당 이유는 NPD가 의회주의적인 제도권 정당이 되었다는 것이었다.

을 그냥 무시하고 지나치지 못하는 이유이다. 독일 관념론은 마치 초신성 (超新星)처럼 눈부시게 극적으로 등장했다가 이내 소멸해버린 제3국과 함께 사라진 것이 아니라, 자유주의의 불안정성과 비윤리성을 자양분 삼아 여전히 생명력을 잃지 않고 있다. 그것은 앵글로색슨식 윤리와 가치의 폭력성과 탐욕을 비난하며 대안의 필요성을 역설한다. 그러나 기대는 곧 실망으로 바뀌는데, 민족혁명론은 원대한 비전을 제시하는 이 이상적 거대 담론을 초라하고 이기적인 민족주의 선동으로 전락시키고 만다. 그들의 눈에 비친 자본주의의 본질 문제는 자본에 의한 노동자 계급의 착취가 아니라 '독일 민족'에 대한 위협에 있다. 따라서 라벨은 독일의 '과이질화'는 자본주의 노동시장의 국제화가 유발한 현상임을 간과한 채 자본주의가 타도되어야 할 이유를 인간의 소외라는 보편적인 이유가 아니라 독일에서도 특히 동독의 불만에서 찾는 듯이 보인다.

68운동을 미국과 소련의 제국주의에 대한 저항이던 '민족 혁명'으로 보는 관점에도 민족의 분단과 위기라는 논리가 적용된다. 게다가 여기서 분단에 대한 독일의 책임은 전혀 고려되지 않는다. 따라서 일차적인 문제는 '과이질화'와 민족 정체성의 위기이고, 자본주의는 이차적인 문제가 된다. 이처럼 그들의 주장에는 그 나름의 논리가 존재하지만, 모호함도 역시 존재한다. 1960년대 민족혁명론자들이 추구했던 민족 통일이 이루어지자, '과이질화'가 그 자리를 대신했다. 그렇다면 만약 독일에서 미국의 영향력과 외국인으로 표현되는 '과이질화' 문제가 해결된다면, 두 번째 문제인 자본주의는 어떠한 운명을 맞게 되는 것일까? 유감스럽게도 이에 대해서는 별다른 언급이 없다. 민족혁명론과 나치즘을 구분해주는 경계는 오직 아우슈비츠뿐일까? '과이질화'의 강조는 '유대인 절멸'을 연상시키지는 않는가? 의문이 꼬리를 문다.

민족혁명론은 참신성과 저항성에도 불구하고 과거 파시즘이 직면했던 여러 난제와 결함, 68운동의 한계 등을 고려하면 별다른 흥미를 불러일으키지 못하는 것이 사실이다. 민족혁명론이 자유주의와 자본주의 체제에 대한 상투적인 비판의 차원을 넘어 구체적이고 설득력 있는 '제3의 길'을 제시하지 못한다면, 급진주의에 대한 자유주의의 냉소만을 키울 뿐이다. 물론 막연하고 추상적인 비전의 제시보다 날마다 거리에서 마주치거나 이웃집에 사는 외국인 이주민을 쫓아내자는 주장은 불만스러운 현실과 불확실한 미래로 암울한 동독에서 즉각적인 반향을 불러일으킬 수는 있다. 그러나 이는 사회문제의 구조적 모순과 해결을 논하는 이념이나 운동이 아니라 대중 선동이나 포퓰리즘에 가깝다.

역사의 재해석은 지적인 자극제일 뿐만 아니라 인식의 지평을 넓혀줌으로써 역사를 더욱 풍요롭게 만든다. 68운동을 좌파 학생운동이나 대항문화로 규정하고 일체의 재해석을 배제함으로써 역사를 신화화할 경우에는 더욱 그러하다. 따라서 민족혁명론이 학문적으로 논의와 검증이 가능한 담론이라면 거부되어야 할 이유가 전혀 없다. 문제는 민족혁명론의 내용과 의도에 있다. 즉, 그것은 68운동의 재해석이라는 참신성에도 불구하고 내용과 의도가 기존의 극우주의나 좌파의 체제 비판과 별로 구별되지 않는다는 점이다. 자유주의 체제가 파시즘이나 사회주의와 달리 존속할 수 있었던 이유 중 하나는 결코 극복될 수 없는 자신의 구조적 모순에 대한 저항과 비판에 상대적으로 관대했기 때문이다. 자유주의의 역사는 체제의 불완전성에 대한 암묵적인 인정과 체제 전복 위협에 대한 대처 사이를 오가는 과정이었다. 따라서 반자유주의 이념과 운동은 동기가 아니라 파괴력이 있을 때 비로소 가치를 인정받게 된다.

참고문헌

윤용선. 2014. 「독일 통일과 동독 이탈자를 통해 본 자유와 평등의 문제」. ≪역사문화연구≫, 49집, 295~334쪽.

_____. 2015a. 「국가권력과 대학: 냉전 시대의 베를린 자유대 학생운동」. ≪역사와 문화≫, 29호, 115~143쪽.

_____. 2015b. 「노동 이주민 통합에 있어 문화와 경제의 의미: 독일 터키 이주민을 중심으로」. ≪통합유럽연구≫, 6권 2집, 1~28쪽.

이동기. 2009. 「서독 68운동과 독일정책: 민족좌파로서의 신좌파?」. ≪독일연구≫, 17호, 65~110쪽.

Bartsch, Günter. 1975. *Revolution von rechts: Ideologie und Organisation der Neuen Rechten*. Freiburg.

Dutschke, Rudi. 1974. *Versuch, Lenin auf die Füße zu stellen. Über den halbasiatischen und den westeuropäischen Weg zum Sozialismus. Lenin, Lukács und die Dritte Internationale*. Berlin.

Epstein, Klaus. 1961. "Rezension zu Otto-Ernst Schüddekopf, Linke Leute von Rechts. Die nationalrevolutionären Minderheiten und der Kommunismus in der Weimarer Republik (Stuttgart, 1960)." in *Historische Zeitschrift*, Bd.193, pp.676~681.

Galtung, Johan. 1983. "Struktur, Kultur und intellektueller Stil: Ein vergleichender Essay über sachsonische, teutonische, gallische und nipponische Wissenschaft." *Leviathan*, Vol.11, No.3, pp.303~338.

Herwig, Malte. 2011. "Zwei links, zwei rechts. Mahler und Rabehl." *ZEIT ONLINE*, 11. http://www.zeit.de/2011/33/Mahler-Rabehl

Herzinger, Richard. 1999. "Fähnlein der Frustrierten. Rechtslinke Bündnisse: 68er-Veteranen auf den Spuren des Nationalbolschewismus?" *ZEIT ONLINE*. http://www.zeit.de/1999/03/Faehnlein_der_Frustrierten

Klönne, Arno. "Zurück zur Nation? Risiken der Suche nach deutscher Identität." *Gewerkschaftliche Monatshefte(GMH)*, Vol.1, No.86, pp.5~12.

Kraushaar, Wolfgang. "Rudi Dutschke und die Wiedervereinigung." http://www.isioma.net/sds00599.html

Mahler, Horst/Maschke. Günter/Oberlercher, Reinhold, "Kanonische Erklärung zur Bewegung von 1968"(24. Dez. 1998), in http://www.reich4.de/1998/12/kanonische-erklarung-zur-bewegung-von-1968/

Nolte, Ernst. 1963. *Der Faschismus in seiner Epoche. Action française, Italienischer Faschismus, Nationalsozialismus.* Piper Verlag.

Oberlercher, Reinhold. "Die 68er Wortergreifung". https://sachedesvolkes.wordpress.com/2012/09/10/die-68er-wortergreifung/

Rabehl, Bernd, "Nationalrevolutionäres Denken im antiautoritären Lager der Radikalopposition zwischen 1961/1980"('Danubia-Rede'). https://web.archive.org/web/20080207050949/, http://freenet-homepage.de/visionen/Danubia.htm

Winkler, Heinrich August. 2000. *Der lange Weg nach Westen, Bd. 1, Deutsche Geschichte vom Ende des Alten Reiches bis zum Untergang der Weimarer Republik; Bd. 2, Deutsche Geschichte vom „Dritten Reich" bis zur Wiedervereinigung.* München: C. H. Beck.

3부

체제 비판의 이상, 실천, 현실

6장

권력에 대한 새로운 상상력과 자주 경영*

대의민주주의의 모순과 참여민주주의에 대한 열망

신동규(창원대학교 사학과)

1. 권력에 대한 상상력

1968년에 권력에 대한 새로운 상상력은 1789년 혁명으로 만들어진 정치 시스템과 사회구조에 대한 문제 제기에서 시작되었다. 그것은 바로 부르주아가 주도한 대의민주주의에 대한 도전이다. 1789년 부르주아 혁명가들은 장자크 루소(Jean-Jacques Rousseau)가 이론적으로 정립한 인민주권론에 기대어 왕의 신체에 귀속된 주권을 빼앗아 인민(Peuple) 또는 인민의 집합체로서의 국민(Nation)에게 부여했다. 그러나 현실적으로 대의제에 기반을 둔 권력구조는 인민의 주권 행사를 매우 제한했다. 루소는 왕정, 귀족정, 민주정

---

* 이 장은 ≪인문과학≫, 70집에 실린 「대의민주주의의 모순과 참여민주주의에 대한 열망: 1968년 프랑스 노동자의 총파업과 자주경영」을 다시 고쳐 쓴 것이다.

중에서 어떤 정부가 가장 좋은 정부인지 결정할 수 없다고 강조한다. 하지만 직접민주주의가 '진정한 민주주의(véritable démocratie)'라는 사실은 분명하게 밝히고 있다. 직접민주주의를 통한 진정한 민주주의의 실현 가능성에 부정적이던 루소에게 인민의 대표에 의한 정치체제는 불완전한 것이었다.

루소가 『사회계약론(Du Contrat social)』(1762)에서 진정한 민주주의가 실현되는 것이 불가능하다는 의견을 제시한 이유는 다수가 소수를 지배하는 것은 자연 원리에 역행하는 것이며, 공적인 일을 위해 모든 사람이 끊임없이 모이는 것은 불가능하다고 생각했기 때문이다. 루소가 보기에 인민의 대표는 근대의 산물이며 고대 세계에서 인민의 대표자라는 것은 존재하지 않았다. 이러한 의미에서 왕에게서 주권을 빼앗아 인민에게 새롭게 부여한 프랑스 혁명은 루소의 사상과 함께 시작했지만, 대의민주주의 체제를 실험한 프랑스 혁명은 역설적이게도 루소에 반하는 사건이다. 1968년에 분출되는 권력에 대한 새로운 상상력은 이러한 '루소의 모순'에서부터 시작된다.

1968년에 나타난 새로운 권력에 대한 상상력의 핵심은 직접민주주의에 대한 열망이다. 결국 1968년 저항운동은 대의민주주의를 통해 진정한 민주주의가 실현 가능하다고 믿었던 니콜라 드 콩도르세(Marquis de Condorcet)나 루이 샤를 드 라비콩트리(Louis-Charles de Lavicontrie) 같은 1789년의 혁명가들이 이론화한 정치 질서의 한계가 20세기에 새로운 혁명의 불씨가 될 수 있다는 사실을 보여주었다. 결국 1968년의 저항운동은 루소가 불가능하다고 믿은 직접민주주의에 의한 진정한 민주주의 실현을 실험하는 장이었다.

2. 1789년의 모순과 1968년의 문제의식

1) 프랑스혁명과 대의민주주의: 반(反)루소 실험

18세기 후반 프랑스의 부르주아와 혁명가들은 계몽사상의 지배를 받고 있었다. 특히 이들은 루소(Rousseau)와 몽테스키외(Montesquieu)의 영향 아래에서 국민, 왕, 법이 새로운 균형을 이루는 정치 질서를 상상하면서 그것을 실현하기 위한 새로운 체제를 설계했다. 그 출발점이 바로 민주주의(démocratie)와 공화국(république)의 조합이다. 몽테스키외의 표현을 빌리자면 민주정체란 "집합체로서의 인민이 주권을 가진" 정치체이며, 루소의 정의를 따르자면 공화국은 "어떤 형태의 행정부(administration)이든지, 법에 의해 지배받는 국가"를 의미했다. 이 두 개념의 역사적 기원은 서로 다르지만 계몽사상과 프랑스 혁명은 이 둘을 하나로 묶었다.

이 두 가지를 하나로 묶은 매개가 법(loi)이다. 혁명기의 많은 담론에서 보이듯 민주적인 것과 공화적인 것을 동일시하는 관념은 이미 몽테스키외에게서도 관찰된다. 그는 공화주의 정부(gouvernement republicain)를 설명하면서 민주주의에 대한 정의와 동일한 표현을 이용했다. 즉, 몽테스키외에게 공화주의 정부란 '집합체로서의 인민이나 인민의 일부가 주권을 가진 정부'를 의미했으며, 이러한 정부 중 인민이 주권을 가진다면 그것이 민주정체였다. 그리고 이러한 정치체의 기본법(loi fondamentale)은 인민만이 만든다는 사실을 강조했다. 몽테스키외의 민주주의와 공화국이 누가 법을 만드는가 하는 문제로 정의되었다면, 루소에게 중요한 문제는 일반의지(volonté générale)의 표현인 법이 어떻게 작동하고 집행되는가 하는 것이다. 루소는 정부를 주권자(souverain)와 신민(sujets)을 연결해주는 매개체

(corps intermédiare)로 정의한다. 이러한 관점에서 루소는 정부의 형태가 무엇이든 합법적이면 공화적인 것이라고 보았다. 법을 통해 지배하는 체제가 공익(intérêt public)을 우선시한다면 그것이 바로 '레스 푸블리카(Res publica)'였다. 따라서 루소는 법에 의해 통치된다면 "왕정 그 자체도 공화적(la monarchie elle-même est république)이다"라고 설명한다. 루소에게 '합법적인 정부(gouvernement légitime)'는 모두 공화적인 것이다. 루소의 설명을 따르자면 '공화국'이라는 표현이 반드시 민주정(démocratie)을 의미하지는 않지만, "주권자(Souverain)가 모든 인민 혹은 절대 다수의 인민에게 정부의 설치를 위임하는" 것으로 정의되는 루소의 민주정은 공공의 것을 우선 추구하는 것을 전제로 하는 정치체제로서의 공화국일 수밖에 없다. 이것은 일반의지의 표현인 법을 통해 주권자가 행정권의 집행자를 고용해 그 법을 어떻게 집행하느냐가 중요하다는 루소의 인식을 보여준다.

1789년 봉건제가 폐지되고 뒤이어 인권선언을 통해 모든 인간이 자유롭고 평등한 존재라는 사실이 적어도 이론적으로 천명되었으며 정치적 압제로부터 '안전(sûreté)'을 보장받았다. 프랑스인들은 절대군주의 신민(sujet)이 아니라 정치 주체인 시민(citoyen)으로 다시 태어났다. 헌법이 만들어졌으며, 왕의 지위는 '프랑스의 왕(Roi de France)'에서 '프랑스인의 왕(Roi des français)'으로 바뀌었다. 이것은 법을 만들 수 있는 주권자가 왕에서 '국민(Nation)'으로 바뀌었다는 것을 의미했다. 왕국을 할거하던 봉건영주들을 대표하던 '프랑스의 왕'은 국민의 대표가 제정한 헌법에 따라 새로운 권위를 부여받았다. 신에게서 부여받았다고 간주했던 주권(souvrainté)이 국민에게 귀속되었다는 것을 깨닫는 순간 루이 16세는 '프랑스인의 왕'으로 자신의 지위가 변했다는 사실을 인정해야만 했다.

모든 것이 급진적으로 변하는 것처럼 보였지만 실상 타협의 산물이었다.

봉건제가 폐지되고 헌법이 제정되었지만 왕은 존속했고 왕정(monarchie)도 유지되었다. 또한 왕이 법을 제정할 힘을 잃고 그 권한이 국민에게 귀속되었지만, 현실적으로 모든 국민이 법을 제정하는 데에 참여하는 것은 불가능했다. 그마저 국민의 대표는 능동시민(citoyen actif)만이 참여하는 제한된 선거로 선출될 예정이었다. 이러한 상황에 대해 알베르 소불(Albert Soboul)은 "국민과 스스로 동일시하는 부르주아가 왕이 법의 절대적 영향력 아래로 놓이는 것을 원했으며, 이로써 국민(nation), 왕(roi), 법(loi)이라는 이상적인 균형이 어느 순간에 이루어졌다"라고 평가했다(Soboul, 1982: 135). 루소를 따르자면 이러한 상황에서 새로운 정치체제가 공익을 추구한다면 이는 공화국으로 정의될 수 있는 것이다.

혁명기의 사람들에게 국민의 대표가 헌법을 만들고 그에 따라 왕의 지위가 변한다는 것은 매우 중대한 의미가 있었다. 이것은 주권의 소재가 변하는 것이다. 이러한 변화를 이해하고 미래의 정치제도를 새롭게 기획하기 위해서는 결국 루소에게 의지할 수밖에 없었다. 루이 16세는 여전히 구체제의 전통에 익숙한 왕이기 때문에 프랑스는 인민들의 권한을 위임받은 왕이라고 하는 새로운 국왕의 위상을 반영하는 제도적 장치를 만들어야만 했다. 즉, 프랑스의 국왕은 법을 만드는 왕이 아니라 법을 준수해야 하는 왕의 처지가 되었다.

그러나 이러한 변화를 인정하지 못한 국왕의 해외 도피 시도는 루소의 공화주의가 아닌 몽테스키외의 공화주의로 새로운 정치체제를 구성하게 만드는 계기가 되었다. 즉, 루소가 정의하듯 공익을 추구하는 법에 의거한 공화주의가 아닌 주권이 인민에게 부여되는 몽테스키외의 정의에 따른 공화주의의 필요성이 더욱 강력하게 대두했다. 결국 몽테스키외의 공화주의는 민주주의를 의미하는 것이었으며, 이는 왕의 존재를 부정하는 것으로 발전하게 된다. 이로써 국민과 왕, 그리고 법의 이상적인 균형은 불가능하다는 것이 판명되었다. 결국 왕을 배제하는 정치체제는 민주주의를 요구하게 되었다.

프랑스혁명으로 만들어지는 민주주의와 공화정체의 결합은 그리스 민주정과 로마 공화정의 단순한 형용모순의 결합이 아니었다. 이것은 몽테스키외와 루소의 복잡한 사유의 결합이었으며, 후에 생쥐스트(Saint-Just)나 로베스피에르(Robespierre) 같은 자코뱅 지도자들에게서 확인된다. 정치적 신체와 자연적 신체를 동시에 가진 국왕의 인격에 속했던 주권이 후에 근대인들의 눈에는 상상의 공동체로까지 인식되는 집합체로서의 국민(Nation) 또는 인민(Peuple)에게 귀속되는 것을 상상한 것은 루소와 함께 이루어졌지만, 그것은 직접민주주의에 의해서만 가능한 정치 프로젝트였다. 프랑스 혁명은 새롭게 일어나고 있는 상황 속에서 실현이 가능한 새로운 정치 기획이 필요했다. 영국의 경험에서 보이듯이 실현 가능한 모델은 대의민주주의(démocratie représentative)였다.

혁명적인 정치 상황이 만들어낸 변화와 완전한 민주주의 실현의 불가능성은 대의 민주주의의 창안으로 이어진다. 미국의 연방주의자들이 처음으로 사용하기 시작한 대의민주주의라는 용어를 프랑스에 번역해 소개하고 처음 사용한 사람은 니콜라 드 콩도르세(Nicolas de Condorcet)이다. 1790년 콩도르세는 실질적인 평등과 자유를 위해서는 '매개 없는 민주주의(democratie immédiate)'라고 명명한 직접 통치(gouvernement direct)가 불가능하기 때문에 대의민주주의가 필요하다고 주장했다(Monnier, 2001: 3). 같은 해 루이샤를 라비콩트리는 『인민과 왕들에 대하여(Du Peuple et des rois)』에서 대의제를 통해 루소가 제시한 완전한 민주주의 실현을 막는 요인들을 제거할 수 있다고 주장했다. 그리고 그는 '실제적 민주주의(démocratie réelle)'는 '대리 민주주의(démocratie représentée)'라고 칭했다(Lavicomterie, 1833: 106). 결국 대표에 의한 민주주의에서 선거(suffrage)의 의미가 중요하게 되었으며, 라비콩트리는 "프랑스인들이여, 의원들을 잘 선택하라"라는 주장을 한다(Lavicomterie, 1833: 98). 그러나 루소는 『사회계약론』에서 영국의 경험에 대해 "영국 인민은 자유롭다고 생각하지만, 그것은 큰 잘못이다. 그들이 자유로운 것은 의원을 선거하는 동안만의 일이고, 의원이 선출됨과 동시에 그들은 노예가 되어버린다"라고 일갈한 바 있다(루소, 1996: 120).

2) 1968년의 대의민주주의 비판: 루소로의 회귀?

68운동은 대의민주주의에 대한 비판과 함께 아래에서부터 구성되는 직접민주주의를 추구했다. 낭테르의 3월 22일 운동의 총회(Assemblée générale)는 대의민주주의 체제의 위계질서와 권위주의에 대비되는 새로운 형식의 의사 결정 구조였다. 에드가 모랭(Edgar Morin)은 1968년 5월 말 운동의 정점에서 그 의미를 다음과 같이 썼다.

> 혁명의 중심은 3월 22일(Le 22 Mars, 이하 3월 22일 운동)이다. 3월 22일 운동은 그 핵심이 레닌주의와 무정부주의가 유연하고 열정적인 혁명적 행동 속에서 융화된 것이다. 이 혁명적 행동은 **정당 조직을 거부하지만**, 그 행동에 모든 혁명적 정파의 자유로운 참여를 받아들이는 것이다. 3월 22일 운동은 최소한의 조직과 함께 행동전선(Front d'action)의 독창적인 형식이며, 동시에 최대의 전략적·전술적 판단이었다. 그 실체가 혁명적인 3월 22일 운동은 어느 곳에나 새로운 질서(nouveau ordre), 즉 직접민주주의(démocratie directe), 상설 총회(assemblée permanente), [해임을 위한] 대표 소환(élus révocables), 소비에트 질서(ordre

〈그림 6-1〉 노동자 평의회에 권력을
자료: BNF, Gallica.

〈그림 6-2〉 정상으로의 복귀
자료: BNF, Gallica.

soviétique)가 형성되는 것을 강제했다. 3월 22일 운동과 함께 최초로, 그리고 완전하게 소비에트가 프랑스에 …… 들어왔다. 3월 22일 운동은 평의회 사회주의(socialisme des conseils, 또는 소비에트 사회주의)가 생명을 얻고 살아나도록 노력하기 위해 에스파냐 내전, [중국의] 문화혁명, [19]17년 10월, 파리코뮌 등 과거의 혁명을 모두 표현했다(Morin, 1988: 104, 고딕체는 원문 강조).

에드가 모랭의 언어는 스탈린주의의 비민주성을 비판하고 있다. 그리고 그의 인식은 20세기 러시아혁명의 경험을 출발점으로 삼고 있다. 즉, 에드가 모랭의 이상적 모델은 아래에서부터 형성되는 자발적인 소비에트를 통한 새로운 사회 구현이다. 이것이 에드가 모랭에게 진정한 민주주의였다면, 루소가 불가능하다고 평가한 직접민주주의가 모랭의 눈에는 1968년에 3월 22일 운동에서 실현된 것으로 비친 것이다. 3월 22일 운동은 1917년에 유행한 "모든 권력을 소비에트로"라는 레닌의 구호를 다시 불러냈다.

1968년 프랑스에는 "노동자 평의회(소비에트)에 권력을"이라는 구호가 적힌 벽보가 붙었다(〈그림 6-1〉). 레닌의 소비에트는 1921년 크론시타트 사건과 함께 혁명의 의미를 상실했지만 1968년 프랑스에서는 레닌의 형식에 무정부주의를 결합시켜 새로운 의미를 부여했다. 여기에서 주권의 양도가 아닌 행정부에 권한을 위임(commission)하거나 관리를 고용(emploi)하여 인민이 주권을 행사하는 것이라고 주장한 루소의 생각을 다시 발견할 수 있게 된다(루소, 1996: 78).

그러나 권력을 위임한 결과는 국민이 정치의 주체가 아닌 통제의 대상이 된다는 점으로 나타났다. 68운동은 이 권한 위임의 한계를 극복하고자 직접 참여, 즉 '진정한 민주주의'와 직접민주주의를 실험하는 장이었다. 이러한 의미에서 '정상으로의 복귀(Retour à la normal)'는 국민이 온순한 양 떼로 다시 돌아가는 것이라고 여겼다. 이러한 생각을 상징적으로 표현한 포스터는 직접민주주의 또는 참여민주주의의 필요성을 역설하고 있다(〈그림 6-2〉).

1968년 5월 총파업이 아래에서부터 발생하는 과정에서 파리국립미술학교(ENSBA)와 파리국립장식학교(ENSAD)에 설치된 민중공방(Atelier populaire)에서는 68운동을 상징하는 포스터 600여 장을 제작했다. 젊은 예술가들은 (에드가 모랭이 직접민주주의의 실현으로 평가한 3월 22일 운동처럼) 총회를 열어 민주적이고 집단적인 방식으로 포스터를 제작했으며, 파업 노동자들과의 토론을 통해 68정신을 담아냈다. 이렇게 민중공방의 포스터는 권력의 나팔수에 지나지 않았다고 여겼던 라디오나 텔레비전 방송에 대비되는 거리의 선전도구로 자리 잡았다. 민중공방은 파리의 학생운동을 중심으로 하는 저항운동이 전국 규모의 노동자 총파업으로 확산되는 전환점에서 실천적 예술운동의 중심이 되었다. 이 실험적인 활동의 시작점인 파리국립미술학교가 점거된 5월 14일은 낭트 근교의 쉬드아비아시옹(Sud-Aviation)에서 트로츠키주의자들이 이끈 공장 점거가 총파업의 도화선이 된 날이다. 민중공방의 활동은 총파업이 끝난 후인 6월 27일까지 지속되며, 대의민주주의와 선거제

〈그림 6-3〉 항상 투표하시오
자료: BNF, Gallica.

〈그림 6-4〉 선거는 정기적인가?
자료: BNF, Gallica.

도를 비판하는 상징적인 포스터를 만들었다.

1968년 5월과 6월의 체제 비판 운동은 1790년 라비콩트리가 주장한 바의 한계를 잘 보여준다. 등 뒤에 몽둥이를 숨긴 드골이 "항상 투표하시오. 나머지는 내가 할 것입니다"(〈그림 6-3〉)라고 말하는 포스터는 대표자를 현명하게 선택하라는 라비콩트리의 주장이 200년 후에도 간단한 문제가 아니라는 점을 보여준다. 이 포스터는 대의민주주의라는 현실에 대한 냉철한 판단과 인식을 촉구한다. 또 다른 포스터는 "선거가 정기적인가? 아니다! 속임수다. [선거가] 민주적인가? 아니다! 파시스트다. [선거는] 자유로운 상태? 아니다! 정신이 마비된 상태"(〈그림 6-4〉)라고 씌어 있다. 선거가 정기적이지 않다는 것은 선거 리스트가 항상 그대로이기 때문에 결과적으로 선거가 없는 것이나 마찬가지라는 의미이다. 선거가 민주적이지 않다는 것은 진보 조직들이 해산되기 때문이며, 선거가 자유롭게 치러지지 않는다는 것은 친정부 언론의 영향 아래 모두 중독된 상태에 놓여 있기 때문이라는 것이다. 대의민주주의에 대한 이러한 비판은 "프랑스인들이여, 의원들을 잘 선택하라"라는 18세기의 이론가 라비콩트리의 주장이 환상에 불과하다는 점을 드러낸다. 이는 진정한 민주주의를 대의제를 통해 실현해야 한다는 라비콩트리의 주장이 허구임을 보여주는 것이다. 결국 진정한 민주주의가 불가능하다고 판단한 루소에게 동의하지 않던 라비콩트리의 주장은 (루소조차도 불가능하다고 판단한) 직접민주주의에 대한 시도가 곳곳에서 연쇄적으로 일어나는 상황에서 비판의 대상이 되었다.

3. 민주주의의 한계와 새로운 민주주의의 가능성

1) 극좌와 극우의 민주주의 비판: 1968년 포스터에 나타난 상징성

낭테르에서 시작된 사회 비판 운동은 5월에 파리로 확산됐다. 5월 3일 소르본에 첫 번째 바리케이드가 세워지고 경찰과 학생들이 대치하면서 폭력 상황이 격화됐다. 이러한 상황에서 5월 6일 481명의 부상자가 발생하게 만든 경찰의 폭력 진압으로 드골에 대한 비판 여론이 확산되었다. 결국 학생들의 저항은 5월 10일 바리케이드의 밤으로 이어졌고, 급진 학생운동에 거리를 두던 노동조합이 국가 폭력을 비판하면서 24시간 총파업을 결정했다. 5월 13일 총파업으로 노동자들이 참여한 거리 시위에서는 "10년 이제 그만!(Dix ans ça suiffit!)", "CRS-SS", "드골 타도(A bas de Gaulle)", "경찰국가 타도(A bas Etat policier)" 등의 구호가 울려 퍼졌다. 5월 13일 집회의 성공은 이튿날 쉬드아비아시옹의 점거 파업과 파리국립미술학교의 점거로 이어졌으며, 민중공방은 '공장-대학-단결(Usine-Université-Union)'이라는 구호를 만들어냈다.

민중공방에는 프랑스 공산당(PCF: Parti communiste français)을 지지하는 젊

〈그림 6-5〉 나는 참여한다
자료: BNF, Gallica.

〈그림6-6〉 나는 참여한다(노동 삽화)
자료: BNF, Gallica.

은 예술가들부터 무정부주의자, 트로츠키주의자, 마오주의자를 비롯해 알
튀세르의 세례를 받은 마르크스주의자에 이르기까지 등 다양한 급진 좌파
가 아우러져 있었다(Gervereau, 1988: 186). 급진 성향인 이들을 프랑스 공산당
이나 노동총연맹(CGT: Confédération générale du travail)의 지도부는 부르주아의
자식들로 간주했으며, 언젠가는 노동계급을 배신할 부잣집 아이들로 인식
했다. 그러나 이들은 자본주의가 만들어낸 경제체제와 문화 구조를 비판하
고 억압적인 국가와 권위주의를 배격했으며, 위계질서와 서열 구조에 거부
감이 강했다. 이들은 노동자들과 적극적으로 소통했으며 부르주아 사회의
권력 구조에 저항하면서 스스로 정치적인 문제를 표현하고자 했다.

민중공방 포스터에 등장하는 정치구호는 일반적으로 사용하는 표현에
새로운 의미를 부여하는 재전유(réappropriation)를 통한 상징화의 결과물이
며 사람들은 이를 자유롭게 변용하고 다시 전유했다. 민중공방에서 제작한
포스터 중에서 동사변화표를 활용한 "나는 참여한다. 너는 참여한다. 그는
참여한다. 우리는 참여한다. 당신들은 참여한다. 그들이 이익을 챙긴다"

〈〈그림 6-5〉〉도 다양한 해석과 전유를 불러일으킨 작품 중 하나이다. 이 포스터에서 '참여'는 대의제 정치체제의 비판부터 대량생산 시스템이 만들어낸 소비 사회에서의 노동자들의 소외까지 다양한 의미를 나타낼 수 있었다 〈〈그림 6-6〉〉.

프랑스는 제2차 세계대전이 끝나는 시점부터 제1차 석유파동을 겪는 1973년까지 30여 년 동안 비약적인 경제성장을 이루어냈다. '영광의 30년'이라고 부르는 이 기간에 프랑스는 전쟁 전인 1938년에 비해 무려 4.5배의 산업생산량의 증가를 이루어냈으며, 평균 5.1%의 경제성장률을 기록했다. 1954년 노동자 1인당 연간 3.2대의 자동차를 생산하던 르노는 1965년에 9.7대, 1970년에 12.2대를 생산했다. 프랑스의 자동차 생산은 1960년대에 꾸준히 증가했다. 1961년 120만 4000여 대의 자동차를 생산하는 데 15만 8000여 명의 노동력이 필요했지만, 1970년에는 자동차 생산량이 두 배가 넘는 275만 대로 증가했는데도 생산성의 향상으로 고용이 단지 8만여 명이 늘었을 뿐이다(신동규, 2014: 71). 그러나 1965년 조사에 따르면 생활수준이 향상되었다고 생각하는 프랑스 국민은 28.16%에 불과했다. 31.83%는 오히려 생활수준이 악화되었다고 느끼고 있었다. 1968년에는 여전히 높은 경제성장률에도 불구하고 단지 23.50%의 국민만이 삶의 질이 좋아지고 있다고 느꼈으며, 41.50%가 악화되었다고 생각했다. 생활수준에 변화가 없다고 느낀 프랑스인의 비율은 1965년 40%에서 35.25%로 하락했다(신동규, 2014: 73~74). 이러한 결과는 생산성 향상을 위한 노동 강도의 강화와 단순 노동의 증가에서 기인했다. 테일러주의와 포드주의적 생산방식을 토대로 한 소비사회의 대량생산 구조는 단순 노동력이 필요했으며, 노동자들은 건강을 해치는 단순 작업을 반복적으로 수행하여야 했다. 소비사회의 생산구조는 노동자들의 신체에 관한 권리를 빼앗는 구조적 폭력을 만들어냈다.

1968년 급진 좌파 학생들이 소르본을 점거할 때 반공산주의 사상의 극우 성향 학생들은 대학 점거에 반대하여 폭력을 행사했다. 이미 고등학교에서까지 극좌와 극우 사이의 이념 대립이 확산되고 있었다. 파리 8구의 콩도르세고등학교에서는 공산주의자 학생들이 "봉기에서 혁명으로"라고 선동할 때 극우 학생들은 "이제 그만(assez!)!"이라는 구호와 함께 반공산주의 선전 활동을 벌였다. 더 나아가 극우 성향의 학생들은 학생운동을 주도하는 프랑스학생연합(UNEF: Union nationale des étudiantes de France)의 등사기를 파괴하는 등 시위를 적극적으로 방해했으며(박단, 2018: 46), 경찰도 그들의 개입을 반기는 분위기였다. 이는 학생들 사이의 혼란이 경찰에게 질서 유지라는 명분을 제공하기 때문이다.

극우 학생들은 5월 말이 되면서 점차 그들만의 문화운동을 전개해나갔다. 자유유럽연합(Rassemblement européen de la Liberté)은 독자적인 민중공방을 만들어 극우 이데올로기를 선전하기 시작했다. 유럽-행동(Europe-Action)을 이끌던 도미니크 베네(Dominique Venner)가 만든 자유유럽연합은 1967년 총선에 후보자를 냈지만 2.58% 득표에 그쳤다. 마치 무솔리니가 조르주 소렐(Georges Sorel)의 사상을 통해 폭력을 정당화하고 파시스트 권력을 창출했던 것처럼, 샤를 모라스(Charles Maurras)의 신봉자였던 도미니크 베네는 마르크스와 레닌을 통해 지식인의 폭력을 정당화했다. 또한 그람시에 대한 분석을 통해 문화 헤게모니의 중요성을 강조한 인물이다. 1968년에 자유유럽연합의 지도부가 교체되지만 이러한 흐름은 극우 운동에 영향을 미쳤다. 후에 자유유럽연합은 유럽문화연구학습연합(Groupement de recherche et d'études pour la civilisation européenne)으로 발전하고 이 조직의 주요 이론가들이 극우 성향의 대중지 ≪피가로 마가진(Figaro Magazine)≫에 참여한다.

극우주의자들은 '투표하다'라는 동사를 이용해 "나는 투표한다. 너는 투

〈그림 6-7〉 나는 투표한다
자료: printerest.com

〈그림 6-8〉 투표하기, 그것은 참여하기
자료: jeanpaulachard.com

표한다. 그는 투표한다. 우리는 투표한다. 당신들은 투표한다. 그들이 이익을 챙긴다. 투표 거부"(〈그림 6-7〉)라는 포스터를 만들어 배포한다. 그리고 "투표하기, 그것은 참여하기, 참여=자살"(〈그림 6-8〉)이라는 포스터를 통해 '나는 참여한다… 그들이 이익을 챙긴다'의 의미를 '투표하기'로 고정시켰다. 극우가 '참여하기'의 의미를 '투표하다'로 전유한 것이다. 본래 민중공방의 포스터들은 기성 문화를 비판하기 위해 중의적인 표현과 상징적인 표현을 주로 사용했다. 좌파의 전략이 일종의 의미 해체를 통한 사유의 전환이라면, 우파의 전략은 자신의 정치적 목표를 위해 정치적 의미를 다시 부여하는 것이었다. 이것은 문화 헤게모니 쟁탈전이었다.

자유유럽연합은 "체제에 대한 전쟁(Guerre au régime)"이라는 구호를 통해 민주주의 체제를 부정했다. 따라서 자유유럽연합은 모든 프랑스인의 화합이 가능한 새로운 사회를 제시하면서 우파 혁명을 주장했다. 결과적으로 이 극우 포스터는 자유주의(또는 일부 사회민주주의), 보수주의, 사회주의(공산주의)가 경쟁하는 의회 중심의 민주주의를 거부한 20세기 전반기 파시즘 사상과 통한다.

파시스트 이론가들은 민주주의 정부의 안정성에 대해 끊임없이 의구심을 품고 있었다. 무엇보다 무솔리니는 정치가 대중의 이성적인 선택의 결과가 아니라 쉽게 조종되는 군중에 대한 관리로 구성된다는 사실을 귀스타프 르 봉(Gustave Le Bon)의 『군중 심리(La Psychologie des foules)』를 통해 깨달았다. 무솔리니는 의회민주주의가 환상에 지나지 않는다는 사실을 빌프레도 파레토(Vilfredo Pareto)를 통해 이해했으며, 조르주 소렐의 혁명적 생디칼리즘과 총파업 전술을 통해 새로운 길을 찾아냈다. 결국 제1차 세계대전이 만든 새로운 환경에서 무솔리니는 선거가 아닌 로마 진군을 통해 권력을 장악했다. 그러나 1968년 프랑스의 극우는 혁명을 통한 권력 장악이 아닌 문화 헤게모니 장악을 시도하는 한편 의회민주주의를 적극 활용하게 된다. 이들은 극우와 우파를 아우르는 미디어를 장악해나갔으며, 독자적인 정당을 건설해 대의민주주의 시스템에 참여하게 된다.

2) 자주 경영(autogestion) 운동과 참여: 의의와 한계

1968년에 분출된 아래에서부터의 참여와 직접민주주의에 대한 열망은 '자주 경영(autogestion)'으로 표현되었다. 학생들이 점거한 고등교육기관 도시계획연구소(Institut d'Urbanisme)가 스스로 경영되는 도시계획연구소(Institut autogéré d'Urbanisme)로 불리는 등 자주 경영은 급진적인 학생들 사이에서 유행하였으며, 3월 22일 운동부터 프랑스학생연합에 이르기까지 총회에서 언급되고 논의되었다. 그러나 아래에서부터의 역동성과 직접민주주의의 가능성을 주목한 에드가 모랭의 평가와는 다르게, 자주 경영의 원칙은 프랑크 조르지(Frank Georgi)에 의하면 "모든 곳에서 받아들여진 것이 아니며, 첫 번째 안건도 아니었다"(Georgi, 2008: 31)라고 평가됐다.

1968년 노동자들에게 자주 경영은 더욱 모호한 문제였다. 프랑스에서는 러시아혁명과 함께 '노동자 관리(또는 노동자 통제, contrôle ouvrier)'라는 개념이 널리 퍼지기 시작했다. 제1차 세계대전이 끝난 후 노동총연맹은 이 개념을 통하여 주로 '노동자의 국영 기업 경영 참여(participation ouvrière dans la gestion des entreprises de l'Etat)'를 주장했다.[1] 이러한 영향 아래 제2차 세계대전 이후 친독 행위 기업인들을 처벌하는 과정에서 '노동자 경영(gestion ouvrière)' 혹은 '소비에트(Soviet)' 등의 이름으로 노동자들이 참여하는 기업 경영 사례가 있었다. 이렇게 20세기 전반기에 노동자들의 경영 참여 담론은 하나의 유행이었다. 1944년 노동부 장관이던 알렉상드르 파로디(Alexandre Parodi)는 기업 경영(gestion des entreprises)과 경제 관리(direction de l'économie)에 노동자들이 참여(associer)해야 할 필요성을 강조하기도 했다.

그러나 비공산당 계열의 사회주의자들은 제2차 세계대전 직후의 '노동자 경영'을 공산당이 주도하는 위로부터의 노동자 통제 시스템으로 간주했다. 따라서 그들에게는 파리코뮌과 아나코 생디칼리즘의 전통에서부터 이어져 오는 노동자들의 경영 참여 운동을 계승하는 한편, 스탈린주의와는 거리를 둔 새로운 개념과 모델이 필요했다. 따라서 레닌과 스탈린주의의 유산인 '노동자 관리'를 대신하여 유고슬라비아를 모델로 하는 '자주 경영'이라는 새로운 표현을 통해 새로운 사회를 조직하려는 운동이 나타났다. 특히 1956년부터 1968년까지 헝가리 부다페스트의 봉기 및 알제리 독립과 함께 이루어진 노동자 경영 참여 경험은 프랑스에서 '자주 경영'이라는 표현이 더욱 대중적으로 확대되는 계기가 되었다. 그 결과 '자주 경영'은 프랑스민주

---

1) "La participation ouvrière dans la geston des entreprises de l'Etat," *Voix du peuple*, No. 10(1919).

노동연맹(CFDT: Confédération françasie démocratique du travail)과 통합사회당(PSU: Parti socialiste unifié)을 중심으로 한 사회주의자들의 새로운 정치 구호로 자리 잡게 되었다.

그러나 1968년 총파업에 참여한 노동자들의 정치 구호는 주로 임금 인상과 노동조합의 권리 강화에 머물러 있었다. 5월부터 6월까지 지속된 파업의 열기에도 불구하고 노동자들의 비판 대상이던 생산 시스템의 구조적 문제를 변화시키지 못했으며, 노동자들의 경영 참여 요구는 매우 제한적이었다. 1968년 파업의 열기가 어느 곳보다 치열했던 베를리에의 상황은 이러한 현상을 상징적으로 보여준다. 리옹의 자동차 기업인 베를리에는 1944년에 이른바 노동자 경영을 경험한 대표적인 공장이다. 그러나 이 공장에서조차 노동자의 경영 참여는 과거의 희미한 기억에 불과했다.

또한 1968년 노동자 파업은 대부분 노동조합의 주도로 이루어졌다. 즉, 노동자들의 무정부주의적 자발성보다는 노동조합을 중심으로 한 종래의 규율이 더 지배적이었다. 노동조합을 거부하는 들고양이 파업(wildcat strike)이 전혀 없었던 것은 아니지만, 노동조합을 거부하는 노동자들의 이미지는 그르넬 협상 결과에 반응하는 르노 비앙쿠르 공장 노동자들의 태도에 대한 해석이 낳은 일종의 신화에 불과하다. 노동조합의 통제를 벗어난 노동자들의 자발적인 파업은 1968년보다 오히려 1936년에 더욱 많았다는 점이 이 점을 잘 보여준다. 1968년 총파업에 참여한 대부분의 공장에서 파업위원회는 노동조합의 통제를 받았으며 노동총연맹, 프랑스민주노동연맹, 노동총연맹-노동자의 힘(CGT-FO: Confédération générale du travail-Force ouvrière) 등이 핵심 역할을 했다.

1968년에는 몇몇 파업에서 노동자들이 자발적으로 생산을 하고 공장을 관리한 사례가 있다. 병원에 생수를 공급하는 공장처럼 인도적인 차원이었

〈그림 6-9〉 68년 5월,
연장된 투쟁의 시작
자료: BNF, Gallica.

〈그림 6-10〉 르노, 비앙쿠르와
함께 12월 투쟁은 계속된다
자료: BNF, Gallica.

〈그림 6-11〉 립, 다시 출발
자료: Association Autogestion.

다(Kergoat, 1970: 277). 이렇게 노동자의 자발성에 바탕을 둔 일시적인 생산관리의 경험은 직접민주주의의 경험이라는 측면에서 정치적으로 중요한 의미가 있으며, '자주 경영'의 사례로 기억되었다. 그러나 생산의 관점에서 이것은 기업주의 이해관계에 결코 부정적이지 않았다. 생산을 멈추는 파업이 아니라 생산을 지속하는 파업(grève productive) 과정에서 나타난 1968년의 자주 경영 경험은 1980년대 초까지 이어진 새로운 형식의 집단행동의 출발점이었다. 이 흐름은 노동자 스스로 생산의 주체가 되는 것을 선언한다는 중요한 의미가 있었지만, 그 범위가 매우 제한적이었다. 그러나 무엇보다도 생산을 지속하는 파업이 기업주의 이해관계에 배치되지 않는다는 점에서 자본주의 생산 질서에 균열을 만들어내지 못했다.

자주 경영 운동의 대표적인 사례는 1968년 총파업이 아닌 1973년 시계 공장 립(Lip)의 파업이다. 립에서는 68운동의 경험을 살려 행동위원회를 만들고 총회를 개최해 해고와 공장 폐쇄에 맞서 노동자들이 자발적으로 생산을 이어나갈 것을 결정했다. "우리가 생산하고, 팔고, 스스로 임금을 받는 것이 가능하다"라는 구호가 자주 경영을 정의했다. 이러한 립의 경험은 1968년 총파업과 참여 정신의 영향을 받은 것이다(〈그림 6-9〉, 〈그림 6-10〉, 〈그림 6-11〉).

노동총연맹과 프랑스 공산당보다 프랑스민주노동연맹과 통합사회당이 자주 경영에 더욱 많은 관심을 가졌다. 프랑스민주노동연맹과 통합사회당은 1968년 5월 27일 프랑스 공산당과 노동총연맹 주도의 총파업에 반대하고 새로운 사회주의를 모색하기 위해 샤를레티 경기장에서 집회를 한 이른바 '신좌파(nouvelle gauche)' 그룹을 대표했다. 이들은 자주 경영을 통해 68정신을 계승했다. 그러나 립의 자주 경영은 스위스, 미국, 일본 등이 참여하는 국제 경쟁의 격화로 경쟁력을 잃은 기업의 경영자가 스스로 경영을 포기하면서 일어난 사건이다. 결국 1974년 통합사회당에 가입한 신좌파 기업가가 립을 인수하여 새로운 경영을 시도하지만 석유파동의 여파와 국영기업 르노의 주문 취소 등 정부의 지원 중단으로 어려움을 겪게 된다. 립은 결국 1977년 청산 절차에 들어간다.

4. 1968년의 열정과 한계

루소는 '진정한 민주주의'가 불가능하다고 판단했다. 그럼에도 1789년의 혁명가들은 대의민주주의를 통해 진정한 민주주의를 실현하고자 했다. 그러나 이렇게 만들어진 민주주의 체제는 200년 가까운 세월이 흐른 후 비판의 대상이 되었다. 바로 1968년의 저항은 대의민주주의 체제가 만들어놓은 비민주적인 사회구조와 거대한 통제 시스템에 대한 저항이다. 결과적으로 1968년의 대의민주주의 비판은 권력에서 배제된 사람들의 참여를 보장하는 직접민주주의에 대한 열망으로 이어졌다.

1968년의 직접민주주의에 대한 열망은 권력에 대한 새로운 상상력을 가능하게 했다. 이 새로운 상상력은 1968년 학생 총회를 통해 아래에서부터 구성원들의 의견을 수렴하는 직접민주주의의 가능성을 보여주었다. 낭테르의 3월 22일 운동이나 파리미술학교에 만들어진 민중공방은 이러한 새로운 의사 결정 구조로 작동되었다.

노동자들은 자주 경영을 통해 새로운 생산 질서를 구축하기 위한 시도를 했다. 이 새로운 이론은 20세기 전반기 레닌주의에 영향을 받은 노동자의 경영 참여 운동을 노동자 통제 수단으로 간주하고 비판하는 경향을 보였다. 따라서 프랑스 공산당을 비판하는 신좌파 그룹은 아래에서부터의 새로운 경영 참여 운동을 종래의 '노동자 경영'과 구별하면서, 자발성을 강조하기 위해 '자주 경영'이라고 불렀다. 직접민주주의에 대한 이러한 열망은 68운동의 지향점이자 행동 양식을 규정하는 이념적 토대였다. 이러한 이념 지향과 행동 양식은 드골 체제의 권위주의와 대비되어 68운동에 정당성을 부여했다. 결국 1968년에 분출된 권력에 대한 새로운 상상력은 1789년 프랑스혁명이 만들어 놓은 대의민주주의 체제의 한계를 비판하고 루소가 불가능하다고 판단한 직접민주주의의 가능성을 실험한 사건이다.

그러나 직접민주주의에 대한 열망을 담은 자주 경영 운동은 결국 마르크스가 협동촌 운동의 한계를 지적했듯이 고립된 상황에서 서서히 소멸됐다. 특히 노동자 자주 경영은 생산 지속에 대한 기업가의 강박관념이 서서히 사라지던 20세기 후반기의 특수한 조건에서 발생했다. 결국 자주 경영 운동은 68정신의 영향을 받아 아래에서부터의 직접민주주의의 가능성을 보여주었지만, 생산구조의 근본적인 변화 없이는 신기루에 불과한 환상이라는 사실도 여지없이 드러냈다.

참고문헌

루소, 장자크(Jean-Jacques Rousseau). 1996. 『사회계약론』. 장성환 옮김. 홍신문화사.

문종현. 2015. 「1968년 5월 말의 장악: 민중고양 포스터를 통해본 68년」. ≪서양사론≫, 126호.

박단. 2018. 「68 혁명과 극우학생운동: 옥시당의 활동을 중심으로」. ≪호모 미그란스≫, 18권.

신동규. 2014. 「1968년대 소비사회의 폭력성과 노동자」. ≪역사와 세계≫, 46호.

De Lavicomterie, Louis-Charles. 1833. *Du peuple et des rois*. Paris: Rouanet.

Georgi, Frank. 2008. "Jeux d'ombres, Mai, le mouvement social et l'autogestion(1968-2007)." *Vingtième siècle, Revue d'histoire*, No.98.

Gervereau, Laurent. 1988. "Entretien avec Gérard Fromanger, L'atelier populaire de l'ex-Ecole des Beaux-Arts." *Matériaux pour l'histoire de notre temps*, No.11-13, pp.29~41.

Kergoat, Danièle. 1970. "Une expérience d'autogestion en mai 1968(émergence d'un système d'action collective)." *Sociologie du travail*, No.12-13, pp. 274-292.

Monnier, Raymonde. 2001. "Démocratie représentative ou république démocratique: de la querelle des mots à la querelle des anciens et des modernes." *Annales historiques Révolution française*, No.325, pp.1~21.

Morin, Edgar. 1988. "Une révolution sans visage." in Edgar Morin, Claude Leford and Cornelius Castoriadis(eds.). *Mai 68, La Brèche suivi de Vingt ans après*. Paris: Fayard.

Soboul, Albert. 1982. *La Révolution française*. Paris: Gallimard.

Voix du peuple, No.10. 1919. "La participation ouvrière dans la geston des entreprises de l'Etat."

7장

68운동의 이상과 예술가·지식인*

김겸섭(경상대학교 독어독문학과)

1. '60년대'의 예술가, 페터 바이스

이 글은 '68운동(68er Bewegung)' 50주년을 맞아 '1960년대'의 시대정신을 복기하는 데 도움이 될 만한 독일 극작가 페터 바이스(Peter Weiss)의 연극 세 편을 조명하고자 한다. 여기에는 68운동을 단순히 '기억'하는 데서 그치지 않고 그 사건이 우리에게 주는 의미를 '현재화(Aktualisierung)'할 수 있으면 하는 의도를 행간에 깔고 있다. 바이스는 흔히 "68의 극작가"로 불린다. 왜냐하면 그는 소설과 영화, 미술, 저널리즘, 연극 등 '전방위 예술가 (Allroundkünstler)'로 활약하면서 '60년대(die 60er Jahre)'의 '결정적 순간'들과

---

* 이 글은 한국문화융합학회에서 펴낸 ≪문화와 융합≫, 40권 5호(2018)에 실린 「페터 바이스의 중기 연극과 68운동의 현재성」을 고쳐 쓴 것이다.

가장 적극적으로 대결하려 한 작가이기 때문이다.

'68운동'은 자본주의든 사회주의든 일체의 억압을 일소하고 총체적 자유와 해방을 쟁취하고자 한 정치적 사회운동인 동시에 의식 혁명을 목표로 한 문화 운동이다. 그것은 '현실사회주의'로 퇴행하고만 과거 혁명에 대한 반성이기도 하다. 유럽에서는 학생운동 중심의 정치적 성격이 더 강했고 북아메리카에서는 히피로 대표되는 반문화 운동의 경향이 더 뚜렷하긴 했지만 정치와 문화가 '동행하는(mitgehen)' 혁명을 추구한 점은 분명해 보인다. 일상생활 세계에서의 개인 소외의 폐지와 사회적·정치적 차별의 지양, 즉 개인의 해방과 집단의 해방을 동시에 추구한 총체적 해방은 세계혁명을 지향한 당대 운동의 공동 목표였다. 특히 '문화 게릴라'로 불릴 만한 당대의 문화 집단들은 과거 혁명의 정치적 아방가르드와 예술적 아방가르드를 동시에 뛰어넘고자 하는 모종의 열망을 드러낸다. 그들은 이념적으로도 이성과 감성, 과학과 정동(affect)을 융합하고 통일하려는 실천 전략들을 구상한다. 다양한 이질적 문화와 이념들을 섞고 전용하려는 열린 태도 속에서 다양한 코뮌(Kommune) 집단은 개인 차원의 의식 해방과 사회 변혁의 분리 불가능성을 주장하며 실천을 통해 입증하고자 한다. 상황주의 인터내셔널이나 플럭서스 운동, 누벨바그와 뉴저먼 시네마 등의 새로운 영화 실천, 우드스톡을 채웠던 다양한 뮤지션, 자기만의 고유한 삶과 예술을 일치시키려 한 실험 집단 등의 '1960년대 사람들'로부터 우리는 반체제적·반문화적 열기와 지향을 읽을 수 있다.

서구 연극계 역시 정치적 요구와 예술적 실험을 일치시켜야 한다는 요청에 적극 화답한다. 젊은 연극인들은 현실 변화와 참여를 향한 시대적 요청을 담지 못하는 기성세대의 연극 언어를 청산하고자 한다. 그들은 엘리트 관객만을 위하는 연극 제도에 반발하며 시민을 만나러 거리와 광장으로 나아간다. 특히 우리는 1950·60년대의 보수적인 사회 분위기 속에서 잊혀 가던 유럽 아방가르드 예술운동과 브레히트(Bertolt Brecht)의 정치극이 다시 현실로 소환되는 모습을 확인할 수 있다. 전통 민중극과 제3세계 연극을 '전유'하고 '전용'하고자 하는 젊은 연극 집단들의 실험은 오늘날까지도 진행형이다. 바흐친(Mikhail Bakhtin)의 카니발 이론이 재조명되며 축제와 혁명의 문턱을 넘나들고자 하는 다양한 '집회·공연'이 거리 곳곳을 채운다. 당시 새로운 연극 대안으로 떠오른 자유 연극 운동은 삶과 예술을 통일하려는 아방가르드의 기획과 피스카토르(Erwin Piscator)나 브레히트의 정치극 실험, 제3세계의 제의적 연극 행위 등을 생산적으로 결합함으로써 새로운 정치극을 창안하려 한 1960년대 연극 운동의 고유명이다.

페터 바이스 역시 이러한 대안적 연극운동에 큰 관심을 갖는다. 그는 세계적으로 성공한 영화 〈마라/사드〉의 감독 브룩(Peter Brook)과 〈파라다이스 나우〉로 유명하며 프랑스 오데옹 극장 점거에도 동참한 '리빙 시어터(Living Theatre)', '빵과 인형 극단(Bread and Puppet Theatre)' 등의 공연에서 '연극성'과 '정치성'의 생산적 결합 가능성을 엿본다. 아방가르드 연극과 정치극의 동행이라는 '1960년대의 문화적 지향'은 예술적 대안과 변혁의 이념 좌표를 찾으려는 바이스의 끈질긴 노력 하나하나에 뚜렷한 인장을 남긴다. 형식의 새로움과 급진성, 극적 구조의 중층성과 다성성(polyphony)은 '저항'과 '미학'의 통일을 추구한 68운동의 지향과도 공명한다는 점에서 '1960년대'의 맥락에서 바이스의 작품들을 읽으려는 노력은 정당성을 확보할 수 있다.

이 글에서는 1960년대의 정치·문화 지형 안에서 바이스의 연극이 68운동이 지향하고 공명하는 바를 짚어보고자 한다. 작품들이 내장한 다양한 형식과 중층 구조는 바이스 연극 미학의 중핵이지만 그것들을 세세하게 다루지는 않을 것이다. 그것은 제법 두툼한 분량의 별도 연구가 필요하므로 다음 기회로 미루기로 한다. 여기서는 다만 페터 바이스의 중기 연극 세 편에 등장하는 주요 인물들의 발화를 통해 변혁의 시대를 사는 지식인과 변혁의 문제를 반추하고자 한다. 혁명에 실제로 참여한 지식인과 예술가들의 대화를 통해 우리는 68혁명의 이념이 '지금 여기'의 우리에게 던지는 교훈을 복기할 수 있다.

2. 욕망과 이성의 동행

바이스 연극에 등장하는 지식인 주인공들은 역사적인 실존 인물이다. 사드와 마라, 트로츠키, 횔덜린 등은 혁명에 직간접으로 참여한 작가이자 문필가이다. 그래서 마이어는 이들을 '변혁을 위한 이중적 실천'(Hans Mayer, 1972: 206)을 감행한 사람들로 적시하기도 한다. 이들은 프랑스 혁명과 1848 혁명, 러시아혁명 등의 과정에 실천적으로 개입한 혁명가들이면서 왕성한 글쓰기를 병행한 점에서 이중적 실천을 수행하기 때문이다. 일반적인 혁명 가상과 다른 '글 쓰는 혁명가'라는 설정은 이들을 1960년대(아울러 2018년의 '지금 여기')로 소환하는 장치로 활용된다.

페터 바이스의 혁명가들은 기존 질서와 체제에 대한 변혁을 추구하는 동시에 혁명의 일탈적 진행과 억압 체제로의 회귀에 강력하게 저항한다. 공동선을 추구한 혁명이 어떻게 변질되고 왜곡되는지를 꿰뚫어보고 이러한 오류들을 극복할 수 있는 방안을 고민하는 모습들은 자본주의와 현실 사회주의를 동시에 극복하고자 했던 68혁명가들과 68사상에 대한 오마주로도 읽을 수 있다. 이처럼 바이스의 주인공들은 혁명과 예술의 경계를 넘나드는 가운데 두 항 사이의 변증법적 긴장을 감추지 않음으로써 과거의 역사를 반성하게 함과 동시에 도래할 유토피아의 청사진을 그려보게 한다.

우선 〈마라/사드〉(1964)로 논의를 시작한다. 이 작품은 브레히트 사후 독일 작가가 창작한 최초의 중요한 작품이자 세계 무대에 진출한 첫 드라마, 전후 독일 연극의 '결정적 전기(Sternstunde)'를 마련한 작품으로 평가된다. 여기서 짐작할 수 있듯이 이 연극은 침체된 전후 독일 연극계에 새로운 활로를 뚫어준 작품이다. 그래서 〈마라/사드〉는 베를린 초연 이후 동서독은 물론 소련과 미국 브로드웨이에서도 절찬리에 공연된 바 있다. 심지어 현대 실험연극의 총아 브룩에 의해 영화화된 바 있고 최근까지도 공연이 되고 있는 문제작이다. 이러한 성공은 우선 1960년대 문화 운동가들도 주목한 아르토(Antonin Artaud)와 브레히트, 코메디아 델 아르테와 바로크 연극, 모리타트와 카스퍼 연극 및 중세 신비극, 일본 가부키 등 이질적인 연극 형식과 양식들을 총체적으로 녹여낸 덕분인 것으로 보인다. 그리고 정신병원이라는 특이한 공간에서 수감자들이 사드 후작의 지도로 프랑스혁명의 주요 인물들과 사건들을 공연한다는 기발한 착상에서 생겨난 다양한 극적 가능성들 역시 극적 흥미를 증폭시켰다.

무엇보다 이 글의 주제와 관련하여 주의 깊게 볼 대목은 극중극(Spiel im Spiel)의 연출자 사드(Sade)와 혁명가 마라(Marat) 역을 맡은 배우와 환자 사이의 세계관 논쟁이다. 극단적 개인주의자인 사드와 급진적 사회주의자인 마라가 벌이는 치열한 가상 논쟁은 68혁명의 이념과 관련하여 해석되곤 하기 때문이다(Rector, 1985: 79~82). 문제의 실존 인물들의 논쟁에는 1960년대 서구 지식인들의 의식에 잠재된 정치·문화 위기의식과 서서히 무르익던 학생운동의 복잡한 이념 지향들이 농축되어 있다. 그렇기에 공연을 본 당시 지식인과 관객들은 이 연극의 강한 현재성을 인식했다.

물론 마라와 사드가 만나 논쟁을 벌인다는 설정은 허구이다. 다만, 바이스는 사드가 순전히 목숨을 부지하기 위해 마라의 장례식에서 추도사를 했고 샤랑통 정신병원에 머물면서 같이 수감된 환자들의 치료를 목적으로 당국으로부터 허용받은 연극을 지도하고 상연했다는 역사적 사실에 착안하여 두 사람의 가상 논쟁으로 상상력을 확장하고 있을 뿐이다. 역사적 사실과 기록에 충실하면서도 장면 곳곳에 허구적 장치들을 마련했다. 정신병원이라는 기이한 극적 공간이 어우러지면서 프랑스혁명은 1968년으로, 그리고 우리의 '지금 여기'로 돌진한다. 결과적으로 이러한 장치들은 우리에게 혁명의 근본 문제와 씨름할 것을 촉구한다. 사드로 대변되는 개인의 해방과 마라의 적극적 사회참여 사이에서 거처를 찾고자 노력하는 바이스의 태도는 1960년대 운동가들에게서 공통적으로 보이는 모습이기도 하다.[1]

처음 바이스는 사드의 사상에 기울어 있었지만 점점 급진적으로 전개되는 학생운동과 베트남 등에서의 제3세계 민족 해방 운동에 힘입어 사회주의자임을 고백하며 마라의 사상 쪽으로 기운다. 하지만 그는 '프라하의 봄'과 '부다페스트 침공', '비어만(Wolf Bierman) 파동' 등 현실 사회주의 국가들에서의 폭력 사태를 경험하며 서구 자본주의와 동유럽 현실 사회주의 국가

---

[1] 다음 대사는 두 주인공의 세계관을 압축하고 있다. "사드: (음악 반주) 저기 저 여인은 은둔 생활에 질렸네/ 새 시대의 물결에 사로잡혔네/ 개혁의 소용돌이 속에 빠져들어/ 제반 개혁에 기여코자 했네/ 모두가 서로 성교할 수 없다면/ 도대체 혁명은 무슨 혁명(Peter Weiss의 연극작품집 1권, 122쪽. 다음부터는 작품집 1권에 수록된 작품을 인용할 경우 *PWS*, I 으로 표기하고 쪽수를 밝히고, 2권에 수록된 작품을 인용할 때는 *PWS*, II로 표기하고 쪽수를 표기할 것이다. "사드: 마라/ 이 내면의 감옥들은/ 깊고 깊은 석조의 지하 감방보다 더 끔찍하다네/ 내면의 감옥이 열리지 않는 한/ 그대들의 모든 폭동은/ 매수된 동료 죄수들에 의해/ 진압되고 마는/ 한낱 감옥 안의 폭동이 되고 말걸세"(*PWS*, I: 123~124). "마라: 앞으로 흘리게 될 피에 비하면/ 목욕통에 가득 찬 피쯤 뭐란 말인가/ 한때 우리는 몇백의 죽음이면 충분하리라 생각했고/ 그 후 수천의 죽음도 너무 적다는 걸 알았지 ……/ 시몬/ 내 가슴속에서 소리치는구나/ 시몬/ '나는 혁명이다'라고"(*PWS*, I: 122).

모두를 비판하는 민주적 사회주의자로의 변신을 꾀한다. 그런 점에서 사드와 마라의 변증법적 논쟁 구조는 대안 사회, 혹은 다른 유토피아를 구상할 수 있는 계기를 제공한다.[2]

여기서 혁명가이자 지식인인 두 사람은 '실재하는 우리 몸을 통과해 일어나는 사회 변혁', '성적 욕망과 공동체의 함수관계', '육체와 성의 해방과 사회 변혁의 상관성'을 두고 개방적인 토론을 벌인다. 물론 이는 1960년대의 시대정신과 운동을 염두에 둔 것이면서 이전 혁명의 실패와 일탈에 대한 도발적인 문제 제기로 읽을 수 있다. 과거의 혁명은 '내면의 감옥'을 깨지 못해 실패했다. 하지만 개인 차원에서는 진정한 육체와 성의 해방 역시 불가능하다. 개인의 자유를 포함하는 사회의 총체적 해방은 바이스만의 관심사는 아니었을 것이다. 우리는 신좌파 내부의 이론적 논의들에서 이전의 혁명들이 사유하지 못했던 온전한 해방 가능성에 대한 관심을 쉽게 읽어낼 수 있다. 라이히(Wilhelm Reich)와 마르쿠제(Herbert Marcuse)에 대한 '60년대 사람들(die 60er)'의 뜨거운 관심이 그 증거이다. 사드와 마라가 '함께 가는(mitgehen)' 길, 즉 비이성적 욕망과 감성의 해방을 대변하는 사드와 이성을 대변하는 급진적 사회주의자 마라 사이의 동행에 대한 상상이야말로 68운동의 현재적 성취라고 할 수 있다.

---

2) 1967년 뉴욕타임스와의 인터뷰에서 바이스는 절대적으로 자유로운 사회가 불가능하다고 진술한다. 하지만 끊임없이 자기를 부정하고 반성하며 개선하려는 노력이 필요하다. 그는 〈마라/사드〉를 통해 '혁명적 사유의 발전'에 기여하려 했으며 다른 지식인이나 작가들에게도 정치 이론과 역사 이론의 다양한 노선에 대한 분석을 주문한다. "오늘날 본질적인 것은 이러한 수많은 모순된 흐름들을 뚫고 나갈 우리 자신의 길을 찾아내는 것이다. 어떻게든지 우린 여기서 벗어나는 활로를 찾아야 한다. 그리고 우리는 어디로 갈 것인지를 알아야 한다"(Weiss, 1982: 118).

3. 비정상적 사회주의의 정상화

〈마라/사드〉 이후 바이스는 나치의 범죄와 그것의 극복(〈수사〉), 3세계 국가들의 해방운동(〈베트남 논쟁〉, 〈루지타니아 허수아비의 노래〉)을 다룬 '기록극(das dokumentarische Theater)' 창작의 시기를 거친다. 나치 과거의 극복과 반제국주의는 68운동의 주요 투쟁 의제였고 바이스는 이 기록극들을 통해 거기에 동참하고자 한다. 동시에 그는 사회주의 국가들에서의 과거사 왜곡과 역사적 균형의 회복에도 관심을 갖는다. 말소되거나 망각된 '혁명가, 지식인, 예술가'를 불러내는 일이 주요한 예술적 과제로 부상한다. 당시의 작업 일지(Notizbuch)에 룩셈부르크(Rosa Luxemburg)나 트로츠키(Leon Trotsky) 등에 대한 언급이 자주 발견되는 것도 그 때문이다. 나아가 바이스는 러시아혁명사를 읽으며 스탈린(Joseph Stalin)이 강제로 말소시킨 혁명의 주역들을 기억한다. 파시즘의 온전한 청산, 제3세계 국가들과의 연대, 온전한 사회주의의 실현 등은 1960년대 재야(APO: die Außerparlamentarische Opposition, 의회 밖에서 활동하는 운동세력) 학생운동권의 관심사이기도 했거니와 바이스는 이들과의 연대에도 적극적이었다.

바이스는 서구 자본주의에서의 차별과 억압을 극복하는 일에 적극적이었다. 일련의 기록극들이 그것을 잘 보여준다. 하지만 그는 민주적 사회주의자로서 사회주의 국가들의 정상화를 염원한다. 바이스는 특히 러시아혁명사를 레닌과 스탈린에 대한 단조롭고 지루한 서사로 환원해버리는 '공식적' 사회주의 운동사에 사회주의 변질의 원인이 있음을 간파한다. 지금 다루고자 하는 〈망명 중의 트로츠키〉는 비정상적으로 왜곡된 역사의 정상화를 통해 진정한 사회주의를 생각하게 한다. 나아가 그것은 68혁명에 미온적인, 심지어 부정적이기까지 한 반응을 보인 현실 사회주의 국가들과 유럽 각국의 원내 좌파 정당에 대한 항의로도 읽을 수 있다.

트로츠키는 레닌과 더불어 러시아혁명의 가장 중요한 인물이지만 스탈린 일파에 의해 혁명 연감에서 삭제된 인물이다. 스탈린은 휘하의 비밀경찰을 통해 트로츠키 일가족 모두를 끝까지 추적하여 몰살함으로써 혁명의 기억에서 완전히 지우고자 했다. 바이스는 금기의 대상인 트로츠키를 다시 공론화함으로써 역사의 '균형(proportion)'을 회복하고자 한다. 하지만 그는 단순한 '역사 바로 세우기'에 만족하지 않는다. 스탈린이 죽고 흐루쇼프 (Nikita Khrushchyov)가 스탈린을 격하하는 발언을 한 후에도 트로츠키에 대한 객관적인 평가나 복권은 이루어지지 않는데, 여기에 사회주의의 본질적인 문제점이 있는 것으로 보았다. '국제베트남회의'에서 트로츠키주의자 만델(Ernest Mandel)이나 68운동에 참여한 트로츠키주의 조직 대학생들과 만난 것도 〈망명 중의 트로츠키〉에 큰 영향을 준 것으로 보인다.

이 작품은 2막 15장면의 '정거장식 구성'을 통해 트로츠키의 주요 생애와 러시아혁명의 핵심 사건들을 보여준다. 하지만 각 장면이 연대기적으로 나열되지는 않는다. 오히려 메이예르홀트(Vsevolod Meyerhold)나 에이젠슈타인 (Sergei Eisenstein)의 '충돌 몽타주'처럼 시작 - 중간 - 결말의 연속적 서사를 무시하고 복잡한 시간적 교차를 감행하기 때문이다. 영화평론가로 활동하고 영화감독으로 적지 않은 작품을 남긴 바 있는 바이스는 오버랩과 커트 백, 교차 편집 등의 카메라 기법을 활용함으로써 관객들의 두뇌를 자극한다. 심지어 스트린드베리(August Strindberg)의 '꿈의 연극' 기법까지 전용함으로써 관객들이 퍼즐을 맞추면서 러시아혁명의 의미와 그 이상의 변질을 숙고하게 한다. 특히 아방가르드 예술가들과의 역사적인 만남이나 꿈속에서 이루어지는 전 세계 68대학생들의 방문은 작품의 현재성을 강화한다. 예술가들과의 대화에서는 스탈린에 의한 혁명 동지와 예술가의 숙청이 보고되고,

〈마라/사드〉에서 선취된 바 있는 변혁 운동의 과제가 제시된다. 대학생들과의 대화에서는 라틴아메리카와 베트남에서의 해방 투쟁, 미국 흑인들의 공민권 운동, 이스라엘 시오니즘, 여성 문제 등 68혁명의 주요 의제들을 다룬다. '마오쩌둥', '호찌민'을 호명하는 것은 트로츠키를 통하여 1960년대 당대의 운동을 통해 현실 사회주의의 모순들을 교정하고자 하는 작가의 바람을 전면화한다.

〈망명 중의 트로츠키〉에서도 트로츠키는 1900년대 초의 러시아혁명가이지만 1968년(그리고 '지금 여기')의 지식인으로도 볼 수 있다. 마라와 사드의 대화처럼, 트로츠키와 레닌, 트로츠키와 아방가르디스트, 트로츠키와 68대학생의 대화는 향후의 대안 사회 구상을 위한 변증법적 사유를 연습할 기회를 제공한다. 이 작품에는 소련과 동유럽에서 벌어지는 일련의 억압적 사태에 대한 작가 바이스의 실망과 환멸, 그리고 쿠바와 베트남을 방문한 후 제3세계에 대해 품게 된 그의 관심이 반영되어 있다. 바이스는 체코슬로바키아 사회주의 국가들에 연대의 어조로 언론 및 여론의 자유가 결여되어 있음을 비판하지만, 기회주의적 태도를 버리라는 회신을 받고 큰 상처를 입는다. 반면 수천 년에 걸친 외세와의 투쟁사 속에서 결국 승리를 거둔 베트남과 같은 국가 안에서 사회주의 실현의 가능성을 본다. 제3세계에는 미래 변혁 세력이 있으므로, 제3세계 국가들을 제1세계로 불러야 한다는 다소 과장된 진술에서 현실 사회주의에 대한 실망과 더불어 제3세계 국가에 대한 그의 기대를 읽을 수 있다.

트로츠키는 혁명가이면서 '작가이자 지식인'으로 그려진다. 바이스는 그 트로츠키를 중심으로 '상상력의 복권'이라는 과제를 신좌파와 공유하며 상상(감성)·이성, 개인·공동체, 정치·예술 등 대립되는 범주들을 아우를 새로운 혁명관을 주문한다. 그런 점에서 1·2차 러시아혁명의 진행 과정과 혁명가들의 대화 사이사이에, 그리고 트로츠키의 삶 주요 변곡점 사이에 삽입된 아방가르드 예술가 및 68대학생들과의 대화는 주목을 끈다. 가령 트로츠키의 취리히 망명 중에 이루어진 만남에서 다다이스트 후고 발(Hugo Ball)의 대사는 바이스의 상상으로, 68년 당시 상황주의 인터내셔널이나 신좌파의 생각과 일치한다.[3] 여기서도 짐작할 수 있는 합리적 이성과 비이성(광기, 상상, 꿈)의 연대에서 출발하는 사회 변혁의 문제는 바이스 드라마들의 근본 주제요, 68운동의 핵심 슬로건이다. 그는 비이성적 요소들을 통해 과거 혁명의 문제점을 밝히고 그것을 극복하기 위해서는 이성적 요소와 비이성적 요소 모두를 고려해야 한다고 주장한다.

스탈린 집권 후 트로츠키는 마지막 망명지로 멕시코를 선택한다. '영구혁명'과 '세계혁명'을 주장하며 반(反)스탈린 투쟁을 전개하던 그는 초현실주의 운동의 기수 앙드레 브르통(Andre Breton)의 방문을 받는다. 스탈린의 첩자에게 암살당하기 전에 이루어진 이 만남에서 브르통은 스탈린 치하에서의 예술 탄압을 고발하는데 이 역시 1960년대의 맥락에서 착상된 것이다.[4] 러시아혁명에 적극 참여했던 전위 예술가들에 대한 탄압과 자유의 억

---

3) 후고 발: 여러분은 우리와 동맹을 맺어야 합니다. 합리주의자 여러분, 혁명 기술자 여러분. 여러분은 공장과 은행에서 폭군과 착취자들을 무너뜨립니다. 우리는 우리의 충동과 상상력을 감옥에 가두는 우두머리들을 뒤엎을 것입니다. …… 우리는 함께 가야 합니다. 감정적인 사람들, 불굴의 사람들인 우리와 계획가이자 설계자인 당신들은, 결코 분리되어서는 안 됩니다. 그렇지 않으면 우리의 혁명은 사상누각이 되어버릴 것입니다. 새로운 인간은 창조자이어야 합니다. 새로운 예술은 삶입니다. 예술은 호흡입니다. 예술은 운동입니다. 우리는 대기를 헤엄칠 겁니다. 삶은 하늘을 나는 것입니다(*PWS*, II: 452).
4) 앙드레 브르통: … 그 속에서는 단지 추상적이고 탈인간화된 세계와 가장 근본적인 요구들 사이의 결정적인 균열만이 입증되고 있을 뿐입니다. 중앙집중화되고 전능한 당은 강제 질서에서 벗어나는 대신 새로운 강제 질서에 인민을 종속시킴으로써, 혁명가들이 출발점으로 삼았던 생각들을 후퇴시켜버리고 말았지요. 이러한 과정은 예술 층위에도 반영되어 있습니다. 자율적 사고의 완전 파괴, 실제로 혁명적인 모든 행동 방식의 포기, 저는 에이

압 속에서 현실 사회주의는 실패했고 이러한 사태의 극복만이 참된 유토피아 구상의 시작이라는 주장은 유럽 학생운동 지도자들의 일관된 태도였다. 무정부주의적 사회주의를 표방한 아방가르드 예술가와 지식인들은 과거의 아방가르드 운동과 사회주의 운동의 한계를 동시에 비판하며 삶과 예술의 동시 변화를 추구한다는 점에서 상황주의 인터내셔널 운동에 비견될 수 있을 것이다.

세계 각지에서 온 대학생들과 트로츠키의 가상 대화 역시 68혁명의 상황에서 마련된 허구적 설정이다. 여기서 바이스는 1960년대, 특히 68혁명의 경험을 담백하게 녹여낸다. 이미 〈마라/사드〉에서 사드는 '육체(성과 무의식)라는 견고한 감옥의 문을 열어젖힐 수 없었기 때문에' 과거의 혁명이 실패할 수밖에 없었다고 비판하는데, 독일의 대학생 대표 역시 유사한 진술을 한다. 이는 바이스가 생각하는 도래할 사회변혁의 핵심 과제이며, 68혁명이 21세기의 우리에게 보내는 전언(傳言)이라고 생각한다. 거시적 차원의 정치·경제적 사회변혁과 미시 차원의 개인의 욕망 및 충동의 해방을 동시에 실현할 수 있는 혁명의 유토피아는 사회주의와 마르크스주의의 '공백'을 메우는 일에도 적지 않은 의미가 있다. 이러한 생각은 이후의 〈횔덜린〉에서도 변주된다.

___

젠슈타인의 무서운 자기 고백을 들었습니다. 그는 무릎을 꿇고 자비를 애원했지요. 그는 자신의 무정부주의적 개인주의의 모든 잔재를 청산하고 당의 도움을 받아 올바른 관점을 취할 수 있기를 바란다고 했지요."(*PWS*, II: 512).

4. 좌절된 변혁, 지식인: 예술가의 역할

〈망명 중의 트로츠키〉는 자본주의와 사회주의 두 진영 모두에서 격렬한 비판을 받는다. 공산당의 지도를 받는 반(反)트로츠키 분파의 운동권 학생들은 공연 철회 시위까지 벌인다. 이에 바이스는 심장 발작을 일으킬 정도로 충격을 받는다. 그 후 바이스는 암울한 정치 현실과 대결하다 광기에 빠진 작가들에게 관심을 가지며 자기 치유의 시간을 보낸다. 광기에 시달리다 요절한 렌츠(Heinrich Lenz)와 자살로 생을 마감한 클라이스트(Heinrich von Kleist)가 집중적인 독서의 대상이 된다. 그는 정치적 상황에 맞서 싸우는 가운데 자발적 고독으로 망명한 지식인, 예술가의 소외에 공감하며 지식인의 사회적 역할, 특히 문학과 예술의 역할을 새로이 설정하고자 한다.

〈횔덜린〉은 희망이 보이지 않는 반동의 시대, 광기로 '망명한' 자기 고독의 상황에서도 '연대(連帶)' 안에서 마지막 희망을 찾고자 한 지식인을 상징적으로 그린다. 바이스에게 주인공 횔덜린은 자기 동일시의 대상이다. 왜냐하면 프랑스 혁명 이후 반동적으로 변해가는 절망스러운 현실로 피폐해진 횔덜린의 육체적·정신적 상황이 68혁명의 좌절과 환멸을 맛본 바이스 자신의 상황과 너무 흡사하게 여겨졌기 때문이다. "나는 이 작품을 지금까지 내가 해왔던 다른 작품 이상으로 평가한다. 즉, 나는 도처의 저항과 모순, 오류들을 눈여겨보고 그것들을 극복하려는 나 자신의 시도에 대한 증거로 이 작품을 평가한다"(Weiss, 1991: 507). 실제로 이 작품에는 프랑스혁명 이후의 시대에 횔덜린과 동문수학한 헤겔이나 셸링 등 독일의 대표적 지식인들이 등장한다. 그뿐만 아니라 괴테나 실러 같은 선배 작가는 물론 청년 마르크스도 나타나 자신의 문학관과 혁명관을 진술한다. 한때 혁명에 동조한 대표적인 독일 지식인들의 발언은 연극의 복잡한 시간적 굴절 구조로 인해 프랑스 혁명 이후의 혁명들만이 아니라 68운동 이후 지식인들(그리고 지금 우리 시대의 지식인들)의 모습을 성찰할 수 있는 기회를 제공한다.

〈횔덜린〉도 동유럽 사회주의와 자본주의 진영 모두의 격렬한 비판을 피하지 못한다. 이전 작품들에 대해서도 대개 그랬듯이 비난에 가까운 이러한 비판은 서구와 동유럽의 이데올로기 선입견에서 비롯된 것으로 작품의 구조와 형식 자체를 무시한 결과이다. 〈횔덜린〉에 대한 부정적 평가의 대부분은 이 작품이 역사를 정확하게 재현하고 있는지에 집중된다. 바이스는 횔덜린을 혁명적 시인으로 그리고 있는데, 이러한 견해는 '이단(Häresie)' 취급을 받았다. 동서의 문학 비평계를 더욱 격분시킨 것은 1971년 초연 당시 독일 지성사의 대표적인 위인들, 즉 헤겔, 셸링, 피히테, 괴테, 실러 등을 희화화했기 때문이다. 그 뒤 바이스는 이러한 지성사적 우상들에 대한 풍자를 완화하지만, 드라마의 근본적 의도는 그대로 유지한다. 왜냐하면 그에게 중요한 것은 횔덜린과 그들의 갈등이고, 그러한 대결을 통해 바람직한 지식인상을 그려보는 것이기 때문이다(Cohen, 1992: 224~229; Beise, 2002: 105 참조).[5]

당시 대부분의 비평가들은 바이스의 이러한 의도를 보지 못하고, 변혁에서 예술가와 지식인, 문학의 역할이라는 핵심 의도를 무시한다. 파칼렌(Sture Packalén)이 적절하게 지적하듯이, 당시 비평가들은 이 작품을 너무 '얌전하거나 너무 급진적인'(Packalén, 1991: 198) 것으로 보았을 뿐이다. 다시 말

---

5) 바이스의 다음과 같은 진술은 이 작품의 의도를 보여준다. "작품의 극적 갈등을 강조하기 위해 주인공과 주인공을 둘러싸고 있는 등장인물들 사이의 대립 관계가 강조되며, 주인공은 이들에 비추어 평가되어야 한다. 헤겔, 셸링, 실러, 괴테, 피히테는 이러한 측면이 강하게 묘사되었다. 작가는 그 인물들의 발전 과정을 상세하게 분석하기를 포기했다. 단지 횔덜린과 대립되어 나타나는 특별한 측면만 묘사할 뿐이다. 중요한 것은 이러한 고전적 대가들의 역사적 의미가 아니라, 횔덜린에 대한 그들의 부정적인 영향이다"(PWS, II: 608).

해 〈망명 중의 트로츠키〉를 통한 바이스의 배신(?) 이후 혁명적인 작품을 기대했던 동독 비평가들은 이 작품을 너무나 고백적인 작품으로, 서독 비평가들은 정치혁명을 선동하기 위해 역사를 왜곡하고 있는 작품으로 간주한다 (Packalén, 1991: 198). 하지만 이 작품은 프랑스혁명부터 68운동에 이르기까지 정치적 격변기 이후 작가와 지식인들의 태도와 역할을 묻고 있거니와, 이는 등장인물들의 진술과 행동에서도 분명하게 드러난다. 작품 속의 지식인들은 변혁의 문제를 둘러싼 다양한 태도를 보여주는 전형으로 보아야 하는 것이다. 그뿐만 아니라 〈횔덜린〉은 변혁 운동에서의 예술의 역할과 관련하여 절망적인 역사적 상황 속에서도 예술이 비판적 사유의 은신처(Refugium)로 남을 수 있다는 바이스의 기대를 담고 있다(Rekonvaleszenz, 1991: 418~420). 그는 이 작품을 통해 비판적 문학의 가능성과 변혁 운동의 외연 확장이라는 이중의 과제를 다시 실천적 검증의 도마에 올려놓고 있는 셈이다.

〈횔덜린〉은 프랑스혁명의 기운이 쇠퇴하고 왕정복고로 급격히 이행하던 절망의 시기를 다룬다.[6] 마라의 죽음이 말해주듯, 이미 혁명이 퇴조기로 접어든 상태, 즉 독일 자코뱅파의 희망이 환멸로 바뀌는 순간에 작품은 시작된다. 바이스는 횔덜린을 일체의 혁명적 시도가 실패로 돌아간 이후 프랑스혁명의 이상을 일관되게 고수하면서 끝내는 정신착란에 빠져 탑 속에서 고립된 삶을 살다 간 시인으로 이해한다. 물론 이는 바이스만의 생각은 아니다. 이미 프랑스의 독문학자 피에르 베르토(Pierre Bertaux)는 『횔덜린

---

6) 장면 1의 학생 봉기를 진압하는 과정에서 오이겐 공작은 다음 진술을 하는데, 이는 작품의 시대적 배경을 이해하는 중요한 단서이다. 공작: "하지만 우리는 확신하오/ 당신들이 말하는 발전은 곧/ 평화 상태에서 이루어질 것임을/ 왜냐하면 우리는 코블렌츠로부터/ 기별을 받았소/ 들불처럼 전 유럽에 번지고 있는/ 그 기별에 의하면/ 모든 자코뱅파 중 가장 역겹고 피에 굶주린/ 붉은 마라가/ 한 고귀한 여자 영웅에게/ 찔려 죽었다고 합니다"(*PWS*, II: 287).

과 프랑스혁명(Hölderlin und die Französische Revolution)』(1969)에서 휠덜린 문학의 정치적 의미와 사회적 연관 관계를 파악하고자 한 바 있기 때문이다. 바이스는 이 책에서 많은 영감을 얻는데, 특히 그는 휠덜린이 자코뱅파의 일원이고 그의 작품 모두는 혁명에 대한 부단한 은유로 읽어야 한다는 데 동의한다. 베르토는 또한 휠덜린의 광기와 탑 속 칩거를 변질과 배신이 만연하던 시대에 정치적 성실성을 지키기 위해 택한 방편으로 평가한다 (Cohen, 1992: 216~217). 바이스에게도 휠덜린은 외부의 현실에 맞서다 실패한 혁명가, 즉 혁명을 추구하다 '탑 속에 갇힌 자', '궁지에 내몰린 자'(Haiduk, 1977: 209)로서 욕조에 갇힌 마라와 추방당한 트로츠키 및 바이스 자신과 동일한 갈등을 겪고 있는 인물이다.[7]

  그러나 독일에서 휠덜린과 프랑스혁명의 관계에 대한 베르토와 바이스의 견해는 당시 별 공감을 얻지 못한다. 당시 이 작품에 대한 독일 독문학자들의 반응에서도 그러한 불신을 알 수 있다. 강단 독문학자들은 바이스의 드라마를 '마르크스주의 계급투쟁의 도식적 예증'(Neumann, 211)에 불과한 작품으로 보았는데, 그도 그럴 것이 당시까지 보수적인 문예학자 딜타이의 휠덜린상이 서독 학계를 지배했기 때문이다. 독일의 전통적인 문예학을 대표하던 딜타이는 휠덜린을 쇼펜하우어와 니체의 선구자로 본다. 그에 따르면 휠덜린의 문학은 유미주의적인 낭만주의의 동경을 담고 있는데 그리스 문화에 대한 휠덜린의 동경을 그 증거로 끌어온다(Packalén, 1991: 219~220).

---

7) 이는 항시 똑같은 갈등입니다-유토피아, 이상, 꿈, 시, 휴머니즘, 변혁 충동에 대립하는 외부 현실, 도그마, 마비, 강제, 타협, 억압. 언제나 중요한 것은 자신의 온몸을 걸고 상황의 근본적 변혁을 옹호하면서 처형 지경까지, 혹은 실제 처형되기까지 했던 사람들이죠. 하지만 나는 이들을 비극적 인물로 보고 싶지는 않습니다. 왜냐하면 그들은 자신들이 파멸할 때조차도 주변 세계보다 우월한 위치에 있기 때문입니다. 그들은 스스로를 기만하지 않습니다. 그들은 그들 자신의 진리를 고수합니다(Gerlach und Richter, 1986: 185).

하지만 좌파 및 동독 진영에서는 상황이 약간 달랐다. 일찍이 혁명적 표현주의 시인 베허(Johannes Becher)는 휠덜린을 현실 개혁과 평등사상을 추구한 시인으로 평가한 바 있다. 물론 그의 주장은 학문적 근거에 바탕을 둔 것은 아니다. 하지만 죄르지(Lukács György)와 블로흐(Ernest Bloch) 같은 학자들은 휠덜린을 혁명가 내지 반파시즘 시인으로 평가한다. 동독에는 휠덜린을 진보적 부르주아 문학 내지 자코뱅파 사회주의 문학의 선구자로 보는 두 견해가 공존했다. 가령 부르주아 사회에서 불가능한 혁명적 이상을 무리하게 추구하다가 파멸한 시인 휠덜린이라는 평가는 동독 문예학의 공식적인 관점이다(Packalén, 1991: 223~225). 바이스의 〈휠덜린〉을 '이상주의로의 후퇴'(Packalén, 1991: 221)라고 본 것은 이러한 공식 견해의 자연스러운 귀결로 보인다. 더욱이 휠덜린이 추구한 혁명 이상이 이미 사회주의 동독에서 모두 실현되었다는 선언은 사회주의 국가 내에서의 생산적인 휠덜린 수용 논의를 가로막는 걸림돌로 작용한다.

그러나 바이스는 휠덜린의 현재성을 강조하는 자기 나름의 방법을 통해 좌우 진영의 고답적 평가들로부터 거리를 두려 한다. 그는 68혁명의 실패 이후 1970년대의 사회 분위기를 휠덜린의 시대, 즉 프랑스 혁명 이후의 왕정복고기로 겹쳐놓음으로써 휠덜린의 현실 비판적 잠재력을 회복하려는 야심 찬 기획을 한다. 가령 이 작품은 바이스가 말한 '유토피아와 외부 현실의 이원론'에 의해 규정되는 시대를 다루고 있거니와, 분열적 현실과 담화가 작품의 근본적 갈등 구조를 형성한다. 프롤로그에서는 '박애', '평등', '정의', '민주주의' 등 프랑스혁명의 근본이념들을 '환하게 빛나는 밝은 빛'(PWS, II: 268)이라는 계몽주의적 '빛'의 은유로 표현한다. 이러한 이념들은 부르주아 사회 형성에 기여한 프랑스혁명의 이데올로기이다. 그러나 부르주아들은 이러한 약속을 이행하지 않았다. 이미 〈마라/사드〉에서 억압의 심급을 대표하는 쿨미에를 통해 밝혔듯이 현실은 (계몽주의의) 유토피아를 배반한 것이다. 바이스는 혁명적 이상에 대한 배신이 횔덜린 시대에도 여전함을 강조한다. 변혁의 열기가 휩쓸고 간 후에도 "진정한 평등과 정의는 아직 멀었고", "궁핍 파괴 고통은 계속되고"(PWS, II: 268~269) 있기 때문이다.

변혁 운동의 최대 수혜자 중 한 사람이자 운동의 이상에 대한 현실의 배신을 가장 극명하게 보여주는 인물이 칼프 소령이다. 그는 프랑스혁명의 영향을 받았고 그 이념에 공감하며, 미국 독립 투쟁에도 참여한 인물이다. 그러나 그는 가정교사 횔덜린에게서 교육받은 아들 프리츠와 나누는 대화에서 본심을 드러내는데, 그것은 당시 혁명 이념의 변질과 유럽 자본주의 생성 과정의 제국주의적 성격 및 유럽 계몽주의의 유럽 중심주의적 본질을 폭로한다.[8] 그의 진술은 전형적인 식민주의자의 논리로서 서구 계몽주의의 다른 기만적인 면, 즉 억압과 착취의 측면을 간단명료하게 보여준다. 가령 유럽인들은 "세계를 지배하도록 규정되어"(PWS, II: 294) 있다는 진술은 서구 제국주의자들의 전형적인 식민주의적 침략 논리이다. 바이스는 이러

---

8) 프리츠 폰 칼프: 그들(노예들)이 도착한 그 나라에서는/ 만인이 모두 평등하게 창조되었으므로/ 날 때부터 삶과 자유에 대한 권리를/ 누린다고 되어 있잖아요.
하인리히 폰 칼프: 아들아 그건 그렇다/ 독립선언서엔 그렇게 적혀 있지/ 하지만 그 선언서는 육체와 영혼을 가진 이들에게나 해당된다/ 나는 라파에테 장군 휘하에서/ 그들을 위해 싸웠다 …….
하인리히 폰 칼프: 워싱턴/ 대통령과 대면했을 때/ 나는 그의 견해를 들었지/ 노예제는 계몽 정신과 일치하지 않는다는 견해를/ 하지만 흑인들이 예의 바르게/ 행동할 수 있을 때까지는/ 수 세대에 걸쳐 훈련받은 조련사가 필요하다는 얘기를.
프리츠 폰 칼프: 그런데 왜 백인들은/ 왜 이로쿼이 인디언들과/ 휴런족 인디언들을/ 사살하는가요.
하인리히 폰 칼프: 북아메리카에서는/ 개척민의 삶이 너무 힘들단다/ 이상이 확실히 자리를 잡기도 전에 말이야/ 그의 피부색을 지키는 것이 중요한 거지/ 왜냐하면 거기 숲 속에 사는 것들은/ 짐승처럼 난폭하기 때문이야/ 가고 자리 잡는 곳마다 똥오줌을 갈겨대고/ 이빨로/고귀한 사람들을 갈기갈기 찢어놓는단다(PWS, II: 290~291).

한 침략들이 그 양태는 달라졌을지언정 여전히 계속되고 있다고 보거니와, 이미 그의 제3세계 관련 기록극들은 유럽인들이 무기와 종교 및 자신들의 유럽 중심적 편견, 즉 '오리엔탈리즘(Orientalism)'을 통해 제3세계를 수탈하는 과정을 구체적으로 형상화한 바 있다.

역설적으로 프랑스 혁명과 그에 이은 정치 변혁의 역사적 시도와 성과는 자본주의의 성숙을 위해 포획되고, 68혁명 역시 신자유주의적 자본주의의 성장으로 귀결되고 만다. 바이스는 기업가들의 회합을 그린 장면 5에서 그 과정을 묘사한다. 바이스는 19세기 이후부터 현재까지의 자본주의 발전 과정을 압축적으로 보여주면서 "모든 것은 죽음의 무도를 연상시킨다"(*PWS*, *II*: 328)라는 지문을 달아놓는다. 이는 자본주의의 발전과 더불어 횔덜린의 절망이 심화되고 있으며, 바이스 자신의 환멸도 깊어지고 있음을 동시에 강조한다. 바이스는 프랑스혁명의 결과 이상의 흔적은 온데간데없고 더욱 보수적이고 억압적으로 되어가는 현실을 형상화함으로써 횔덜린의 절망을 강조하는 것이다(이는 68운동의 결과 신자유주의가 득세하고 운동에 참여한 지식인들이 포스트주의자로 전향한 상황에 비견될 수 있을 것이다). 횔덜린은 칼프 소령의 집에서 가정교사로서 어느 정도 위치를 부여받고 있었지만, 프랑크푸르트의 대은행가 곤타르트(Gontard)가에서는 하녀들과 마찬가지로 파티에 쓸 광주리와 쟁반을 날라야 하는 처지로 전락한다. 이는 자본주의의 발전과 더불어 횔덜린의 존재 기반, 그의 정치적·예술적 이상 역시 실현 가능성이 희박해짐을 암시한다(Neumann, 1993: 216~218 참조).

이러한 상황에서의 사회 변혁에는 지식인과 예술가의 역할이 중요하다. 바이스는 일관되게 사회 상황에 대한 구체적 분석, 지식인과 예술가 개개인의 상상적 인식의 동행을 강조한다. 특히 변혁운동의 차원에서 상상력의 자리를 마련하라는 '규제적(regulative)' 주문은 기존 혁명의 맹점을 반성하는 차원을 넘어 교조적이고 독백 같은 현실 사회주의의 이념과 예술에 대한 비판으로 읽힌다. 이 작품에는 보수화되고 '정전(canon)'으로 화석화된 선배 작가 괴테와 실러, 횔덜린의 신학교 시절 동료들인 헤겔과 셸링, 피히테 등이 등장해 저마다의 세계관과 예술관을 피력한다.

가령 횔덜린(바이스)이 보기에 그리스를 동경하며 이념 속에서만 '조화'와 '균형'을 찾는 선배 작가 괴테와 실러의 이상주의적 예술관은 너무나 고루하고 '세상과 동떨어진(weltfremd)' 것이다. 횔덜린은 실러에게서 '예술은 인간다운 삶을 위한 투쟁의 무기'임을 배웠지만, 보수적으로 변화된 스승의 예술관에 환멸을 느낀다. 나아가 그는 혁명에 거리를 두면서 미적 가상 안에서만 '정치적 평등의 이상'을 찾고 '중용(Bescheidenheit)'을 설파하는 문단 권력자 괴테를 비판한다. 횔덜린은 혁명의 근원적 폐해를 하층민들의 분노나 거친 충동의 발산 탓으로 돌리는 실러에 대해 "과도한 행동들은/ 가난하고 굶주린 이들의 죄가 아니지요/ 프랑스와 유럽 도처에서/ 자신들의 지배욕을/ 포기하지 않으려 했던/ 사람들은 윗사람들이니까요"(*PWS*, II: 313)라면서 돌직구를 날린다. 이는 독일 문화의 아이콘으로 평가되는 괴테와 실러가 가장 상층의 지식인으로 체제에 편승해버린, 즉 '비판적 지식인'이 체제에 순응해 변신한 행태를 비판한 것으로 보아야 할 것이다.

그런 점에서 장면 6의 극중극 '엠페도클레스의 비극'에 주목할 필요가 있다. 다시 변혁 운동에서의 예술과 지식인(예술가)의 역할을 다루기 때문이다. 당시 수배자로 지내던 횔덜린은 유리가게 주인 바그너(Wagner)의 집에 칩거하면서 튀빙겐 시절의 친구들을 초대하여 그리스의 '철학자, 의사, 건축 기술자, 자연 연구가'이자 아그리겐트(Agrigent)의 해방 투사인 엠페도클레스에 관한 비극의 초고를 공연한다. 횔덜린은 엠페도클레스를 '우리 시대에 걸맞은 상징'으로 그리고 있는데, 바이스는 그를 체 게바라와 겹쳐놓고 있다.

주인공 엠페도클레스는 "사제들과/ 율법학자들이 다스리고 있고/ 너의 내면으로부터 그 어느 것도/ 자유롭게 나와서는 안 되며/ 모든 행위에는 항상/ 제한이 따르는/ 국가에 살고"(PWS, II: 359) 있다. 이는 횔덜린과 바이스 자신의 시대를 동시에 지시하는 발언이다. 왜냐하면 곧이어 나오는 시간적 배경은 "우리의 시간 계산이 시작되기/ 오백 년 전/ 그리고 오늘"(PWS, II: 359)이라고 되어 있는데, 여기에서 '오늘'은 횔덜린과 바이스의 현재를 동시에 지칭하는 것이기 때문이다. 특히 앞서 말했던 것처럼, 바이스는 엠페도클레스의 삶과 체 게바라의 삶을 연관시켜놓음으로써 엠페도클레스의 현재성을 더욱 강조한다. 엠페도클레스는 게바라처럼 자발적인 결단을 통해 "습관 관습/ 지령인/ 모든 것을 포기했고/ 무엇이 중요한가를/ 보여준"(PWS, II: 360) 인물이다. 아그리겐트 주민들은 그를 신뢰해 왕으로 옹립하려 하지만, 그는 모든 구속과 명예들을 포기하고 "그 자신에게/ 몰락을/ 의미할 수도 있을"(PWS, II: 361) 길, 즉 게릴라 투쟁의 길을 간다. 결국 그는 '민중의 적', '이단'이라는 비난을 감수하면서 지원군을 애타게 기다리다가 에트나(Etna) 화산의 분화구에 몸을 던진다. 이러한 엠페도클레스의 행동은 비순응적인 태도와 명백한 저항 의지의 은유로서 바이스의 횔덜린상과 일치하고, 대학 동기들인 헤겔이나 셸링, 피히테 등의 순응적 태도와는 확연히 구별된다.

강단 철학자가 된 헤겔은 위에서부터의 개혁에 기대를 거는 인물이다. 하지만 횔덜린(그리고 작가 바이스)은 이미 이러한 기대가 환상에 지나지 않고, 오히려 헤겔의 이러한 태도가 지배자들의 지배 논리로 이용될 수 있음을 간파한다. 물론 그렇다고 해서 대중의 집단적 저항이 가능한 시기도 아니다. 왜냐하면 노동자들은 "채찍 아래에서/ 그들이 거두어들인 한 줌의 벌이마저 잃을까 봐/ 두려워"하고 농민들도 "예로부터 각각의 교육으로부터/ 배제된 채/ 불신으로 가득 찬"(*PWS*, II: 362) 삶을 살고 있기 때문이다. 이러한 노동자·민중의 순응적이고 수동적인 모습은 정통 사회주의 이론을 옹호하는 이들의 분노를 자극할 만한 빌미를 제공한다. 하지만 이러한 상황은 68년 당시의 상황에 대한 은유로 읽을 수 있다. 왜냐하면 당시에도 노동자들과 지식인의 연대는 소극적으로만 행해지고, 많은 민중은 오히려 '지배적인 삶의 방식의 버팀목'(H. Marcuse, 1967: 263)으로 기능했기 때문이다.

바이스는 엠페도클레스 비극에 대한 지식인들의 반응을 통해 당시 재야 반대세력(APO) 내의 다양한 지식인의 태도 모델을 제시한다. 가령 셸링은 엠페도클레스의 행동을 "시적 행동(poetische Handlung)"으로 보는 반면, 행동주의자인 싱클레어는 이를 "전제주의를 깡그리/ 허공으로 날려버리기"(*PWS*, II: 334) 위한 자신의 테러 계획을 정당화해주는 것으로 본다. 셸링의 태도가 "예술을 통해서만 우리의 개성은 총체적으로 변혁될 수 있다"(*PWS*, II: 371)라고 주장한 지식인들의 전형을 보여주는 것이라면, 싱클레어의 태도는 '적군파(RAF: Rote Armee Fraktion)'의 모습을 떠올리게 한다. 반면 헤겔은 횔덜린의 엠페도클레스를 너무 유토피아를 추구하는 인물이라고 비판하면서, 엠페도클레스가 "조용히 사려 깊게 실천을 숙고할 여유"(*PWS*, II: 376)를 가지지 못했음을 비판한다. 헤겔의 이런 비판은 죽음에 이를 정도의 고통과 희생에 직면한 저항자들의 상황을 봤을 때 너무 안이하다. 물론 헤겔의 말처럼 엠페도클레스는 다분히 유토피아를 추구하는 인물임을 부인할 수 없다. 하지만 횔덜린(바이스)의 의도는 엠페도클레스(체 게바라)를 영웅으로 그리는 데 있지 않다. 바그너만이 횔덜린의 의도를 정확하게 읽어내는데, 그는 엠페도클레스의 실패 원인이 노동자 민중과 연대를 맺지 않은 데 있음을 간파하기 때문이다.

횔덜린(바이스)의 의도는 엠페도클레스(체 게바라)의 삶을 기억하게 함으로써 '끔찍한 시대(monstrföse Zeit)'를 사는 바그너처럼 억압받는 민중으로 하여금 그들 자신의 책임과 강점을 의식하도록 하는 것이다. 여기에서 엠페도클레스나 체 게바라 같은 '신화적 인물'들은 우상이 아니라 자신들의 실패와 그 원인을 비추는 거울로 작용한다. 즉, 이 작품에서 아그리겐트 민중은 지혜로운 지도자 엠페도클레스에게 과도하게 의존하고 있는데, 엠페도클레스는 자신을 메시아로 생각하는 아그리겐트 사람들을 깨우치기 위해 화산 분화구에 뛰어든 것이다. 이를 깨닫는 사람은 바그너뿐이다. 그는 "지쳐서 몸을 지탱하기도 어려운/ 이 작은 무리들이 대체 어떻게/ 우리를 돕는다는 말입니까/ 오히려 우리가/ 산 위의 저 사람들을/ 도와야 하는 것 아닙니까"(PWS, II: 372)라고 말하면서, 이 인물들의 실패 원인이 실천적 연대의 부재에 있음을 지적한다. 횔덜린은 바그너가 자신의 의도를 정확히 파악했음을 인정하면서 "바로 그걸세, 바그너/ 엠페도클레스는 그것을 말하려 하는 거지/ 자족감에서 벗어나라/ 너희들이 스스로를 돕지 않는 마당에/ 누군가 너희들을 도울 거라고/ 기대하지 마라/ 너희들 자신의 시대를 시작하라/ 그리고 너희들의 길을 만들라"(PWS, II: 372)라고 역설한다.

횔덜린(바이스)은 극중극을 통해 혁명의 길을 제시하려 한 것이 아니라 혁명의 보완물, 즉 다양한 민중의 자발적 참여와 연대의 중요성을 강조하려 한 것이다. 엠페도클레스의 죽음이 비극적 분위기를 띠지 않는 이유는 바로 그와 체 게바라(내심 횔덜린과 바이스 자신도)가 그들 자신의 초발심에 충실하여 스스로에게 배신자가 되지 않음으로써 '그 뒤에 오는 자들의 모범'이 될 수 있기 때문이다. 주인공이 분화구에 뛰어들기 전 벗어놓은 '쇠샌들(eiserne Sandal)'은 앞으로 연대의 시간이 올 것이라는 횔덜린(바이스)의 희망을 상징한다. 바이제는 적절하게도 바이스의 〈횔덜린〉과 횔덜린의 극중극을 '기억의 시학(die Poetik der Erinnerung)'으로 명명한다(Beise, 2002: 109). 바이스의 다른 작품들도 보여주듯이 그에게 작가의 현실 참여법은 실패했건 성공했건 인간의 존엄성을 지키다 쓰러진 이들을 기억하는 문학을 창작함으로써 후세 사람들의 모범으로 만드는 것이기 때문이다.

5. 도래하는 혁명, 이성과 상상의 동행

〈횔덜린〉의 마지막 장면에서는 청년 마르크스가 횔덜린을 방문한다. 물론 이는 바이스가 허구로 설정한 가상의 만남이다. 이는 변혁 운동에서 문학과 지식인의 역할에 대한 바이스의 최후 진술로 읽을 수 있다. 앞서 헤겔과 셸링이 방문할 당시 횔덜린은 광기 속에 자신을 위장하는 반면, 이 대목에서 횔덜린은 잠시 제정신으로 돌아와 마르크스의 말에 집중한다. 마르크스의 마지막 진술은 1960년대 독일 학생운동 내의 반권위주의 진영과 좌파 사회주의 진영 모두에 대한, 나아가 '지금 여기'를 사는 우리에 대한 요청으로 읽을 수 있다.[9]

마르크스에게 이성과 상상이라는 두 길의 가치는 똑같다. 바이스는 평생 권력에 대한 '작가'의 자율성을 주장하는데, 그것은 괴테와 실러로 대변되는 문학적 규범에서 벗어나 과거의 고통과 억압을 기억하는 문학의 역할 회복에서 시작될 수 있다. 이상과 실천이 좌절한 듯이 보이는 고난의 시기

---

9) 특히 마르크스의 다음 진술은 바이스의 일관된 변혁관을 압축적으로 보여준다. 마르크스: "두 개의 길을 갈 수 있습니다/ 근본적인 변혁의/ 준비를 위해서는/ 하나의 길은/ 역사적 상황에 대한/ 구체적 분석/ 또 다른 길은/ 매우 심오한 개인적 경험에 대한/ 상상적 표현"(*PWS*, II: 410).

에 예술가와 지식인의 책무는 무엇일까? 세 편의 연극을 통해 살펴본 것처럼 바이스는 과거 변혁 운동들을 자신의 시대로 소환하여 그 물음에 대한 답을 지속적으로 찾아볼 것을 주문한다. 역사적 사실과 기록에 바탕을 둔 극중 인물들의 발언은 21세기 '지금 여기'로 넘나드는 작품 형식을 통하여 68의 이념을 성찰하게 한다. 반세기를 지나 우리는 다시 바이스를 경유하여 지옥이 없는 평화로운 세상을 상상한다.

참고문헌

김겸섭. 2005. 「68혁명과 현실부정의 연극: 페터 바이스의 『횔덜린』을 중심으로」. ≪뷔히너와 현대 문학≫, 25, 47~73쪽.

Beise, Arnd. 2002. *Peter Weiss*. Stuttgart: Metzler.

Cohen, Robert. 1992. *Peter Weiss In Seiner Zeit*. Stuttgart: Metzler.

Die 68er Bewegung. Deutschland - Westeuropa - USA, München(Beck). 2001.

Frei, Nobert. 2017. *1968*. München: dtv.

Grimm, Jürgen. 1978. *Das avantgardische Theater Frankreichs 1895-1930*. C. H. Beck.

Haiduk, Manfred. 1977. *Der Dramatiker Peter Weiss*. Berlin: Henschelverlag.

Marcuse, Herbert. 1967. *Der eindimensionale Mensch*. Frankfurt a. M.: Suhrkamp.

Marcuse, Herbert. 1979. *Triebstruktur und Gesellschaft*. Frankfurt a. M.: Suhrkamp.

Packalén, Strue. 1991. "Zukunftshoffnung in der Vergangenheit. Peter Weiss' Hölderlin im Spiegel der Kritik in Ost und West." *Studia Neophilologica*. Berlin: Routledge.

Weiss, Peter. 1976. *Stücke I*. Frankfurt a. M: Suhrkamp.

Weiss, Peter. 1977. *Stücke II*. Frankfurt a. M: Suhrkamp.

Weiss, Peter. 1981. *Notizbücher 1971~1980*. Frankfurt a. M: Suhrkamp.

Weiss, Peter. 1982. *Notizbücher 1960~1971*. Frankfurt a. M: Suhrkamp.

Weiss, Peter. 1991. *Rekonvaleszenz*. Frankfurt a. M: Suhrkamp.

8장

전공투 세대의 현실과 '자기 부정'의 심리*

1. 전공투의 이미지

일본에서 학생운동이 1960년대를 상징하는 것이었다고 한다면, 1968년
은 니혼(日本)대학과 도쿄(東京)대학에서 결성된 전학공투회의(全學共鬪會議,
이하 전공투)가 학생운동의 주체 세력으로 등장한 시기였다. 1968년 5월 니
혼대학에서, 그리고 같은 해 6월 도쿄대학에서 결성된 전공투는 1969년 1
월 이후 대학 측의 학생 분산 정책과 기동대 투입, 그리고 정부의 규제 등
으로 점차 소멸되어갔지만, 그 후에도 전국 각 대학에서는 전공투가 결성
되었고 도쿄대학 전공투의 운동 방법이 확산되었다.

---

* 이 글은 2018년 4월 개최된 '문화사학회, 중앙대학교 독일유럽연구센터 공동 워크숍'에서
  발표되었고, ≪한국일본교육학연구≫, 23권 2호(2018)에 논문으로 게재되었다.

전공투는 대학 측과의 대중 단체교섭(團交, 단코)을 요구하며 바리케이드를 치고 학교 전체를 봉쇄하는 방식으로 정부나 대학 측과 대립했고, 기존의 학생운동과 달리 정치 사안에 무관심했던 학생(non-political, 무관심파)이나 당파에 속하지 않았던 학생(non-sect radical, 무당파)이 적극 참여하는 조직론을 통해 대중의 지지를 확보할 수 있었다. 한편, 초기의 전공투 운동은 대학의 부정부패에 대한 반발과 학생을 고려하지 않는 권위주의적 대학 시스템을 주된 표적으로 삼아 전개되었지만 점차 민주주의나 평화라는 슬로건의 허구성이나 자본주의 체제를 비판하고 '자기 부정'과 '대학 해체'를 주장하는 방향으로 나아갔고, 결국은 적군파의 결성과 이들에 의한 인질극과 납치라는 폭력 사건으로 막을 내리게 되었다.

현재 일본 전공투의 이미지가 일본 제국주의 타도를 위해 무장투쟁을 내건 폭력 집단으로 우리에게 각인된 것은 전공투 운동의 전개 과정에서 전자보다는 후자의 측면이 더 많이 부각된 결과라 할 수 있다. 부언한다면 대학 투쟁으로서의 전공투 운동은 1968~1969년을 중심으로 전개되었고, 적군파에 의한 폭력 사건들은 1970년대 일어났다. 따라서 전공투의 성격이나 전공투에 참여한 학생들의 의도를 제대로 파악하기 위해서는 1968~1969년에 일어난 전공투 운동의 의미를 재검토하는 작업이 필요하다고 말할 수 있다.

2. '전공투 세대'를 둘러싼 환경: 1960년대라는 시대

'전공투 세대'란 1965~1972년에 일어난 전공투 운동, 안보투쟁, 베트남전쟁 반대 투쟁 등에 참여한 대학생들을 지칭하는 용어이다. 이들은 1947~

1949년에 태어난 사람들을 가리키는 베이비붐 세대 혹은 단카이(團塊) 세대와 정확히 일치한다고 볼 수는 없지만, 베이비붐 세대가 지닌 특성이 전공투 운동 발생의 배경이 된다는 점에서 함께 논의되기도 한다.[1] 그렇다면 전공투 세대는 어떤 환경에서 성장했는가? 베이비붐 세대의 특징은 무엇인가?

1) 사회·정치적 상황

1951년 9월 8일 미국의 샌프란시스코에서는 제2차 세계대전의 연합국 47개국과 일본 사이에 '샌프란시스코 평화조약'이 체결되었다. 동시에 일본은 미국군이 '주일 미군'으로 계속 일본에 주둔할 수 있도록 하는 일본과 미국 사이의 안전보장조약에도 서명했다. 이 안보조약은 1958년 개정 교섭이 이루어져 1960년 1월 신조약으로 조인되었는데, 이전의 안보조약이 미군에 기지를 제공하는 것에 머물렀다고 한다면 신조약은 미일 공동 방위를 의무로 하는 내용을 담고 있었다. 이 조약으로 일본 국민은 전쟁에 다시 말려들지 않을까 하는 불안에 휩싸였다. 특히 주일 미군 병사의 범죄에 대한 면책 특권 조항이 일본 국민의 거센 반발을 받았다(小熊英二, 2009: 196~211).

그런데 자민당은 미일안전보장조약 통과를 위해 우익 청년과 기동대를 동원해 농성하는 사회당원을 끌어내거나, 국회 본회의에 사회당과 민사당 의원을 결석시키거나 기권시키는 방법[2] 등의 비민주적 방법을 사용했다

---

1) 베이비붐 세대의 대학 진학률은 1965년에 17%, 1970년에 23.7%라고 보고되는데, 이들 대학생 가운데 전공투 운동에 참여한 학생은 20% 미만이라고 한다. 이를 바탕으로 보면 전공투 운동 참여자는 동시대 인구의 4~5%이다(大熊英二, 2014: 326).

2) 1950년대 국회에서는 원활한 운영이라는 명목으로 여당과 야당이 비밀리에 담합해 법안

(야마모토 요시타카, 2017: 18). 이는 일반 국민의 격분을 불러일으켜 국회의사당 주변에서는 시위가 끊이지 않았고, 이른바 '안보투쟁'은 점차 반정부·반미 투쟁으로 변모해갔다. 정부는 우익 단체와 기동대를 동원해 이들에게 헬리콥터, 트럭, 차량, 식료, 사령부 구급대 등을 지원했고, 이런 지원을 받은 폭력단·우익 단체·기동대는 국회의사당 주변에 모인 시위대와 충돌했다.

이와 같은 격렬한 충돌 속에서 신조약은 시간이 지나면 자연 성립되는 과정을 거쳐 체결되었고, 이후 혼란을 수습한다는 명분으로 내각이 총사퇴하면서 격렬했던 안보투쟁은 퇴조해갔다. 새로이 구성된 내각은 '소득배증계획'을 내걸며 국민의 관심을 경제적 부흥에 쏠리게 만들었고, 11월에 이루어진 총선거에서 자민당이 승리함으로써 전국민이 참여했던 투쟁은 실패로 돌아갔다. 이는 국민의 관심을 정치적 이슈에서 경제적 이슈로 전환시키려 했던 자민당의 전략이 성공했음을 의미했다. 이후 학생운동을 포함한 시민운동은 침체기로 들어갔다.

이러한 정치적 분위기 속에서 일본은 1954년 12월부터 1973년 11월까지 경제가 비약적으로 성장하는 고도 경제성장기를 맞이했다. 이 시기 일본의 실질경제성장률은 연평균 10%를 넘었고, 1960년경부터는 완전고용 상태가 달성되어 1956년부터 1965년까지 완전실업률은 1% 이하, 노동자의 평균 임금은 명목상 2.2%, 실질상 1.5배로 늘어났다. 이러한 경제적 풍요는 일반 대중의 삶의 질 향상으로 이어졌다. 1960~1965년 TV 보급률은 41.2%에서 95%로, 냉장고는 9.4%에서 57.2%로, 승용차는 2.2%에서 12.5%로 급증했고 스스로를 '중간층'으로 생각하는 국민이 86%에 달했다

체결이나 국회 일정 등을 조정하는 방법을 활용했는데, 이를 국대정치(国対政治)라고 불렀다.

(松尾尊兊, 1993: 255; 小熊英二, 2009: 27~28).

노동자 의식도 변화해 자본주의를 긍정하는 젊은 노동자들이 증가했고, '자본주의가 개량된 사회체제'를 선호하는 사람이 69%를 차지했다. 이런 가운데 노조의 시위나 집회는 '정해진 코스를 한가롭게 걷는 것'과 같은 모습으로 진행되었으며 대기업의 노조도 '무사안일주의'로 기울어 긴장감이나 전투성이 약화되는 양상을 나타냈다(小熊英二, 2009: 28~30). 이러한 경향에 영향을 준 것이 기업 측의 경영전략이었다. 기업은 노동조합과 대결하기보다 '기업 가족주의'를 표방하며 사택이나 사내 대출이라는 기업 내 복지를 강화해 조합의 전투성을 무력화했다. 노동자들도 경영자 측과 대결하기보다 이들과 타협해 기업 전체의 이익 확대에 일조하면서 그 혜택이 자신들에게 돌아오기를 바랐다. 이러한 분위기는 좋은 대학에 들어가 졸업한 후 안정된 기업에서 평안한 삶을 누리면 된다는 인식의 확산을 추동했다.

그런데 일본이 이와 같은 경제적 호황을 누릴 수 있었던 배경에는 이른바 '한반도 특수'와 '베트남 특수'라는 전쟁이 있었다는 점에 주목할 필요가 있다. 당시 일본은 두 번에 걸친 전쟁의 중요한 후방기지로서 막대한 경제적 이익을 누리고 있었다. 오구마 에이지(小熊英二, 2014)는 특히 미군에 의한 이른바 '베트남 특수(特需)'는 일본 수출 총액의 10~20%를 차지할 정도로 일본의 고도 경제성장에 큰 기여를 했다고 말한다. 실제로 일본은 베트남 전쟁에 간접적으로 관여했고, 이로 인해 미국을 추종하는 국가로 간주되고 있었다.

1964년부터 미국의 원자력 잠수정이 일본에 머물렀고, 일본 최대의 국제공항이던 하네다 공항의 40%를 미군 항공기가 차지했다. 베트남전쟁에서 부상당한 미군 병사의 75%가 일본에서 치료받았고, 미군 연료의 수송 업무를 일본 국철이 담당했으며, 오키나와가 전략폭격기 출격 장소로 활용되었다. 미국은 일본에서 상륙용 소형 배나 트럭, 고엽제 등의 보급 물자를 대량으로 조달했고, 미군에 보급 물자를 수송하는 배에는 일본 정부가 승인한 일본 승무원이 탑승하고 있었다 (小熊英二, 2009: 63~64).

이와 같은 일본 정부의 적극적인 미국 지원 방침과 달리 일본의 여론은 베트남 전쟁에 지속적으로 반대하는 입장을 취하고 있었다. 1964년의 통킹만 사건을 거쳐 1965년 2월부터 미군은 북베트남 폭격(이른바 '북폭')을 개시했다. 미군과 그 원조를 받은 남베트남 정부군은 북베트남의 거점을 소탕한다는 명목으로 베트남의 농촌을 모조리 태워버리거나 식물을 고사시키는 고엽제를 대량 살포했고, 주민들을 학살하거나 수용 캠프에 강제 이주시키는 조치를 취했다. 이러한 모습을 지켜본 일본 국민은 미군의 비인권적 처사에 비난을 퍼부었고, 이들 가운데 일부는 일본이 미군에 일조하고 있다는 자책감을 느끼고 있었다.

2) 교육적 상황

패전 직후 일본의 교육은 물질적 황폐와 빈곤에서 출발했지만, 학부모를 비롯해 교사나 학생들에게는 비참한 전쟁을 반복하지 않아야 한다는 간절함이 있었고, 그들은 일본을 민주적이고 평등한 나라로서 새롭게 만들어가야 한다는 생각을 공유하고 있었다. 그러나 1950년대 후반부터 문부성은 학교교육에 대한 '반동화' 정책을 추진하기 시작했다. 패전 후 교육 개혁의 일환으로 도입되었던 교육위원회 공선제가 1957년 폐지되어 임명제로 바뀌었고, 같은 해 교사들의 사상과 근무 상태를 평가하는 근무평정제가 실시되었다. 1958년에는 소·중학교의 학습 지도 요령이 전면 개정되었고 '도덕과'가 신설되었다.

결정적인 변화는 1960년대 고도성장에 필요한 인재 육성 정책을 교육에 도입하면서 나타났다. 인재 육성 정책의 내용은 경제성장을 위해 필요한 약 17만 명의 과학기술자 양성을 강조하면서 이를 위한 이공계 대학의 정원 증가, 이에 따른 교원 양성과 산업계와의 인적 교류 등을 핵심으로 했다. 문부성은 이미 1954~1960년에 기업이 요구하는 인재의 학력을 조사했고, 일본경제연합회도 1957년부터 '학생의 진로 및 특성에 맞는 교육'을 주장하고 있었다(小熊英二, 2009: 43). 이러한 움직임은 일본의 경제성장을 위해서는 인재양성이 뒷받침되어야 한다는 점을 강조한 것으로, 이때부터 교육 현장에서 '교육의 논리'보다 '경제의 논리'가 더 중요한 가치로 확산되기 시작했다. 경제계에서 강조하는 '능력주의'는 엘리트 양성의 필요성을 더욱 각인시켰고, 더 나은 상급 학교로 진학하기 위한 경쟁을 심화하는 결과를 낳았다. 1961년부터 전국의 중학교 2, 3학년생 전원에게 실시된 전국통일 학력시험은 민주주의적 교육 방식과 역행한다는 일본교직원노동조합(일교조)의 반대와 시험 시행 과정에서 나타난 부정행위[3]로 2년밖에 실시되지 못했으나, 이는 시험으로 학생을 선발하고 배치하는 시스템이 정착되는 계기가 되었다(小熊英二, 2009: 44).

고도의 경제성장이 진행되는 가운데 고등학교나 대학 진학률이 급상승했다. 1960년에 59%이던 고교 진학률은 1963년에 67.9%로, 1965년에 72.0%로, 1969년에 80.3%로 상승했다. 대학과 단기 대학 진학률도 1960년

---

3) 시험의 결과를 공표하지 않는 것이 원칙이었으나 각 지역의 교육위원회는 '전국 제일의 평균점'을 얻어야 한다며 현장 교사들을 경쟁시켰고, 이에 시험 당일 학력이 낮은 학생을 일부러 결석시키거나 교사가 미리 답을 알려주어 부정행위를 묵인하는 사례가 폭로되었다.

10.3%에서 1965년 17.0%, 1970년 23.6%, 1975년 37.8%로 상승했다(村松喬, 1965: 49; 小熊英二, 2009: 46). 부모들은 경제성장의 대가로 얻은 경제력으로 자식들을 조금이라도 좋은 명문 학교에 보내기 위해 노력했고 이에 따라 사교육도 급격히 확대되었다. 1964년 도쿄의 어느 초등학교에서 '일요일에 무엇을 하며 지내는지'를 조사했는데 5학년의 28%, 6학년의 44%가 학원에서 시행하는 모의고사에 응시했다고 답했다. 1965년 당시 학원은 도쿄에 약 3000개, 전국에 약 3만 개로 늘어나 있었다(村松喬, 1965: 49; 小熊英二, 2009: 46).

이후 학교의 기능이나 교육의 목표를 설정하는 데 '경제의 논리'가 당연한 것으로 받아들여졌고, 시험은 엘리트 양성이라는 학교 및 교육의 목표를 달성하기 위해 학생들이 인생에서 반드시 거쳐야 하는 필수불가결한 요소가 되었다. 전공투 세대는 이와 같은 성격의 시험을 경험하는 첫 번째 세대가 되었다.

3) 전공투 세대의 의식

전공투 세대는 1960년대에 중고생이 되었고, 일본에서 이전에 없던 '시험 경쟁'에 매몰되어 있었다. 고도의 경제성장을 목표로 하는 정부의 인재 양성 정책에 따라 더 많은 교육을 받기 위해 상급 학교로 진학하려는 희망자가 늘어났고, 전 국민은 '시험'이라는 장치를 통한 선발과 배치 시스템을 당연한 것으로 받아들였다. 자신의 자식과 제자들이 더 좋은 학교에 진학해 더 좋은 사회·경제적 지위를 획득해야 한다는 목표 아래 학교, 부모, 교사는 혼연일체가 되었고, 학생들도 더 좋은 성적을 얻기 위해 고군분투했다. 한편, 공부에 피로를 느끼거나 저당 잡힌 미래에 불만을 품은 학생도 생겼다.

부모는 보충을 하면 성적이 오른다고 생각했다. 그러나 매일 6시간의 수업 후에 2시간 보충을 하면 너무 피곤하다. 집으로 돌아가서 공부한다는 것은 거의 불가능하다. …… 공부, 공부…… 생각만 해도 피곤해져 버린다. 우리를 무조건 공부로 몰아붙이는 부모나 선생은 대체 어떤 기분일까. …… 모든 수업에서 선생은 "여기는 대학 시험에 나오는 곳이니까 잘 들어", "대학에 들어가면 공부하지 않아도 좋으니까 지금 열심히 해"라고 말한다. 수업에는 집중하지 않고 쉬는 시간에도 문제집을 풀고, 그리고 수업이 끝나면 집으로 튀어 간다. …… 공부 얘기 이외에 반 친구와 만족스럽게 얘기한 적이 없다. 친구도 생길 것 같지 않아 슬프다(大熊英二, 2009: 47).

이러한 상황이 진전되면 될수록 상급학교에 진학하지 않는 학생은 더 많은 소외나 차별을 느꼈고, 교육에 회의적 시선을 보내고 있었다. 1969년에 아이치현(愛知縣)의 한 고등학교에서 발간했던 잡지에 다음과 같은 학생의 글이 게재되었다.

모든 곳에서 (그 사람이 얼마나 교과서대로 암기했는가라는) 한 가지 능력을 종이 위에 표현한 것을 바탕으로 인간을 (선별하고, 차별해서) 교육하려는 것에 놀랄 뿐이다. …… 현재의 교육에서는 이런 비인간적인 것이 당연한 것으로 간주되고 있다. 학생과 선생 사이에서 가르치고 배우는 것 외에는 교류가 없고, 학생끼리도 겉으로만 사귀는 것이 일상이 되었다. 이런 학교생활에서 인격 완성을 말하는 것은 웃기는 얘기다. 현재는 사회의 한 부품으로서 진리와 정의에 대해 눈을 감고 …… 자신만 잘 먹기 위해 근로와 책임을 중시하고 적당히 속이며 생활해가는 …… 풍요로운 생활을 목표로 하지만 자주정신이나 심신은 모두 불건강한 국민으로 육성되고 있는 것이다(大熊英二, 2009: 51).

당시의 학교생활이나 시험에 대해 이러한 문제의식을 갖는 학생들이 있었지만 대학진학률은 꾸준히 상승하고 있었다. 대학에 진학해도 원하는 대로의 삶이 보장되는 것은 아니었다. 대학 진학률이 높아지면서 대학을 졸업한다고 해도 진학률이 낮았던 시대와 같은 엘리트 코스를 기대할 수 없게 된 것이다. 1950년 전후까지 '샐러리맨'은 '인텔리'를 의미했을 정도로 사회적 지위가 높았다. 1953년 조사에 의하면 대학 졸업자가 선호하는 직종으로 사무직이 43.0%를 차지했다. 그런데 1967년이 되면 그 비율은 31.2%로 줄어들었고, 오히려 판매직이 3.5%에서 19.3%로 증가하는 현상을 나타냈다. 한편, '샐러리맨'의 이미지도 '싼 월급', '꿈이 없다', '같은 일의 반복', '사람에게 머리를 굽실거린다', '일에 대한 열정이 없다'는 것으로 바뀌어갔다(小熊英二, 2009: 51~52). 즉, 시험이라는 어려운 관문을 뚫고 유명 대학교에 진학해 대기업의 샐러리맨에 되는 미래를 꿈꾸어왔던 베이비붐 세대가 직면한 현실은 '마이 홈', '마이 카'라는 일상에 매몰되어 있는 무기력한 자신의 모습이었다. 부모나 교사들은 열심히 노력해 대학에 가고 어른이 되면 하고 싶은 것을 다 할 수 있다고 했는데, 그리고 그것을 믿고 달려왔는데 '과연 그런가?' 하는 의문이 증폭되었다. 그렇게 가르친 부모와 교사를 포함한 어른들의 말이 현실과 다르다는 점을 알게 된 베이비붐 세대의 일부는 무기력 상태에 빠지거나 어른들이 강조한 전후 민주주의를 부정하며 '체제'에 반감을 갖게 되었다.[4]

문제는 자신들이 배우고 자란 이념과 현실의 차이가 너무 크다는 데 있

---

4) 시험 경쟁을 거치는 베이비붐 세대의 인생 경로는 제각각이었다. 시험 경쟁을 거쳐 대학에 들어간 일부는 전공투 세대가 되었지만 대부분은 더 좋은 사회·경제적 지위를 획득하기 위해 몰두했다. 그리고 시험 경쟁의 '낙오자'들은 이른바 '문제아·반항아'가 되거나 '부등교(不登校)' 학생이 되었다.

었다. 성적이 좋아도 가업을 잇기 위해, 그리고 가난하기 때문에 대학에 갈 수 없는 친구도 많았다. 반면, 경쟁에서 이기기 위해 가정교사나 학원 등의 사교육을 통해 성적을 올리고 좋은 학교에 가기 위해 위장 전입을 서슴지 않는 사례도 있었다. 이러한 사실을 알게 된 일부 학생은 대학에 들어간 것에 대해 일종의 죄악감이나 가해자 의식을 갖게 되었고, 문제를 해결할 수 있는 방법은 이런 부조리·불합리성을 내재한 시스템을 해체하는 것이라고 생각했다. 즉, 전후 민주주의 교육과 평등주의 이념을 굳게 믿고 있던 학생들은 자신이 걸어온 사회적 엘리트의 길이 다른 사람들의 희생을 바탕으로 얻어진 결과라고 믿었고 자기부정(自己否定)의 길을 선택했던 것이다.

이러한 의식은 베트남전쟁에 대한 인식과도 연결되었다. 전후 평화 교육을 받았던 전공투 세대는 자신들도 베트남 특수로 번영하는 일본 사회의 한 구성원이며 불합리하게 운영되는 사회 시스템을 유지하는 데 일조한다는 의식을 갖고 있었다. 이들이 참여한 반전운동의 배경에는 자신의 존재에 대한 죄의식, 즉 자신도 베트남 인민의 죽음에 협조하는 일본 사회의 한 구성원이라는 가해자 의식이 있었다. 이러한 가해자 의식에 대한 각성은 1960년대 대학 진학률이 20% 내외인 상황에서, 대학생이 나라를 이끌어야 한다는 엘리트 의식이 작용한 결과이기도 하지만, 또 그렇기 때문에 사회 변혁의 선두에 서야 한다는 사회적 책무성과도 연결되어 있었다.

3. 전공투 운동의 전개

전공투는 1968~1969년에 걸쳐 일본의 각 대학에서 결성된 학생 공동 투쟁을 위한 조직 및 운동체를 말한다. 전공투 운동이 일본 학생운동의 대명

사로 주목받고 있기는 하지만 그 조직의 원리와 운동 방식은 '일본 학생운 동의 역사' 속에서 형성된 것이었다. 그렇다면 전공투는 왜 조직된 것일까? 전공투 운동이 기존의 학생운동과 다른 점은 무엇인가?5)

1) 학생운동의 역사와 전공투 성립의 배경

일본 학생운동의 역사는 1910년대 다이쇼 시기(大正時期, 1912~1925)까지 거슬러 올라가지만, 현대적 의미의 학생운동이 활발해진 것은 1945년 이후 였다. 전쟁에서 패한 후 일본의 많은 대학에서는 전시 동원 체제하에 구축 된 군국주의적 사고와 비민주적 대학의 이념과 운영 방식을 해체하기 위해 대학 민주화 운동이 전개되었는데, 이러한 배경 아래 전국 대학에서는 학 생자치회가 조직되고 있었다. 이 학생자치회들이 중심이 되어 전개한 학생 운동은 '전후'라는 시대적 요구에 부응해 대학을 재구축하려는 성격을 띠고 자연발생적으로 나타난 것이었지만, 여기에 적극적으로 참여한 것은 조직 력을 갖춘 일본공산당(이하 일공) 소속의 학생들이었다. 1947년 결성된 전국 국립대학자치회연맹(이하 국학련)이 국립대학 수업료 3배 인상, 사립대학 수업 료 2배 인상이라는 문부성의 방침에 반대하는 투쟁을 전개했으나 이 운동 은 성과 없이 끝났고, 이를 교훈 삼아 1948년 9월 새로운 조직력을 갖춘 전 일본학생자치회총연합(이하 전학련)이 결성되었다.

1950년 1월 소련 코뮌 포럼의 '일공의 평화 혁명 노선' 비판6)과 1951년 8월

---

5) 전공투 운동의 전개 과정에 관해서는 김진(1986), 윤경철(1993), 小熊英二(2009), '東大紛 爭'·'全学共鬪会議'·'日本の学生運動', https://ja.wikipedia.org)을 참조해 작성했다.
6) 이로 인해 일공은 코뮌의 비판을 무조건 수용하는 국제파와 비판 수용을 유보한다는 소감 파로 나뉘었고, 각 지부에서는 양파 간의 싸움이 격화되었다.

소련과 중국의 새로운 주장 표명7) 등은 일공을 국제파와 소감파로 분열시켰고, 일공과 전학련 지도부 사이의 대립을 격화시키는 요인이 되었다. 1950년대 중반의 세계정세 변화8)에 따라 일공은 무장투쟁 노선을 온건한 투쟁으로 변경했고, 학생운동의 목표도 일반 학생과 교류하면서 학내의 민주 세력과 통일전선을 구축하는 방향으로 나아갔다. 그러나 다음 해 전학련대회에서 일공의 투쟁 노선은 비판받았고, 혁명에서 학생의 역할을 강조하는 '층으로서의 학생' 사상과 학생이 혁명의 기폭제가 되어야 한다는 '선구성론'이 제기되었다. 이러한 논쟁은 투쟁 과정에서 학생의 역할이나 위상을 어떻게 규정해야 하는지를 둘러싼 것으로, 이들의 엇갈린 평가는 전학련과 일공을 분열시키는 결정적 이유가 되었다.

그 대립은 1958년 제11회 전학련대회에서 드러났다. 여기서 전학련 지도부 가운데 도쿄대학 그룹은 '층으로서의 학생' 사상이나 '선구성론'을 인정하지 않는 당 지도부를 불신임한다고 선언하며 투쟁에 나섰고, 일공 지도부는 이들의 행동을 "당이 만들어진 이래 반(反)당적 폭거"로 규정하며 이들을 제명했다. 그 후 제명당한 학생과 탈당한 학생 당원들은 1958년 12월 공산주의자동맹(분트, Bund)을 결성했고, 다시는 돌이킬 수 없는 각자의 길을 걷기 시작했다.

그 후 일공과 분트에서 분화된 각 당파의 학생 활동가들 사이에서 노선투쟁이 전개되었고, 이 과정에서 전국 각 대학의 전학련은 자신이 속한 당파의 속성에 따라 노선을 확정해가는 양상을 보이게 되었다. 이들은 1960

---

7) 이때 소련이 일본의 국제파를 비판하는 새로운 주장을 표명했고 중국도 이에 동조했다. 1952년 3월 전학련 지도부는 소감파를 중심으로 재조직되었다.
8) 1953년 스탈린의 사망했고 한반도에서는 6·25전쟁의 휴전이 이뤄졌으며 흐루쇼프는 평화공존을 제창했다.

년 이른바 '안보투쟁'에서 가장 왕성한 활동을 전개했지만, 이 운동이 실패로 끝나자 전학련 활동은 소강상태에 빠졌다.

그런데 1960년대 중반을 거치면서 일본의 대학은 학생운동의 열기로 들썩이고 있었다. 와세다(早稻田)·게이오(慶應義塾)·요코하마(橫浜) 대학 등에서는 부실한 대학 운영이나 권위주의적 관리 시스템에 대한 문제가 학내 투쟁으로 확산되었고, 산리즈카(三里塚)·하네다(羽田)·오지(王子)에서는 정부의 일방적 정책에 대한 주민들의 반발이 대규모 충돌로 이어졌으며, 베트남전쟁으로 시작된 반전운동이 반미운동으로 전화되었다. 대학 내외에서 벌어지는 이러한 상황에 대해 학생들은 적극 동참하는 양상을 보였으며, 이 과정에서 전공투가 조직되었고, 전공투의 운동 방식이 형성되어갔다.

즉, 와세다대학에서는 기존의 자치회가 중심이 되기는 했지만 처음으로 '전공투'가 결성되었고, 요코하마(橫浜)대학에서는 전공투가 결성되지는 않았지만 전공투 운동의 특징이라 할 수 있는 '학생의 자주 관리'가 실행에 옮겨졌으며, 하네다 투쟁에서는 전공투 운동의 대표적 이미지인 헬멧과 게바봉이 처음으로 사용되었다. 이는 1968년의 전공투 운동이 갑자기 나타난 것은 아니었으며, 투쟁의 과정을 거쳐 축적된 노하우가 1968년이라는 시점에 결집되어 '전공투 운동의 방식'을 만들어낸 것이었다는 점을 말해준다. 오구마 에이지(大熊英二, 2009)는 산리즈카·하네다·오지의 투쟁을 전공투 운동의 도화선, 니혼대학 전공투를 전공투 운동의 효시라고 평가한 바 있다 (김진, 1986; 윤경철, 1993; 小熊英二, 2009; '東大紛争', https://ja. wikipedia.org).[9] 그렇

---

9) 1968년 5월에 결성된 니혼대학 전공투가 무당파나 무관심파 학생들이 참여하는 조직이었다는 점에서 기존의 학생운동과 다른 전공투 운동의 특징을 보이지만, 투쟁의 이슈가 학내 문제에서 벗어나지 못했다는 측면에서 같은 해 6월에 결성된 도쿄대학 전공투와 차이를 보이기도 한다.

다면 전공투 운동의 특징을 대변하는 도쿄대학 전공투 운동은 어떻게 전개되었는가, 그 운동이 표방한 바는 무엇인가, 도쿄대학 전공투 운동의 특징을 무엇인가?

2) 도쿄대학 전공투의 성립과 전공투 운동의 전개

도쿄대학의 투쟁은 의학부 졸업생의 신분 보장 문제에서 시작되었다. 1945년 이후 일본이 미국에서 도입한 인턴 제도는 의학부를 졸업하고 의사 면허를 취득한 뒤 대학병원이나 시내 병원에서 1년 동안 연구하는 것을 의무로 규정했는데, 의학부 학생들은 이 제도가 면허 있는 의사들을 무보수로 착취하기 위한 것이라고 생각했다. 이에 의학부 학생들은 1951년부터 인턴제 폐지를 요구해왔고, 그 과정에서 인턴제 폐지를 선언(1963)하거나 의학부졸업자연합을 결성(1965)해 인턴 원서 제출을 거부하고 농성하는 등의 방법으로 투쟁해왔다. 1966년에는 청년의사연합(청의련, 靑醫連)이 결성되어 의사 국가고시의 보이콧을 선언했고 의학부 졸업생 중 87.4%가 여기에 참여하는 성과를 보이기도 했다.

이에 후생성은 인턴제를 대신하는 '등록의제'를 제안했으나 연수생과 학부생의 각 학년 대표들은 이 제도가 저임금의 노동 기간만을 연장하는 결과를 가져온다고 판단해 반대 의견을 제시했고, 의학부전학투쟁위원회(이하 전학투, 全學鬪)를 결성해 학교 측과의 대화를 요청했다. 그러나 1967년 5월 도쿄대학 의학부장과 병원장은 대학이 인정한 자치회 이외의 학생과는 회견을 하지 않는다는 입장을 취하며 청의련이나 전학투의 요청을 묵살했다. 이에 청의련을 비롯한 의학부 학생들은 학교 측의 태도에 격분해 의학부 전학대회의 압도적 찬성을 얻어 1968년 1월 29일에 졸업시험 보이콧을 포함해 무기한 농성에 돌입할 것을 결의했다. 그러나 대학 측은 농성의 자연적 와해를 기다릴 뿐, 학생들과의 교섭에 응하지 않았고 이후에도 무성의한 태도로 일관하자 학생들의 반발은 더욱 거세졌다.

농성에 돌입한 지 3주 후인 2월 19일에 이른바 '하루미(春見) 사건'10)이 발생했다. 학교 측은 여기에 가담했던 학생 17명에게 퇴학 등의 처분을 내렸는데, 사건 당시 현장에 없던 학생이 처분 대상자에 포함되었다는 사실이 알려지자 분쟁은 더욱 악화되었다. 이후 학생들과 대학 측의 대립은 계속 격화되어 의학부의 전학투 학생들이 야스다 강당의 졸업식을 실력으로 저지하거나 대학 측이 입학식을 강행 등 대학 측과 학생의 갈등은 점점 심해졌다. 이뿐만 아니라 전학투와 다수결의 원칙에 따라 선출된 민청계 중심의 자치회 등, 학생들 사이의 내부적 분열 및 대립도 가시화되었다.

민청계 학생들과 신좌익 활동가들의 투쟁에 대해 도쿄대 총장은 6월 17일 기동대의 교내 진입을 허용했고 이를 통해 학생들을 해산시키려 했다. 그런데 기동대의 진입은 의학부 분쟁을 전체 학교의 분쟁으로 일거에 바꾸어놓는 계기가 되었다. 그때까지 학생운동에 소극적이던 무당파(non-sect radical)와 무관심파(non-political) 학생들이 참여해 격론을 벌였는데, 6월 20일 개최된 집회에는 6000여 명의 학생이 모일 정도였다. 그러나 구체적인 행동 지침이 제시되지 못한 채 집회가 이어지자 도쿄대학전학투쟁연합(전투련, 全鬪連) 등은 28일 '전공투'의 결성을 제안했고, 이것이 7월 5일 학생·대학원생·조교 등 4000여 명이 모인 집회에서 정식 승인되어 '도쿄대학 전학공투회

---

10) 하루미 사건이란 청의련과 신좌익계인 의학부 전학투 소속 10여 명이 의학부 교수에게 단체교섭을 요구하자 교수를 옹호하는 하루미 의국장과 학생 사이에 충돌이 일어나 한 학생의 안경이 깨졌는데, 이에 격분한 학생들이 하루미 의국장을 하룻밤 감금하고 사죄문을 쓰게 한 사건을 말한다.

의'(도쿄대학 전공투)가 결성되었다(김진, 1986; 윤경철, 1993; 小熊英二, 2009; '東大紛爭'·'全学共闘会議'·'日本の学生運動', https://ja.wikipedia.org). 이후 도쿄대학의 학생 운동은 전공투를 중심으로 전개되었다.

전공투 대표자 회의는 7월 15일 전공투의 투쟁 목표로 '7항목 요구'[11]를 결정했다. 이에 대학 측은 학생들에게 '8·10고시'를 우송해 사태 해결에 응하는 태도를 취했으나, 도쿄대학 전공투는 이를 거부하고 무기한 농성을 결의했다. 10월 무렵에는 전체 학부가 농성에 참여해 학내 몇몇 건물이 봉쇄되는 데까지 이르렀고, 결국 10월 30일 오코치 가즈오(大河内 一男) 총장이 사임하고 11월 4일 총장 대행 가토 이치로(加藤 一郎)를 중심으로 새로운 집행부가 구성되었다.

12월 들어 대학 측이 사태 수습을 위해 제시한 이른바 '12·12제안'은 '7항목 요구'의 내용 가운데 6항목까지를 수용하는 것이었으나 전공투는 이를 거부하는 태도를 취했다. 그러나 전공투와 의견이 다른 연합체를 중심으로 농성을 수습하려는 움직임도 나타났는데, 실제로 12월 말부터 1969년 1월 초에 걸쳐 농성 해제를 결정하는 학부가 늘어나기 시작했다. 한편, 학내 점거를 해제하지 않으면 1969년 도쿄대학 입시를 중지한다는 사카타 미치타(坂田道太) 문부대신의 발표는 일반 학생과 여론을 동요시켰다. 이에 교수와 민청계 학생, 무관심파 학생들도 사태를 수습하기 위한 방향으로 움직였다. 1969년 1월 10일에는 7개 학부의 대표단이 모인 '7학부 집회'가 열렸고, 여기서 대학 측과 10항목의 확인서[12]가 교환되었다. 이 확인서는 전

---

11) 7항목 요구의 내용은 ① 의학부 부당 처분을 철회, ② 기동대 진입에 대한 자기비판과 성명 철회, ③ 청의련의 공인 및 당국의 협약 단체로 인정, ④ 문학부에 대한 부당 처분 백지화, ⑤ 일체의 조사(증인·증거) 중지, ⑥ 일체의 사태에 관한 처분 중지, ⑦ 단코의 시행과 책임자 처벌 등이다.

공투의 참여 없이 이루어진 것이었으나 대학 측이 전공투의 동맹 휴교를 해제하고 야스다 강당 점거를 강제로 해산시킬 수 있는 근거가 되었다. 해산의 정당성을 확보한 대학 측이 1월 18일 기동대의 진입을 허용함으로써 35시간에 걸친 야스다 강당에서의 저항은 진압되었고 도쿄대학 투쟁은 일단락되는 듯했다. 그러나 전공투는 완전히 해산되지 않았고, 3월 도쿄대학 입학시험이 중지되는 사태에까지 이르렀다.

이후 도쿄대학 전공투는 와해되는 절차를 밟았지만 그 운동의 방식은 전국의 각 대학으로 확산되었다. 1969년에 일본의 주요 국·공립 대학 및 사립 대학의 80%에 해당하는 165교에서 전공투가 조직되었고 바리게이트 봉쇄와 농성 등, 전공투 방식의 투쟁이 전개되었다. 이러한 상황 속에서 1969년 8월에 '대학 운영에 관한 임시 조치법'(법률 제70호)에 힘입어, 무력 진압을 망설이고 있던 대학들은 점거 학생을 몰아내기 위해 서둘러 기동대 투입을 요청했다.

이후 몇몇 대학에 남아 있던 전공투는 정부나 기동대와 맞서기 위해 지도 체제를 강화하거나 폭력을 통한 강력한 당 조직의 필요성을 강조하기 시작했다. 이 과정에서 무당파·무관심파 학생들의 대부분이 전공투에서 이탈하는 경향을 보이면서 전공투 운동은 당파성을 가진 조직원을 중심으로 전개되었다. 1970년대의 전공투 운동은 이른바 '적군파'(공산주의자동맹 적군파)를 중심으로 전개되었는데, 이들은 납치, 인질, 폭파 등의 사건을 일으키며 세간의 관심을 모으기도 했다. 이는 일반인들에게 전공투를 폭력 집단으로 각인되도록 하는 데 큰 영향을 주었다.

---

12) 확인서의 내용은 의학부 처벌의 백지 철회, 문학부 처벌의 재검토, 6·17 기동대 투입의 과오 인정, 대학생·대학원생 자치활동의 장 마련, 대학의 관리 운영에 관한 대학생·대학원생·직원의 참가 등을 주요 사항으로 담고 있었다.

3) 전공투 운동의 특징

도쿄대학 전공투는 대학 내에 다양한 학생 단체가 있었음에도 대학의 불합리한 정책이나 운영에 적극적으로 대처하지 못하는 상황을 타개하기 위해 조직되었다. 1968년 니혼대학이나 도쿄대학의 전공투 운동이 활성화될 수 있었던 것은 많은 학생들의 지지를 받은 덕분이었다. 이는 전공투 운동이 기존의 대학 투쟁과는 다른 조직 원리로 운영되었다는 점을 의미했다.

> 도쿄대학 전학공투회의는 통속적인 반체제 조직과는 달리 기묘한 조직이다. …… 놀라운 것은 우선 명확한 지도 기관이 설치되지 않은 데다 '정식 대표' 따위는 한 번도 선출한 적이 없다는 점이다. 물론 최고결정기관 같은 것으로 대표자회의가 있기는 하지만, 여기서도 대표의 자격이나 선출 규정은 없고 학부학생, 대학원생, 학과별 조직 등에서 임의의 대표가 출석해 구체적인 행동 방법까지 오랫동안 토의한 후 결정하는 방식을 취한다(김진, 1986: 146).

이런 의미에서 전공투 집회에 참여한 학생은 모두 전공투 조직원이었다. 이처럼 어수선하고 비조직적으로 운영되었음에도 질서를 유지하고 투쟁력을 확보할 수 있었던 것은 전공투에 참여한 학생들의 특징에서 비롯되었다. 즉, 전공투 운동에 적극적으로 참여한 학생 가운데는 좌익 각 당파에 속한 활동가들도 있었지만, 그동안 정치에 무관심했던 학생이나 투쟁의 문제의식에는 동조했지만 당파에 속하지 않았던 학생도 있었다. 후자에 속하는 학생들은 이슈가 있을 때는 적극적인 지지자가 되었지만, 그렇지 않을 때는 참가 철회를 자유롭게 선택할 수 있었다는 점에서 학생운동을 활성화하기도, 혹은 냉각시키기도 하는 역할을 담당했다. 1970년대 들어 전공투 운동이 과격화되고 당파화되면서 이들은 자연스럽게 이탈을 선택했고, 전공투가 약화되는 데 큰 영향을 주었다. 이는 학생운동이 확산되기 위한 중요한 조건 가운데 하나가 정치적 당파성에 매몰되지 않는 일반 학생의 대중적 지지라는 점을 말해준다.

그런데 당시 이러한 특징을 가진 전공투가 필요했던 이유는 대의제 민주주의의 원칙에 따라 구성되었던 학생자치회의 비민주적 운영 때문이었다. 즉, 전후 민주주의 이념에 따라 교육받아온 전공투 세대는 학생보다 대학 측의 입장을 대변하는 어용화된 학생자치회를 인정할 수 없었다. 이에 그들은 대의제 민주주의를 부정하면서 직접민주주의를 요구했던 것이다. 이러한 문제의식에 무당파·무관심파 학생들이 공감했고 이들을 포괄할 수 있는 조직체로서 전공투가 결성될 수 있었다.

그런데 전공투는 대학에 따라 다른 양상으로 나타났다. 와세다대학에서 결성된 전공투는 자치회나 동아리 연합체가 중심이 되었고, 니혼대학의 전공투 운동은 대학 민주화 투쟁이라는 범위를 벗어나지 못했다. 즉, 전자는 전공투라는 말만 사용했을 뿐 전공투 운동의 특징을 보였다고 말하기 어려우며, 후자는 다수의 일반 학생을 포괄하는 조직체로서의 성격을 띠기는 했지만 전후 민주주의의 부정이라는 슬로건을 내세우는 데까지 나가지는 못했다. 반면, 도쿄대학의 전공투 운동은 졸업생의 신분 보장이라는 문제에서 출발했지만 점차 대학이란 무엇인가를 묻고 '자기 부정', '대학 해체'라는 슬로건을 탄생시키며 전후 민주주의 체제를 문제 삼았고, 전공투 운동의 전형이 되었다(大熊英二, 2009: 550).

한편, 전공투 운동의 전개 과정에서 사용했던 바리케이드, 게바봉, 헬멧, 단코 등은 전공투 운동을 특징짓는 이미지가 되었다. 투쟁의 목표를 달성하기 위해 전공투는 전체 학교를 바리케이드로 봉쇄했고, 모든 학생이 자신의 의견을 개진할 수 있는 여건을 만들어 직접 민주주의를 실현하겠다는 의지의 표현으로 정부나 대학 측에 단코를 요구했으며, 게바봉을 들고 당파마다 특색 있는 헬멧을 갖추어 기동대의 진압에 맞섰다. 1969년 교토대학을 비롯한 주요 국립대학이나 사립대학에서 전공투가 결성되었을 때 각 대학의 전공투 운동은 '문제의 발생 → 단코를 통해 대학 측이나 정부에 협상 요구 → 협상 결렬 → 기동대 투입 → 전 학교의 바리케이드 → 헬멧과 게바봉으로 기동대와 대치'라는 과정을 밟으며 전공투의 이미지를 만들어갔다.

4. 전공투 운동의 좌절

1) 내부 분화와 우치게바

1950년대 학생운동은 전학련의 활동가가 중심이었고 이들 대부분은 공산당을 협력 조직으로 하는 민청에 속해 있었다. 그러나 이후의 투쟁 과정에서 학생의 위상을 둘러싼 논쟁은 전학련과 일공, 전학련 내부의 분열로 이어졌고, 이로 인해 신좌익의 원류라 할 수 있는 분트가 결성되었다. 이렇게 기성 좌익에서 떨어져 나간 신좌익은 1960년대의 대학 투쟁과 가두 투쟁 과정에서 그 목표와 전술에 따라 〈그림 8-1〉과 같이 분화했다.

1960년대 일본의 좌익 집단은 혁동동계, 공산동계, 사청동(혁노협)계, 구조파계(소련파 포함), 중국파계 등의 당파가 난립하고 있었다. 그런데 실력 투쟁의 결과에 대한 각 당파의 엇갈린 평가는 내부 분열을 더욱 촉진시켰고, 우치게바 즉 당파 간 폭력으로 이어졌다. 이러한 폭력은 다음과 같은 논리로 정당화되었다.

　의학생의 정당한 요구에 처분이라는 폭력을 휘두른 것은 대학 측이고, 국가
권력의 폭력 장치인 경찰 폭력을 끌어들인 것도 대학 측이었다. 이러한 국가권
력, 경찰권력의 후원에 의지한 대학 당국의 다양한 폭력에 대항해 우리가 집단
적 시위를 벌이고 전학적(全學的) 농성을 결행하며 본부를 봉쇄하는 것은 비권
력자인 우리들의 의지 표시 수단으로서 우리의 당연한 권리 행사라고 하지 않을
수 없다(김진, 1986: 164).

　즉, 학생의 저항을 대학 측이 '처분이라는 폭력'이나 '묵살의 폭력'으로
대응했으므로, 이에 대해 전공투가 야스다 강당을 봉쇄한 것은 당연한 권
리 행사라는 주장이었다. 이러한 논리에 따라 야스다 강당을 봉쇄한 후 그
범위는 더욱 확대되어 학부 사무실과 연구실 봉쇄로 이어졌고, 다시 봉쇄
를 저지하려는 민청계 학생들과 봉쇄를 강행하려는 학생들이 헬멧을 쓰고
게바봉을 휘두르며 충돌하는 폭력 사태가 일어났다. 혁마르파는 중핵파·
사학동·사청동 해방파라는 이른바 '3파'를 '소부르주아 급진주의'라고 비판
했고, 이에 대해 3파 쪽에서는 혁마르파를 '개량주의'라고 비판하는 등 당
파 간의 투쟁이 격화되었다. 1968년 12월 와세다대학에서의 혁마르파와
해방파 간의 주도권 쟁탈전이 도쿄대학으로 번졌고 당파들 사이에서 벌어
진 균열은 감금과 폭행으로 이어졌다. 1970년 8월에는 혁마르파 학생이 살
해되는 사태까지 발생했다. 살해한 조직이 중핵파임을 알아낸 혁마르파는
보복 습격을 감행해 10여 명의 중·경상자를 내는 등, 내부 분열이 더욱 격
화되었고 쌍방 간에 사망자가 속출하는 사태로 이어졌다.
　이처럼 국가권력과 대학 측에 대항하기 위해 제시되었던 '폭력의 논리'는

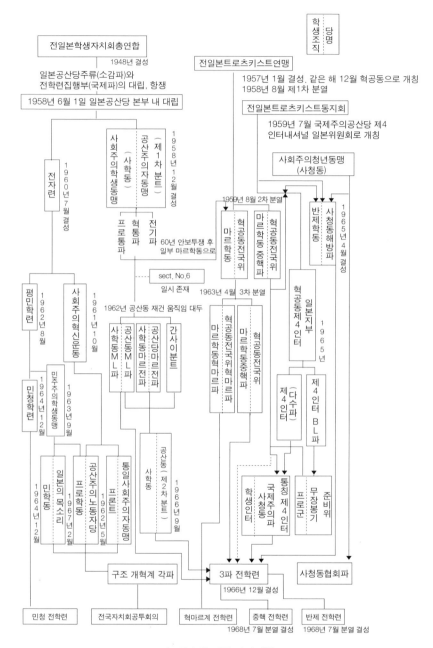

〈그림 8-1〉 좌익 당파 계통

자료: 大熊英二(2009: 233).

전공투 내부의 당파 싸움에도 그대로 적용되었고, 전공투와 신좌익 각 당파의 투쟁에 심각한 손실을 초래해 대중의 지지를 급격히 냉각시키는 결과를 낳았다.

2) 전공투 운동의 과격화

전공투의 조직·운동론에서 학생의 자발적인 참가와 전 구성원에 의한 직접민주주의는 중요한 구성 요소였다. 그러나 무당파·무관심파 학생의 이탈이 늘어나고 기동대의 투입이 일상적으로 반복되는 상황에서 전공투 운동의 전술이 그대로 유지되기는 어려웠다. 지지자들이 양적으로 감소하는 상황 속에서 기동대와의 충돌에 적극적으로 대처하기 위해서는 강력한 지도체제와 조직적인 행동지침이 필요하며 폭력투쟁을 강화해야 한다는 목소리가 전공투 내부에서 나타났다. 1968년 12월 교토대학의 다키다 오사무(滝田修)는 전공투 운동의 역사를 3기[13]로 구분하면서 전공투의 조직 원리가 변해야 할 필연성을 역설했다.

종래 투쟁은 몰조직성·무정부성을 바탕으로 게바봉과 헬멧을 가지고 무장데모·봉쇄·점거라는 방법으로 이루어졌는데, 앞으로는 "보다 높은 차원의 투쟁형태, 즉 '두려움을 모르는 가차 없는 무장투쟁'이 요구되고" 있다. 대학 해체와 시

---

13) 제1기(1968년 전반기~1969년 1월): 대학 해체의 논리에 근거한 자기 부정 운동론의 흐름이 형성.
제2기(1969년 전반기): 자기 부정의 전공투 운동이 대중 운동과 대중 무장투쟁으로 분화.
제3기(1969년 가을 이후): 자기 부정의 전공투 대중 운동 비판, 제국대학 해체를 위한 대중 무장 투쟁 전개.

민사회 해체를 동시 전술로 채택하여 안보 문제, 오키나와 문제, 한국 문제 등 인민봉기가 유리한 정세를 활용해 '전 인민적 전국적인 전면 봉기로 돌진'하기 위한 '정규 군단 형성'을 목표로 '개별 전공투를 빨치산 유격 군단으로 해체·개편·강화하자"(김진, 1986: 153).

즉, 2기까지의 전공투가 강조했던 대중 운동을 비판하면서, 제국대학 해체를 목표로 대중 무장투쟁을 전개하는 '전공투 제3기'로 나가야 한다는 이러한 주장은 전공투 운동의 조직 원리인 자유로운 참가나 직접민주주의와 양립하기 어려운 것이었다. 반(反)일공계 당파 가운데 이에 부응해 독자적인 전환을 추구한 것이 교토대학 전공투, 특히 공산동 간사이(關西)파였는데 이들은 1969년 8월 '적군파'를 결성하며 무기의 증강과 지도 체제의 강화를 주장하면서 강력한 당 조직의 건설을 추진했다.

이렇게 결성된 적군파는 1970년 3월 31일 일본 항공기 납치 사건을 일으켜 그 이름을 세상에 알렸으며, 1971년 연합적군과 일본적군으로 분화되어 폭력적인 투쟁을 이어갔다. 동지에 대한 폭행 살인 사건인 산악 베이스 사건(1971~1972)과 아사마 산장 인질 사건(1972.2)은 연합적군이 주도했으며, 일본적군은 1970년대 이후 세계 각지에서 납치·인질·폭파 사건을 일으켰다(김진, 1986: 167~171: 윤경철, 1993: 48~53; '全学共闘会議'·'連合赤軍'·'日本赤軍', https://ja. wikipedia.org). 이 사건들은 TV가 각 가정에 보급되었던 당시 상황과 맞물려 전국에 방송되었는데, 특히 아사마 산장 인질 사건은 경찰과 범인의 대결이나 피투성이의 충격적인 장면이 TV로 생중계되어 평균 50.8%의 시청률을 기록할 정도로 세간의 관심을 모았다('あさま山荘事件', https://ja.wikipedia. org). 이는 일반인에게 전공투 운동, 특히 적군파의 이미지가 폭력성으로 각인되도록 하는 데 큰 영향을 주었다.

5. 전공투 운동이 남긴 것

1968~1969년에 걸쳐 일본의 각 대학에서 일어난 전공투 운동은 전 세계적 흐름이었던 '68운동'과 궤를 같이하는 학생운동으로 위치지울 수 있다. 전쟁을 겪고 경제성장을 위해 분투했던 기성세대와 전쟁이나 빈곤을 모르고 경제성장의 혜택을 누리며 자라난 세대 사이의 인식은 많이 달랐다. 기성세대는 경제적으로 풍요로웠던 시기에 왜 젊은이들이 자신과 자신의 주변 환경에 대해 '불만'을 가지고 '불평'하는지 이해할 수 없었다. 한편, 민주주의와 평화의 이념을 배우며 자란 젊은이들은 현실 사회에서 벌어지는 기성세대의 '부조리함'과 '불합리함'을 타파해야 할 대상으로 삼고 있었다. 기성세대에 대한 비판은 정치에서 민주주의에 대한 부정으로, 경제에서 자본주의적 착취에 대한 고발로, 교육 현장에서는 불합리한 대학 운영과 이에 동조하는 교수들에 대한 반발로 이어졌다.

이 가운데 일본의 전공투 운동은 '68년'에 '도쿄대학에서'라는 역사성으로 주목되는 측면이 있기는 하지만, 그 조직 원리나 투쟁 방법, 그리고 그들이 외쳤던 구호 속에서 일본 학생운동의 특징을 논할 수 있을 것이다. 전공투 운동은 그들의 요구를 실현하지 못한 채 '실패'로 끝났다는 평가를 받고 있지만, 정말 실패했는가라는 질문은 현재도 계속되고 있다. 그렇다면 전공투 운동이 현재 우리에게 남긴 것은 무엇일까?

첫째, 전공투 운동은 기성세대의 권위주의에 반대해 나타난 것이었지만, 거기에 머무르지 않고 '자기 부정', '대학 해체', '전후 민주주의의 부정'을 외치는 데까지 이르렀다는 점에서 지식인의 역할을 재점검해볼 수 있는 기회를 제공한다. 전공투 세대는 반전·평화·평등이라는 전후 민주주의의 이념 아래 교육을 받고 자라났다. 그러나 자신들이 비판했던 부조리하고 불합리한 정치·경제 시스템의 혜택을 자신들이 받고 있다는 인식, 그리고 '베트남 특수'로 얻은 부를 토대로 현재의 일본 사회가 존재한다는 자각은 이러한 시스템을 만든 체제 자체를 부정하고 그 체제의 일부인 자신의 존재를 부정하도록 했다. 특히 대학 내에서 교수들의 권위를 중심으로 성립된 대학 시스템은 이들이 부정해야 할 비민주적 행태를 대표하는 것이므로 이를 해체함으로써 민주주의의 이념이 현실화될 수 있다고 보았다.

도쿄대학 전공투 운동의 슬로건인 '자기 부정', '대학 해체'는 '도쿄대생'이기 때문에 가질 수 있었던 문제의식이지만, 이 운동이 전국의 각 대학으로 확산될 수 있었던 것은 '대학생'이라는 지식인 집단이 공유하고 있던 사회적 책임감 때문이었다고 해야 할 것이다. 이들은 기성세대의 구태를 부정하고 비판하며 정의롭고 평등하고 민주적인 사회를 지향했고, 그것이 자신들의 손으로 가능하다고 인식했다. 이러한 동력은 현재의 사회운동이나 시민운동에서도 여전히 힘을 발휘하고 있다고 보아야 할 것이다.

둘째, 전공투는 무당파나 무관심파 학생들을 광범위하게 포섭해 지도자 없이도 질서를 유지하면서 참여자 모두의 의견을 존중하는, 직접민주주의의 실천을 특징으로 하는 조직이었다. 그러나 각 대학에서 전공투 운동이 침체되면서 이러한 전공투의 특징은 그 조직을 와해시키는 요인이 되기도 했다. 즉, 학교 측의 학생 분산 정책이나 정부의 기동대 투입 등의 조치에 따라 무관심파·무당파 학생들이 점차 조직에서 이탈하자 전공투 운동은 점차 추진력을 상실해갔다. 1970년 이후 전공투에 남은 활동가들은 신좌익 각 당파를 중심으로 당파 투쟁을 이어갔다. 이 과정에서 전공투 투쟁 방식의 과격성이나 인질·납치·살해 등을 일삼는 폭력 집단으로서의 특징이 매스컴을 통해 확산되었는데, 이는 일본에서 학생운동이 활성화될 수 있는 여지를 없애는 데 일조했다.

여기서 주목해야 할 것은 전공투 운동이 활성화될 수 있었던 조건 가운데 하나가 일반 학생들의 전폭적인 지지라는 점이다. 대중의 지지가 소멸되어 변화를 지향하는 다수의 힘을 결집하지 못하면, 그 구호는 한낱 소수자의 주장에 머무르게 될 것이다. 말기의 전공투 운동처럼 정치적 당파성에 매몰되지 않으면서, 초기의 전공투 운동처럼 그 운동의 보편적 지향을 정치화하는 것, 그리고 이를 통해 대중의 지지를 확보해가는 것이 현재의 사회운동이나 시민운동에서도 여전히 유효한 요건이라는 점을 기억해야 할 것이다.

셋째, 1968년에 결성되어 2년 남짓한 동안 활동을 마치고 '폭력 집단'이라는 오명을 남겼던 전공투 운동은 '실패'로 평가되고 있지만, 그 운동을 이끈 세대는 그 후에도 자신의 삶을 이어갔다. 1980년대 이후 다양한 국면에서 전개되는 일본의 시민운동 속에서 전공투 세대의 흔적을 찾아볼 수 있지 않을까. 1980년대의 '탈원전 뉴웨이브', 2011년 후쿠시마 원전 사고 이후의 탈원전 시위, 비정규직 노동자들의 처우 개선 운동, 2012년 원전 재가동 반대 시위 등을 주도했던 집단은 정치적 당파성에 매몰되지 않고 이 운동들의 슬로건에 동조하는 다수의 자유 참가자, 즉 일본 사회의 모순을 피부로 느낀 노동자, 주부, 여성들이었다. 이처럼 일본의 사회운동 혹은 시민운동에서 정치적 당파성은 1970년대 이후 거의 사라지고 조직 동원이 없는 자유 참가자 중심의 평화로운 집회가 일상적 시위의 형태로 정착되고 있다. 이런 의미에서 1968년의 전공투 운동은 '자유 참가'라는 자기표현 방식이 힘을 발휘할 수 있다는 것을 보여준 하나의 사례라고 해야 할 것이다.

참고문헌

김진 편역. 1986. 『일본학생운동사』. 백산서당.

미시마 유키오(三島由紀夫)·기무라 오사무(木村修) 외. 2006. 『미사마 유키오 대 동경대 전공투 1969~2000』. 김항 옮김. 새물결.

알리, 타리크(Tariq Ali)·수잔 왓킨스(Susan Watkins). 2001. 『1968』. 안찬수·강정석 옮김. 삼인.

야마모토 요시타카(山本義隆). 『나의 1960년대』. 임경화 옮김. 돌베개.

오구마 에이지(小熊英二). 2014. 『사회를 바꾸려면』. 전형배 옮김. 동아시아.

윤경철. 1993. 『일본학생운동연구: 역사와 교훈』. 한국정신문화연구원.

高草木光 編. 2013. 『1960年代 未来へつづく思想』. 東京: 岩波書店.

絓秀実. 2003. 『革命的なあまりに革命的な ― '1968年の革命'史論』. 東京: 作品社.

小熊英二. 2009. 『1968 上』. 東京: 新曜社.

岸江孝男. 2010. 『東大全共鬪から三島由起夫へ』. 東京: 明文書房.

安藤丈将. 2013. 『ニューレフト運動と市民社会 ― '六〇年代'の思想のゆくえ』. 京都: 世界思想社.

村松喬. 1965. 『進学のあらし』. 東京: 毎日新聞社.

'全学共鬪会議'·'日本の学生運動'·'東大紛糾'·'安保鬪争'·'連合赤軍'·'日本赤軍'·'あさま山荘事件'·'日本の 新左翼'·'共産主義者同盟', https://ja.wikipedia.org(검색일: 2018.12.10).

4부

———

사회주의의 위기, 대응, 한계

9장

프라하의 봄과 공산주의의 위기

김신규(서강대학교 국제지역연구소)

1. 머리말

1968년 파리의 학생들이 자본주의, 소비주의, 기성세대를 비판하며 바리케이드를 쳤던 바로 그 순간에 철의 장막 동편의 체코슬로바키아에서도 학생들이 거리로 뛰쳐나와 자유와 권리를 외쳤다. 프라하의 학생들은 생활환경 개선과 인간의 기본 권리, 자유를 요구하며 경찰과 대치했다. 이들의 외침은 조금 더 나아가 사회주의 체코슬로바키아에 자본주의 요소를 도입하고 서유럽의 문화 전통과 가치로 돌아갈 것을 요구하기 시작했다. 1968년 5월 파리와 프라하의 뜨거웠던 봄은 같은 시기에 일어났지만 추구하는 가치와 목적은 완전히 달랐다. 파리의 학생들이 자유(Liberté)에 대한 구속적 해석을 거부하며 전통과 기존 질서에서의 해방을 추구한 반면 프라하의 학생들은 자유(Sbovoda)에 대한 일반적 해석을 요구하며, 서유럽식 질서와 가치로의 회귀를 지향점으로 삼았다.

1948년 2월 쿠데타로 일당 체제를 확립한 체코슬로바키아 공산당은 지난 20년간 인접한 폴란드, 헝가리에서의 개혁에도, 철저한 억압 체제를 유지했다. 1953년 스탈린 사후 소련과 동유럽을 휩쓴 스탈린 격하 운동도 체코슬로바키아에서는 낯설었다. 사회주의를 유지하고 발전시킨다는 하나의 목표가 체코슬로바키아 공산 세력은 물론이고 일반 시민들에게도 여전히 가장 중요한 사회적 지향점이었기 때문이다.

그러나 1960년대 말로 들어서면서 이상적인 사회주의 건설을 위해 하나로 똘똘 뭉쳐 있던 정권과 학생, 지식인 사이에 틈이 벌어지기 시작했다. 발단은 1967년 4월 작가동맹 회의와 그해 10월 31일 스트라호프 기숙사에서 일어난 시위다. 지식인과 학생의 이반은 정권 내부의 분열을 초래했고, 정통 공산주의자이자 현상 유지에 급급했던 안토닌 노보트니(Antonín Novotný)의 강력한 지위가 도전받기 시작했다. 철저한 스탈린주의자인 전임 고트발트(K. Gottwald)를 계승한 노보트니는 지난 15년 동안 공산당 제1서기이자 대통령으로서 당과 국가를 철저히 통제했다. 그러나 1967년에 일어난 두 사건으로 노보트니의 위상이 크게 흔들리면서 공산당 내부에서 권력 독점과 그에 따른 정치적 침체를 비판하는 목소리가 터져 나오기 시작했다. 1960년대 경제 침체로 인해 예정된 5개년 계획이 취소되는 등 그동안 외연적 성장을 거듭하던 사회주의 경제의 한계가 드러나기 시작한 것도 당내 개혁파가 목소리를 내게 된 요인이다. 일상의 소비품도 공급하지 못하는 경제체제는 이제 시민들의 지지를 받을 수 없었다. 오타 시크(Ota Šik)를 중심으로 사회주의 경제체제에 자본주의 요소를 도입하며, 중앙에서 통제하던 계획경제를 경제 주체들에게 분산시키는 방안을 논의하기 시작했다. 이러한 경제 개혁을 위해서는 정치적 결정이 필요했고, 그런 정치적 결정을 위해 개혁파는 현상 유지에 급급한 노보트니를 공격하기 시작했다.

이처럼 체코슬로바키아 공산당 내에 개혁파가 등장하고 그들이 강경 노보트니에 대항해 개혁을 요구하는 도화선에 불을 댕긴 것은 그동안 암묵적으로 정권에 동조한 지식인들의 이반과 학생들의 시위다. 특히 10월 31일 스트라호프 기숙사에서 시작된 학생들의 평화로운 시위를 무력으로 진압한 사건을 두고 학생과 지식인들은 노보트니에게 등을 돌렸고, 이런 상황을 이용해 공산당 내부의 개혁파가 노보트니를 공격하기 시작한 것이다.

1968년 1월 5일 노보트니를 몰아내고 공산당 제1서기로 선출된 알렉산드르 둡체크(Alexander Dubček)는 학생과 지식인들의 요구를 수용해 사회주의를 개혁할 방안을 마련하고 권력 중심부에서 강경파와 대립했다. 여전히 강경 공산주의자들이 당 요직을 차지하고 있는 가운데, 둡체크는 서서히 개혁파를 등용하면서 사회주의에 민주적 요소를 가미하고, 계획경제에 시장경제를 덧붙이는 거대한 실험을 준비했다. 바로 프라하의 봄이 막 시작되려는 순간이었다.

1967년 10월 31일 스트라호프 학생 시위를 무력으로 진압하면서 시작된 학생, 지식인, 노동자의 정권 비판과 개혁 요구는 둡체크를 비롯한 개혁파의 '인간의 얼굴을 한 사회주의'라는 이름으로 서서히 모습을 드러냈지만, 결과적으로는 불과 8개월 만에 외부의 침공으로 막을 내렸다. 그러나 프라하의 봄은 당시에는 실패했지만, 바로 그때 승리의 씨앗이 뿌려졌다. 이 패배를 통해 암묵적으로 공산주의 정권에 동조하면서 사회주의 발전을 위해 자신을 희생하고 위로부터의 명령에 순응하며 침묵하던 이들이 목소리를 내기 시작했으며, 이런 목소리는 처음에는 잘 들리지 않았지만 프라하의 봄이 실패한 지 21년이 지난 1989년 11월에 거대한 외침으로 바뀌었다. 그 외침에 놀란 공산 지도부는 스스로 정권을 내놓았고, 사회의 요구에 따를 수밖에 없었다. 이것이 바로 1989년 11월 17일에 일어난 '벨벳혁명'이다.

1968년 '프라하의 봄'은 같은 해 5월 파리의 봄과 여러 측면에서 비슷하기도 하고 또 상이하기도 하다. 같은 해에 일어났다는 점, 학생들이 자유를 요구했다는 점, 비로소 지식인을 대표하는 학생과 작가, 예술가, 학자들이 노동계급과 연대하기 시작했다는 점, 그리고 그 순간에는 실패했지만 결국 그들이 외친 자유와 해방이 달성되었다는 점에서 유사하다고 할 수 있다. 그러나 1967년 10월부터 이듬해 8월까지 프라하에서 울려 퍼진 외침과 3월부터 5월까지 파리에서 벌어졌던 68운동은 그 가치와 목표가 근본적으로 상이했다. 그러한 차이를 이해하기 위해서는 먼저 프라하의 봄이 어떻게 시작되고 전개되었는지를 살펴보아야 한다.

2. 1967년의 겨울에서 1968년 프라하의 봄으로

체코슬로바키아는 1960년대 중반까지 스탈린식 경제정책을 통해 외연적 성장을 이어갔다. 그러나 공산 정권의 중공업 우선 정책은 19세기 이래 번창해온 자본재와 소비재 산업을 위축시킴으로써 심각한 경제 불균형을 초래했다. 중앙에서 통제하고 인센티브를 무시하는 계획경제 때문에 산업의 경쟁력은 추락했고, 전전(戰前) 서방세계와 경쟁하던 기술력도 사라졌다 (Paul and Simon, 1981: 27). 1960년대에 계속된 경제 위기로, 마침내 3차 5개년 계획(1961~1965)을 포기했으며, 계획경제와 국유화를 통한 사회주의경제체제 구축이라는 실험이 큰 위기에 처했고, 이는 다시 정권 비판으로 이어졌다(이정희, 1989: 442).

지식인들은 노보트니 체제의 권력 집중과 현상 유지에 저항하면서 표현의 자유를 요구하고 정권을 비판하는 등 중요한 정치 세력으로 등장하기 시작했다(Skilling, 1974: 110). 경제학자들은 전통적인 계획경제를 비판하며 경제개혁을 주장했고, 사회과학·인문학 분야의 지식인들도 체제를 발전시킬 다양한 방안을 내놓으며 변화를 촉구했다. 가장 대표적인 사건은 1967년 7월에 개최된 체코슬로바키아 작가동맹 4차 회의였다. 이 자리에서 작가들은 국민의 정치 참여를 금지하고, 지식인의 의견과 행동을 억압하는 체제를 강력히 비판했다(최정호, 1990: 100~101). 또한 이들은 문화적으로 서유럽과 수렴해야 한다고 강조하면서 이를 위해서는 무엇보다도 검열 폐지가 필수적이라고 강조했다. 이 자리에서 밀란 쿤데라(Milan Kundera)는 체코슬로바키아는 민주주의에서 이탈해 파시즘, 스탈린주의, 현실 사회주의를 경험했고 더욱이 체코와 슬로바키아라는 민족문제도 안고 있다고 지적하면서 민주주의로의 회귀와 민족문제 해결을 촉구했다. 1968년 6월 '2000어 선언(Dva tisíce slov)'의 작자 바출리크(R. Vačulík)는 언론의 자유를 요구하는 선언문을 낭독했으며, 리흘리크(J. Rychlik)는 민주화를 요구하면서 공개적으로 공산당 지도부를 비판했다(Babjukova, 2015). 이 지식인들은 정책 결정에는 직접 개입할 수 없었지만, 체코슬로바키아의 독특한 사회·문화적 배경으로 사회적인 권위를 인정받고 있어 간접으로 영향력을 행사할 수 있는 위치에 있었다(Skilling, 1974: 108~109). 그러나 공산 정권은 작가동맹 기관지를 정간시키고 일부 작가를 당에서 제명하는 등 이들의 비판에 귀를 닫아버렸다.

지식인들의 비판과 함께 당내 권력투쟁이 본격화되었다. 노보트니가 공산당 제1서기와 대통령직을 모두 독점하면서 당내 반노보트니파는 노보트니의 지도 체계를 스탈린주의라고 비판했고, 경제 침체에도 불구하고 개혁을 거부하는 그의 현상 유지 정책도 강력히 비판했다. 더군다나 노보트니는 전임 고트발트와 마찬가지로 '프라하 중심주의'를 고수하면서 민족문제를 해결할 의지가 전혀 없었고 슬로바키아 민족주의를 반사회적 분파주의로 폄훼해 슬로바키아 측의 원성을 샀다. 노보트니파와 반노보트니파로 분열된 당내 갈등이 전면으로 부상한 계기는 1967년 10월 말 스트라호프 학생 기숙사에서 일어난 사건이었다.

1967년 10월 31일 저녁 또다시 전력 공급이 중단되자 스트라호프 기숙사에 머물던 5000명의 학생이 술렁댔다. 10월에만 벌써 11번이나 전기가 끊겼고, 늦가을로 접어들었지만 난방도 되지 않았다. 그동안 학생들은 끊임없이 기숙사와 프라하기술대학(ČVUT) 측에 기숙사 시설 보수를 요구했다. 1966년에 완공된 이후 1967년까지 86차례나 보수 공사가 진행되었지만 여전히 나아질 기미가 없었다. 10월 31일 저녁 학생들은 더 참지 못하고, 기숙사 중앙 로비에 모여 요구 사항을 외치기 시작했다. "전기(공급)를 원한다", "공부하고 싶다".

약 1500명의 학생이 행진을 시작했다. 이들은 촛불을 들고 전기 공급을 원한다고 외치면서 시내 중심부로 향하는 네루도바 거리(Nerudova ulice)로 접어들었다. 공안(Veřejná bezpecnost)은 시위대가 시내로 진입하지 못하도록 막았다. 당시 공안은 확성기가 없어 시위대에 해산하라는 경고를 제대로 전달하지 못했다. 행진의 맨 앞줄이 공안의 저지선에 막혔지만 해산 경고를 듣지 못한 뒤쪽의 학생들이 몰려들면서 공안의 저지선이 무너졌다. 이를 계기로 공안이 강제 해산을 시작했다.

해산에는 곤봉과 최루가스가 동원되었다. 학생들이 모두 기숙사로 돌아갈 때까지, 폭력적 해산 작전은 계속되었다. 전력 공급 중단에 항의하던 단순한 시위가 이제 공안과 정부를 향한 욕설이 난무하는 반정부 시위로 돌변했다. 학생들은 공안을 "파시스트 게슈타포"라고 비난했고, "돼지 새끼들

(Svině)"이라고 욕설을 퍼부었다(Polák, 2018: 67).

학생들이 기숙사로 철수하면서 행진은 일단 종료되었지만, 학생들은 연행된 학생의 석방을 요구하며 도로에 드러누웠다. 공안은 일부 학생을 풀어주며 사태를 진정시키려고 했지만, 학생들이 공안 차량으로 몰려들자 다시 진압을 시작했다. 공안은 곤봉과 최루가스를 이용해 학생들을 기숙사 건물로 몰아넣었고 학생들은 보도블록을 깨 공안을 향해 던졌다. 공안은 학생들을 마구 구타했고, 학생들은 크고 작은 부상을 입었다. 이 과정에서 공안은 기숙사 내부로 진입해 학생들을 방에서 끌어내 복도에 꿇어앉히고 불을 켜라고 소리치기도 했다(Polák, 2018: 71).

새벽 1시가 되어서야 사태가 진정되었다. 모두 12명의 학생이 치료를 받았고, 이 중 세 명은 중상을 입었다. 공안에 체포된 학생 중 세 명은 인근 트램 정거장에서 풀려났고, 나머지는 본부로 연행되었다(Polák, 2018).

다음 날 아침 이 사건이 언론에 보도되면서 전국의 학생과 지식인들은 분노했다. 학교별로 비상대책위원회를 조직하고 공안의 무차별 폭력 행사를 비난했다. 11월 8일 카렐대학 철학부 학생회는 "이 사건은 단순히 전기 공급과 같은 환경 개선을 둘러싼 문제가 아니다. 이 사건의 뒤에는 더 깊은 원인이 있다. 학생, 그리고 더 넓게는 지식인 전체에 대한 공안(과 공권력)의 부정적 태도가 그것이다"라는 성명을 발표했다(AMP, 1967). 즉, 학생들은 이 사건을 정권과 학생(지식인) 사이의 근본적인 인식 차이를 보여주는 갈등으로 해석했다. 학생들은 정부가 사건 조사를 통해 공안 요원을 처벌하지 않은 데 반발하면서, 카렐대학 법학부 교수들의 '시위권'에 대한 헌법 조문 해석에 따라 시위할 권리, 공권력의 학내(기숙사 포함) 진입 금지, 곤봉과 최루탄을 동원한 진압 금지를 요구했다.

공산당 보수파, 특히 제1서기 노보트니는 공산당 전체 회의에서 "학생들은 우리를 향해 게슈타포, 파시스트, 공산주의 돼지라고 욕지거리를 해대고 공산당은 물러가라"라고까지 외쳤다. 1948년 2월 바츨라프 광장에서, 그리고 프라하성에서 우리 공산주의자들이 시위를 벌인 바로 그 역사적 장소에서 말이다"(Pažout, 2008: 4~13)라며 학생 시위를 반정부·반사회주의 시위로 규정했다. 공안 역시 이 사건을 단순한 시위가 아닌 반사회주의, 반정부 시위라고 판단했다. 이에 대한 근거로 공안은 충돌 과정에서의 욕설, 시위가 일어난 당일 공산당 중앙위원회에서 사회주의 혁명 50주년 기념식을 거행하고 있던 점 등을 제시했다. 공안 측에서는 이번 시위가 불법적이며 따라서 공안이 이를 제지하고 해산한 것은 정당하다고 강조했다. 공안은 이번 시위가 법에 명시된 '일주일 전 사전 시위 신고'를 하지 않았던 점, 행진 중 도로를 점거하고 심야 시간에 소요를 일으킨 점, 학생들이 먼저 공안에게 욕설하고 공격한 점, 공안이 요구한 신분증을 제시하지 않은 학생들을 연행한 점 등을 들면서 학생과 지식인들이 주장하는 것과는 달리 합법적으로 시위를 진압한 것이라고 반박했다(Polák, 2018: 68).

이런 해석을 두고 학생, 지식인, 노동자들은 반발했으며, 그동안 침묵으로 노보트니에게 정당성을 부여해주었던 '무언의 동의'를 철회했다. 당내 개혁파도 노보트니를 몰아내기 위한 기회로 삼았다. 당내에서조차 개혁파의 공격을 받게 된 노보트니는 레오니트 브레즈네프(Leonid Brezhnev)에게 도움을 요청했다. 그러나 1967년 12월 8일 프라하를 방문한 브레즈네프는 노보트니 편을 들지 않고 둡체크를 비롯한 개혁파를 만나 이들의 요구를 경청했다. 개혁파는 국내 문제를 스스로 해결하고 싶다고 호소하면서, 노보트니는 문제 해결 능력이 없는 사람이라고 강조했다(Dubcek and Hochman, 1993: 121). 브레즈네프는 프라하를 떠나면서 체코슬로바키아의 국내 문제에 개입하지 않겠다는 의지를 우회적으로 표명했다.[1] 결국 더는 의지할 곳이 없게 된 노보트니는 1968년 1월 4일 제1서기직을 내놓았고, 3월 22일에는 대통령직에서도 물러났다.

1968년 1월 5일 공산당 중앙위원회에서는 노보트니를 대신할 공산당 제1서기로 둡체크를 선출했다. 이제 프라하의 봄이 시작되었다. 그러나 갈 길이 멀었다. 아직까지 당내 보수파와 개혁파가 팽팽히 대립하고 있는 상황에서 둡체크는 슬로바키아 공산당 출신으로 당내 기반이 없었다. 사실 그가 제1서기로 선출된 것은 보수파와 개혁파 모두 자신들의 의지대로 제1서기를 조종할 수 있으리라 기대했기 때문이다(Kavan, 2018.5). 그러나 공산당 내부의 기대와는 달리 체코슬로바키아 사회는 크게 동요하기 시작했고, 시간이 지날수록 공산당은 사회의 요구를 제어하거나 통제할 수 없게 되었다. 비로소 진정한 의미의 '프라하의 봄'이 시작되었다.

3. 프라하의 봄과 여름(1968년 1월 5일~8월 21일)

둡체크가 제1서기로 선출되었다고 해서 바로 프라하의 봄이 온 것은 아니다. 공산당의 개혁 프로그램인 행동강령(Akční program KSČ)이 발표되기까지는 아직 4개월이나 남아 있었다. 공산당 내부에서는 개혁파와 강경파가 어떤 식으로 개혁을 추진할지에 대해 끊임없이 논쟁하고 있었다. 그러나 체코슬로바키아 사회에는 이미 봄이 와 있었다.

---

1) 브레즈네프는 "당신네 문제에 개입하지 않을 겁니다. 나는 체코슬로바키아 공산당도 잘 알고 있고, 지금까지 공산당의 방향성에 대해서도 잘 알고 있어요. 그래서 나는 레닌주의 정신에 따라 체코슬로바키아 공산당 내부의 문제가 해결될 것이라 확신하고 있습니다"라며 체코슬로바키아 국내 문제에 개입하지 않을 것임을 전했다(Raffensperger, 2016.9.22).

프라하의 봄은 언론과 미디어의 축제에서부터 출발한 것이나 다름없다. 이미 1월부터 TV와 신문에서는 개혁에 대한 기대감을 한껏 드러내고 있었다. 1월 이전에는 엄두도 내지 못한 내용이 전파를 타고 전국에 알려졌다. 예를 들어 라디오 프라하(Radio Praha)는 저녁 뉴스 이후에 "Co chcete vědet o současné politické situace(현 정치 상황에 대해 알고 싶어 하는 것)"이라는 시사 프로그램을 내보내기 시작했다. 전문가 패널이 출연해 정치 상황에 대한 설명과 토론을 진행하는 프로그램인데 7시경 시작해 종종 이튿날 새벽 4, 5시까지도 이어지곤 했다. 방송에서는 스탈린 시기의 범죄에 대해 공개적으로 의문을 제기하기 시작했고, 공산 체제의 실상을 폭로했다. 시민들은 그동안 철저히 숨겨져 왔던 진실을 확인하기 위해 이런 프로그램에 귀를 기울였다(Čukik, 2018.5.24).

1968년 3월이 되면서 검열 폐지에 대한 목소리가 더욱 높아졌다. 아직 검열이 공식적으로 폐지되지는 않았지만, 언론은 이제 누구의 눈치도 보지 않았다. 신문 등 언론은 매일같이 고위층의 부패를 폭로하고, 공산당의 잔혹한 범죄를 고발했으며, 소련이 배후인 1950년대 리하르트 슬란스키(Richard Slanský) 재판과 같은 범죄 행위를 낱낱이 들추어냈다. 신문은 매일 이른 아침부터 매진될 정도였다(Kavan, 2018.5).

공개적인 대중 토론회도 우후죽순처럼 생겨났고, 규모가 큰 토론회는 TV와 라디오로 생중계되기도 했다. 이 자리에 공산당 개혁파, 작가, 학생들이 출연해 자신들의 의견을 자유롭게 개진했다. 시민들도 더는 침묵하지 않았다. 상호 감시를 두려워해 속마음을 드러내지 않던 일반인들도 삼삼오오 거리에 모여 과거에 대한 반성과 밝은 미래를 토론하기 시작했다. 누가 조직하지도 않았지만 나프르지코페(Na příkopě)나 바츨라프 광장(Václavské náměstí)과 같이 사람들이 많이 모이는 장소에서는 어김없이 많은 시민이 모여 전날 방송에 소개된 이슈를 이야기하고 논쟁을 벌였다(Čukik, 2018.5.24). 이제 침묵은 없었다. 그동안 정권에 정당성을 부여해준 소극적 침묵은 적극적 목소리로 대체되었다. 이미 개혁파가 점령한 공산당도 시민들의 목소리를 통제할 수 없었다. 서둘러서 공산당이 통제권을 되찾아와야만 했다. 그렇지 않으면 공산당의 '주도적 지위'가 흔들릴 수도 있는 상황이었다. 이를 위해 둡체크는 4월 5일 '행동강령'을 발표했다.

둡체크는 공산당이 추진하는 개혁은 건전한 경제 기반 위에 선진화된 사회주의를 구축하려는 목적이며, 그것은 체코슬로바키아의 민주 전통과도 부합된다고 강조했고, 서방세계와의 무역 개방, 사적 기업 허용, 10년간의 이행기를 통한 다당제로의 전환을 제시했다(Stoneman, 2015: 103~104). 당내 민주화, 국가 조직의 활성화, 체코와 슬로바키아의 연방화, 무력 사용과 테러 금지, 부당하게 처벌된 자들에 대한 복권, 정치적 논쟁 허용 등을 제시한 행동강령에서(Skilling, 1976: 124~141) 가장 중요한 측면은 시민들이 자신의 의지를 표명하고 말할 수 있는 권리를 부여해준 점이다. 이를 위해 1968년 6월 26일 공식으로 검열을 폐지했다. 행동강령에는 개혁의 구체적인 내용이 담겨 있지는 않지만, 공권력을 통한 억압과 탄압 중단, 언론과 결사, 집회의 자유를 부여함으로써 정체되어 있던 사회주의 사회에 활력을 불어넣고, 사회주의 발전을 위해 시민들의 전폭적인 지지를 구하려는 둡체크와 개혁파의 의지를 보여주었다.

둡체크는 행동강령 발표에 앞서 이미 언론의 자유, 여행의 자유를 보장하고 검열을 폐지할 것이라고 약속했다. 또한 경제는 생산자가 아니라 소비자 중심으로 운용할 것이며, 이를 위해 사기업을 허용하고 서방세계와의 무역을 자유화할 것을 약속했고, 계획에서 탈피한 시장의 역할을 강조했다. 또한 둡체크는 체코와 슬로바키아의 연방화를 통해 민족문제를 해결할 것이며, 대외 정책은 소련의 일방적인 명령과 지령을 따르지 않고 독자적으로 결정할 것이라고 예고했다. 그가 염두에 둔 개혁은 결국 사회주의에 이르기 위한 체코슬로바키아의 독자 노선을 밟겠다는 것이고, 이를 위해 공산당의 역할과 국가 기구의 역할을 엄격히 구분하여 시민들에게 명령하는 것이 아니라 시민들의 필요를 충족시켜주고자 했다(Babjukova, 2015).

검열제가 폐지된 바로 다음 날 지식인들도 자신들의 요구를 담은 '2000어 선언'을 발표했다. 2000어 선언을 작성한 바출리크는 둡체크에게는 대담하게 개혁을 추진할 것을 요구하면서, 동시에 시민들에게는 민주화를 거부하는 제도에 저항하라고 촉구했다.

> 바로 지금 희망의 순간에 우리는 여러분께 호소한다. 우리가 자유롭게 말할 수 있게 된 지 몇 개월이 지났지만, 여전히 우리 중 많은 이가 불안해하고 있다. 그러나 우리가 그동안 해왔던 것처럼 목소리를 높이자. 그리고 정권을 인간화시키려는 우리의 계획을 완수하는 것 외에는 다른 선택지가 없음을 스스로가 인식하자. 그렇게 하지 않는다면, 옛 세력이 잔혹한 보복을 해올 것이다. 무엇보다도 우리는 무슨 일이 일어날지 방관해온 모든 이에게 호소한다. 다가올 시간은 바로 우리의 미래를 결정할 시간이다(*Literarní listy*, 1968.6.27).

프라하의 봄은 소련식 사회주의 모델에서 탈피해 독자적인 정치·경제 개혁을 추진하고자 했던 공산당 내부의 개혁 정책이자 그동안 억눌려왔던 시민들의 목소리를 자유롭게 풀어준 문화·사회 운동이었다. 비록 둡체크를 비롯한 개혁파가 '민주화'를 넘어 '민주주의'를 지향한 것은 아니지만, 적어도 사회주의에 민주적 요소를 가미하고 계획과 시장을 결합함으로써 이상적 사회주의를 위한 개별 국가의 방식이 필요하다는 사실을 천명한 것이나 마찬가지다.

이와 같은 개혁 정책과 문화, 사회운동이 지속될 수 있을지에 관건은 소련의 태도였다. 이미 둡체크는 1967년 12월 프라하를 방문한 브레즈네프에게서 체코슬로바키아 국내 문제에 개입할 생각이 없음을 확인했다. 그러나 여전히 미심쩍었던 둡체크는 1월 모스크바에서 개최된 정상회담에서 브레즈네프를 자극하지 않기 위해 '개혁'이라는 말조차 꺼내지 않았다. 그 대신 둡체크는 사회주의 '쇄신'이라는 말을 사용하면서, 체코슬로바키아 공산당의 쇄신은 사회주의 자체를 거부하려는 의도가 아니라, 시민들을 사회주의 발전에 적극 동참시키려는 것이라고 강조했다. 그러나 사실 둡체크 역시 자신이 품고 있던 개혁 의지가 소련과 바르샤바조약기구를 자극할 수 있다는 것을 알고 있었다. 그는 훗날 모스크바 회담을 회고하면서 "브레즈네프와 소련 공산당 지도부는 많은 말을 하지는 않았지만, 나는 내 얘기가 그들이 듣고 싶어 하는 얘기가 아님을 알고 있었다"(Dubcek and Hochman, 1993: 135)라고 했다. 둡체크는 브레즈네프와 소련 공산당 지도부가 체코슬로바키아 국내 문제에 개입할 의도가 없다고 판단했지만, 만약에 대비해 헝가리와 폴란드에 접근해 개혁에 대해 지지를 구하려 했다. 소련을 방문한 직후인 1월 20일 둡체크는 서둘러 헝가리의 야노시 카다르(János Kádár)를 찾아갔다. 이 자리에서 그는 체코슬로바키아의 상황을 설명하고 카다르의 지지를 당부했다. 둡체크는 카다르와의 회담을 통해 지지를 얻었기 때문에 개혁을 추진해도 큰 문제가 없으리라 판단했다. 그러나 이는 완전한 오판이었다. 카다르는 둡체크의 개혁을 지지한 것이 아니라, 둡체크가 무슨 생각을 하고 있는지를 파악해 브레즈네프에게 그대로 전달했다(Dubcek and Hochman, 1993: 133).

1968년 3월 23일 드레스덴에서 바르샤바조약기구 정상회담이 개최되었다. 둡체크는 이 기회를 이용해 다시 체코슬로바키아의 상황을 설명하고 개혁에 대해 지지를 구하려고 했다. 그러나 드레스덴의 분위기는 기대했던 것과 전혀 달랐다. 동독의 발터 울브리히트(Walter Ulbricht), 폴란드의 브와디스와프 고무우카(Władysław Gomułka), 헝가리의 카다르는 모두 크게 우려를 표명하며 개혁을 중단할 것을 권고했다. 울브리히트는 체코슬로바키아의 상황이 동독 주민들도 자극하지 않을까 전전긍긍했다. 그는 서방세계의 영향이 이미 체코슬로바키아에 침투해 있고, 예술가와 작가들에게 더 많은 자유를 부여해주었다며 둡체크를 비판했다. 그는 자본주의 세계의 언론에서는 이미 체코슬로바키아를 사회주의 진영의 가장 취약한 고리로 보고 있다고도 주장했다(Raffensperger, 2016.9.22).

둡체크는 이 자리에서 바르샤바조약기구 정상들이 우려하는 언론의 자유는 결코 사회주의를 해치지 않을 것이며, 체코슬로바키아의 개혁은 사회주의 원칙에 민주적 요소를 결합한 것으로 사회주의 규범에서 이탈한 것이 아니라고 거듭 강조했다. 또한 둡체크는 국내 문제 해결에 대한 권리를 주장하면서 다른 정상들의 개혁 중단 요구를 거부했다(Dubcek and Hochman, 1993: 143). 1968년 7월 14일 바르샤바 정상회담에는 체코슬로바키아를 제외한 5개국만 참가했다. 이 자리에서 바르샤바조약기구 5개국은 더욱 강경하게 둡체크의 개혁과 체코슬로바키아의 상황을 비난하고, 이를 반혁명으로 규정했다.

다시 7월 29일 치에르나나트티소우에서 바르샤바조약기구 정상회담이 개최되었다. 이미 9월로 예정된 군사훈련을 6월로 앞당겨 실시한 소련과 다른 회원국들은 체코슬로바키아 국경지대에 군사력을 배치해놓고 둡체크를 몰아붙였다. 바르샤바조약기구는 8월 3일 '브라티슬라바 선언문'을 통해 사회주의 체코슬로바키아는 평등, 주권, 독립의 원칙에 기반을 둔다고 전제하고, 사회주의 블록 국가들의 상호 지원, 보호, 발전을 위한 협력 강화를 언급하면서, 그러한 상호성이 사회주의 국가의 국제적 의무라고 강조했다(Navratil, 1998: 234~238).

여기에서 둡체크는 두 번째 문구에는 별달리 주목을 하지 않고, 첫 번째 문구만을 통해 체코슬로바키아가 사회주의 블록 내에서 독자적으로 행동할 수 있는 권리를 얻어냈다고 확신했다(Dubcek and Hochman, 1993: 170). 서방의 언론도 브라티슬라바 선언을 "소련의 퇴각, 체코슬로바키아의 성공"으로 판단했다(Stoneman, 2015: 108). 그러나 소련은 브라티슬라바 선언문을 통해 사회주의 블록에 대한 개입을 시사했고, 이 시점에 이르러서는 무력을 통해 체코슬로바키아의 개혁을 중단시키기로 이미 결정했다.

4. 다시 프라하의 겨울(1968년 8월 21일~1989년 11월 17일)

1968년 8월 13일 저녁 프라하에서 약 2시간 거리인 카를로비바리에 다녀온 둡체크는 브레즈네프에게서 걸려온 전화를 받았다. 전화 속 브레즈네프의 목소리는 차가웠다. 간단한 인사말을 나누자마자 브레즈네프는 둡체크를 몰아붙였다.[2] 이미 2주 전 치에르나나트티소우와 브라티슬라바 회담을 통해 둡체크에게 충분히 경고했다고 확신했던 브레즈네프는 무척이나 심기가 상해 있었다. 브레즈네프는 무엇보다도 체코슬로바키아 언론이 소련과 공산당을 비판하고 있다며 역정을 냈다.

---

[2] 1994년 러시아연방 아카이브는 1968년 8월 13일 정확히 침공 일주일 전에 브레즈네프와 둡체크의 전화 통화 녹취록을 공개했다(Vaughan, 2003).

이 시점에 미디어와 언론뿐만 아니라 체코슬로바키아 전역에 소련과 소련 공산당 그리고 사회주의에 대한 반대, 바르샤바조약기구 탈퇴를 주장하는 벽보가 나붙었다. 그러나 체코슬로바키아 시민들의 사회주의에 대한 높은 지지를 볼 때, 사회주의 반대와 바르샤바조약 탈퇴를 요구하는 벽보나 전단의 진위는 상당히 의심스러웠다. 1968년 7월 실시한 여론조사에서 시민들의 89%가 인간의 얼굴을 한 사회주의를 통한 사회주의의 발전을 원한다고 응답했고, 공산당과 정부에 대한 신뢰 역시 85% 이상이었다(Pool, 1970: 10~25). 그렇지만 프라하 시내 곳곳에 반사회주의, 바르샤바조약 탈퇴 등과 같은 벽보가 분명히 나붙었다. 이런 내용을 접한 브레즈네프와 바르샤바조약기구 정상들은 체코슬로바키아에서의 개혁을 반혁명이라 확신했고, 또 1956년 헝가리가 요구한 바르샤바조약 탈퇴와 중립화 선언의 파멸적 결과에 대해서도 우려했다. 그러나 사실 둡체크와 체코슬로바키아는 1956년 헝가리의 비극을 기억하고 있었기 때문에 사회주의를 포기하거나 사회주의 블록에서 벗어날 의도가 전혀 없었다. 그리고 사실상 둡체크는 충실한 친소파이자 사회주의자였다.

후에 밝혀진 바에 따르면 반사회주의, 바르샤바조약 탈퇴 전단, 벽보, 포스터는 당시 소련 KGB 의장이던 유리 안드로포프(Yuri Andropov)의 공작이었다. 안드로포프는 체코슬로바키아 비밀경찰과 공모해 30여 명의 비밀요원을 프라하에 침투시켜 사회주의 비판, 바르샤바조약 탈퇴, 반공산당과 같은 거짓 선전물을 유포하면서, 브레즈네프에게 무력 개입을 권유했다. 안드로포프는 미국 정보부가 개혁파를 지원하고 있으며, 반공산주의 운동을 조장하고 있다는 거짓 보고서를 작성해 브레즈네프에게 전달하기도 했다(Raffensperger, 2016).

둡체크는 브레즈네프와의 통화에서 쩔쩔매며 문제 해결을 위해 노력하고 있다고 거듭 강조했다. 브레즈네프는 체코슬로바키아가 소련, 소련 공산당, 사회주의 자체에 대한 비판을 해댄다고 목소리를 높였고, 둡체크는 브라티슬라바 회담 이후 그런 기사가 사라졌다고 항변했다. 이에 대해 브레즈네프는 다음과 같이 화를 냈다.

무슨 소리를 하는 겁니까. ≪문학신문(Literární listy≫, ≪청년전선(Mladá Fronta)≫, ≪리포트(Repórter)≫, ≪노동(Práce)≫과 같은 신문이 매일같이 반소련, 반공산당 기사를 내고 있는 거 모르세요? 브라티슬라바 회담 이전이라니요? 닷새 전에도 ≪문학신문≫에 소련 공산당, 소련, 그리고 우리의 사회주의 형제 국가를 비난하는 글이 실렸단 말이에요. 그게 바로 8월 8일이었어요. 우리가 브라티슬라바에서 만난 이후입니다(Vaughan, 2003.10.8).

둡체크는 언론에 자제를 요청했다고 말했지만, 브레즈네프는 이 말에 더욱 화가 났다.

이보세요, 사샤(알렉산드르의 애칭). 문제는 당신이 기자들과 만났다는 사실이 아니에요. 우리가 지난번 만났을 때 이미 합의했잖소? 모든 매스컴, 신문, 라디오, 텔레비전을 공산당 중앙위원회와 정부의 통제하에 두기로 말이오. 브라티슬라바 회담 이후에 모든 반소련, 반사회주의 출판물을 당장 중단시키기로 말이오. 우리는 약속을 지키고 있고, 체코슬로바키아에 대해 어떤 비판도 하지 않고 있잖아요. 그런데 체코슬로바키아 매스컴을 한번 보세요. 소련 공산당과 소련을 무차별적으로 공격하고 있고, 심지어는 우리 당의 주요 인사를 비판하고 있지 않느냐는 말이에요. 우리를 스탈린주의자라나 뭐라나 그렇게 부르고 있잖아요. 다시 물어볼게요, 도대체 이게 무슨 일이오?(Vaughan, 2003.10.8).

이 말에 둡체크는 한동안 말을 잇지 못했다. 그러고 나서 간신히 입을 열어 시간을 좀 달라고 요청했다. 둡체크는 과거와 같이 위로부터의 강압적 방식으로는 언론을 잠재울 수 없다며 이 문제는 합의를 통해서만 해결할 수 있다고 말했다. 브레즈네프가 다시 언제까지 기다리면 되겠느냐고 묻자 둡체크는 힘없이 10월 말까지 기다려달라고 요청했다. 이 말에 브레즈네프는 화를 내며 말했다.

사샤, 내가 어떻게 말해야 할까요? 당신의 말은 기만일 뿐이에요. 지금 그 말은 당신이 우리를 속이고 있다는 확실한 증거네요. 달리 표현할 말이 없어요. 내 더 직설적으로 말하리다. 당신이 이 문제를 해결할 수 없다면, 당신네 당 지도부는 이제 통제력이 없다는 거지요? …… 우리는 이 문제를 다시 다룰 수밖에 없어요. 상황을 다시 평가하고 새로운, 완전히 새로운 조치를 취할 수밖에 없어요 (Vaughan, 2003.10.8).

이 말에 둡체크도 발끈했다. 이미 브레즈네프의 무차별 공격을 받고 있던 둡체크도 참지 못하고, 소련이 어떤 결정을 내리든 하고 싶은 대로 하라고 쏘아붙였다.

저도 더는 다른 할 말이 없어요. 지금 약속을 지키기 위해 최선의 노력을 다하고 있어요. 그렇지만 열흘 아니 일주일 만에 그렇게 할 수는 없어요. 제가 할 수 있는 최선을 다하고 있단 말입니다. 그런데 (말씀하신) 그렇게 짧은 동안에 도대체 무엇을 더 할 수 있단 말입니까. 아주 복잡한 문제예요. 전체 당, 국가, 그리고 민족과 관련되어 있어요. 당은 이 과정을 통제해야 하고, 국가를 사회주의 건설 과정으로 이끌어야 해요. 그것이 우리의 의무이자 과제예요. 그렇지만,

그렇게 짧은 시간에는 (아무것도) 할 수 없단 말입니다. 브레즈네프 동지, 확실히 말씀드릴게요. 우리를 믿지 못한다면 (당신을) 기만한다고 생각한다면, 당신네 정치국이 필요하다고 여기는 조치가 무엇이든 그렇게 하세요(Vaughan, 2003.10.8).

마지막 전화 통화 닷새 뒤인 8월 17일 소련 공산당 정치국은 필요한 조치를 취하기로 결정했다. 브레즈네프는 "체코슬로바키아에서 사회주의를 지킬 적극적 조치를 취할 시점이 되었고, 우리는 만장일치로 군사력을 동원해 체코슬로바키아 공산당과 시민들을 보호할 것"이라고 밝혔다. 브레즈네프는 이틀 뒤 주체코 소련 대사 슈테판 체르보넨코(Stepan Chervonenko)를 통해 둡체크를 비롯한 공산당 지도부에 경고장을 전달했다. 이 서한에서 공산당이 언론을 완벽히 통제할 것, 반체제 인사와 사회주의 비판자를 색출해 처벌할 것, 공산주의를 위협하는 모든 경제적·정치적 조치를 중단할 것을 '명령'했다. 만약 이를 즉각 시행하지 않는다면 체코슬로바키아가 아주 '위험한 상황에 처하게 될 것'이라고 위협했다(Raffensperger, 2016). 그러고는 적절한 조치를 취할 시간도 주지 않고 바로 이튿날인 1968년 8월 20일 저녁부터 21일 새벽에 동서남북 사면에서 60만 명의 군인과 7000대의 탱크를 이끌고 체코슬로바키아의 국경을 넘었다.

8월 21일 새벽 4시 반 둡체크는 공산당 중앙위원회 상황실에서 전화로 침공 관련 소식을 듣고 있었다. 이때 갑자기 문을 박차고 일단의 소련군이 들어왔다. 소련군 대령이 둡체크의 손에서 수화기를 빼앗고 아예 전화 코드를 뽑아버렸다. 그리고 다음과 같이 말했다. "둡체크 동지, 지금 바로 같이 가야겠소"(Raffensperger, 2016). 1월 공산당 제1서기로 선출된 이후 8개월 동안 둡체크가 시도했던 프라하의 봄이라는 사회주의 건설을 위한 새로운 실험은 이렇게 갑자기 중단되었다.

둡체크와 개혁파는 당분간은 자리를 보전할 수 있었지만, 프라하의 봄을 계속 이어갈 수는 없었다. 바르샤바조약기구의 침공 이후 소련군이 모든 군사시설과 주요 방송사 등을 통제했으며 개혁의 주역들이 개혁 포기를 선언할 때까지 구금했다. 1968년 9월 언론과 결사의 자유를 제한하는 법안이 가결되고 검열제가 부활되었으며, 10월에는 소련군의 주둔이 합법화되었고, 해외여행의 자유가 제한되었다.

그러나 프라하의 봄은 그대로 끝나기를 거부했다. 시민들은 소련과 바르샤바조약기구의 침공에 항의했고, 온 사회가 하나로 결집해 둡체크와 개혁을 지키기로 결정했다. 이미 주요 기구와 방송국을 점령한 소련군에 대항해 소수의 언론인과 기술자들이 TV 방송을 복구해 침공과 관련된 소식을 낱낱이 전했다. 이들은 TV 방송 송출이 중단되자 이번에는 라디오로 소식을 전하기 시작했다. 이마저도 여의치 않자, 장소를 옮겨가며, 그리고 임시 스튜디오를 설치해 계속 방송을 내보냈다.

그러나 시민들은 막강한 소련군에 무력 저항을 할 수 없었다. 다만, 이들은 체코슬로바키아는 결코 반혁명, 반사회주의 소요를 겪고 있는 것이 아니라고 항변했다. 점령군은 시민들을 향해 사회주의를 구하기 위해 투입된 것이라고 강조했지만, 체코슬로바키아의 사회주의는 안전했고 반혁명의 기운도 없었다. 구원군의 등장으로 기뻐할 줄 알았던 시민들이 오히려 자신들을 비난하자 군인들은 어리둥절했다. 침공을 조롱하고 철수를 요구하는 문구와 포스터가 사방에 나붙었고, 시민들은 점령군의 탱크에 올라타 이들을 설득하려고 애썼다. 침공이 있은 후 신문도 하루에 몇 번씩 호외를 찍어댔고, 새로운 판을 가득 실은 트럭이 전국을 달리며 무료로 신문을 배부했다(Čukik, 2018.5.24).

그동안 모스크바로 끌려간 둡체크는 개혁 포기를 선언하는 '모스크바 의정서'를 받아들일 수밖에 없었다. 침공에 항의한 학생과 노동자의 시위가 이어졌고, 1969년 1월에는 소련군의 침공과 둡체크의 개혁 철회를 비판하는 얀 팔라흐(Jan Palach)의 분신 항의도 이어졌다.

그러나 그 이상의 프라하의 봄은 없었다. 검열이 다시 도입되었고, 개혁을 주장하는 사람들은 당과 국가 조직에서 쫓겨났다. 이듬해인 1969년 4월 구스타우 후사크(Gustáv Husák Husák)가 제1서기로 선출되면서 둡체크를 비롯한 개혁파는 당에서 숙청되었다. 약 1년 후 후사크는 개혁주의자들을 "사회주의 체제를 마비시킨 자들"이라고 비난하며 모든 개혁주의자를 당 지도부에서 제거하고 사회에서 격리하는 '정상화'를 시행했다(김신규, 1995: 23). 후사크가 추진한 정상화는 한마디로 프라하의 봄을 완전히 겨울로 되돌리려는 시도였다. 정상화는 무엇보다도 당과 정부뿐만 아니라, 언론계 등 여타 사회 분야에서 개혁주의자들을 제거하는 과정이었다. 공산당 전체 당원의 21.6%에 이르는 약 32만 3000명이 1971년 초까지 당에서 축출되었고(Sobel, 1988: 40), 수천 명의 비당원은 더 심각한 운명에 처했다. 모두 500만 명 이상이 심사 대상이 되었으며 기업인 40%, 저널리스트 50% 이상이 일자리를 잃었고, 수천 명의 교사가 교육자로서 부적합하다는 판정을 받았다. 이로써 체코슬로바키아는 완전히 '정상화'되었다(Kusin, 1982: 29~30).

정상화에는 사회주의 경제 실험 재개와 엄격한 계획경제로의 회귀도 포함되었다. 후사크 정권은 이른바 '정상화 헌장'을 발표해 둡체크가 주도한 개혁 노선을 비난하면서 "우익 기회주의자와 서방세계의 지원을 받은 수정주의자들이 체코슬로바키아 사회주의를 전복하려고 했다"(Sobel, 1988: 40)라고 주장했다. 후사크 정권은 둡체크의 개혁 운동이 실질적으로 국민 대다수의 지지를 받았다는 사실을 잘 알고 있었기 때문에 사회를 완전히 '정화'

하고자 노력했다. 특히 지식인과 작가, 예술가, 학생들의 연대, 이들에 의한 노동계급의 동원을 경계하면서 이들을 상호 소외시켰다.

1969년 4월 후사크는 제1서기 취임 연설에서 "일부 학생이 공장에 침투해 (노동자들에게) 반공산당, 반사회주의를 조장한다. 이들은 학생, 노동자 연대라든지 학생, 지식인, 노동자 연대라는 슬로건을 내걸고 있다"라며 사회를 변혁시킬 수 있는 학생, 지식인, 노동자 연대를 우려했다. 후사크는 그 후에도 "다양한 반대 세력이 형성되어 있다. 노동자, 학생 연대 그룹 …… 다양한 협의와 합의가 체결되었다. …… 그런 것들은 모두 불법이다"(Kavan, 2018.5)라며 학생, 지식인, 노동자의 연대를 사회주의에 대한 가장 강력한 위협으로 인식했다. 프라하의 봄이 공산당 내부의 개혁파에 의해 주도된 것이 아니라, 사실은 사회 각 부문의 자발적 목소리와 연대를 통해 진행되었음을 알고 있던 후사크는 이들 사이의 연대를 파괴하고 서로를 소외시키기 위한 온갖 방법을 동원했다. 그러지 않을 경우 그것이 다시 공산당 내부의 분열로 이어지고, 사회주의를 위협에 빠뜨릴 것이라 판단했다. 많은 지식인이 후사크 정권의 탄압을 피해 서방으로 탈출했는데 그 수는 12만 명에 이르렀다 (Kavan, 2018.5: 41). 이제 프라하의 봄은 매서운 프라하의 겨울로 바뀌었다.

5. 맺음말: 끝나지 않은 프라하의 봄

전기 공급을 요구하는 학생들의 단순 시위에서 시작된 1967년의 겨울은 이들에 대한 무력 진압을 계기로 지식인, 노동자의 관심과 연대를 불러왔고 그것이 1968년 1월부터 시작된 프라하의 봄의 도화선이 되었다. 1968년 파리의 학생들이 유럽 문화와 전통, 가치, 그리고 기성세대가 만들어놓은 질서에서 벗어나기 위해 자유를 추구했던 반면 프라하의 학생들은 파리의 학생들이 거부하고 혐오했던 바로 그런 가치와 전통, 그리고 질서를 얻어내기 위해 투쟁했다(Rupnik, 2008.5.16).

이 과정에서 학생, 노동자, 지식인은 한목소리로 사회의 개혁을 요구했고, 그것이 당내 권력투쟁과 맞물려 개혁파의 대두로 이어졌다. 그러나 공산당 내 개혁파를 대표하는 둡체크는 사회의 요구와 소련의 압력 사이에서 갈팡질팡했다. 소련에 충성하는 철저한 사회주의자 둡체크는 사회주의의 기반에 민주적 요소를 도입함으로써 체코슬로바키아식 사회주의를 건설하려는 '인간의 얼굴을 한 사회주의'를 표방했다. 그러나 그는 사회에 이미 널리 퍼져 있던 프라하의 봄을 완전히 통제할 수 없었고, 더 큰 개혁을 요구하는 측과 개혁을 중단하라는 측 사이에서 어찌할 바를 몰랐다.

1968년 8월에 일시 중단된 프라하의 봄은 둡체크의 몰락으로도, 후사크의 강압적인 정상화 정책으로도 완전히 사라지지 않았다. 시간이 좀 걸리기는 했지만, 결국 프라하의 봄은 다시 시작되었다. 이번에는 봄이 아니라 가을이었다. 1989년 11월 17일 학생, 지식인, 노동자의 목소리는 더욱 커졌고 그들 사이의 연대도 더욱 확고해졌다. 프라하의 봄에 뿌려진 씨앗은 21년 만인 1989년에 와서야 비로소 '벨벳혁명'이라는 풍성한 결실을 볼 수 있었다.

참고문헌

김신규. 1995. 「체코슬로바키아 반체제운동 연구」. 한국외국어대학교 석사 학위논문.

이정희. 1989. 『동유럽사』. 대한교과서주식회사.

최정호. 1990. 「체코슬로바키아의 정치와 문화」. 윤덕희 외 엮음. 『체코·루마니아: 정치·경제·사회· 문화구조와 정책』, 90~111쪽. 법문사.

AMP(프라하시 당국 문서). f. KSC – VV, inv. J. 516, Rezoluce studentů filozofické fakulty ze dne 8. 11. 1967.

Babjukova, Natalie. 2015. "Events that led to the Czechoslovakian Prague Spring and its immediate aftermath." Spring. http://digitalrepository.trincoll.edu/theses/469/

Čukik, Ján. 2018.5.24. "Prague Spring 1968 as seen through the eyes of 15-year-old." CCEC. http://www.inthelongrun.org/articles/article/prague-spring-1968-as-seen-through-the-eyes-of-a-15-year-old/

Dubcek, Alexander and Jiri Hochman. 1993. Hope Dies Last: The Autobiography of Alexander Dubcek. New York: Kodansha International.

Kavan, Jan. 2018.5.14. "Havel's Biafra of spirit? Prague Spring and the student movement." In the Long run. http://www.inthelongrun.org

Kusin, Vladimir V. 1982. "Husak's Czechoslovakia and Economic Stagnation." Problems of Communism, Vol.31, No.3, pp.24~37.

Literarní listy. 1968.6.27. "Dva Tisice Slov".

Navratil, Jaromir(ed.). 1998. The Prague Spring 1968. A National Security Archive Documents Reader. Budapest: Central European University Press.

Paul, David W. and Maurice D. Simon. 1981. "Poland Today and Czechoslovakia 1968." Problems of Communism, Vol.30, No.5, pp.25~39.

Pažout, Jaroslav. 2008. "Chceme světlo! chceme studovat! Demonstrace studentů z vysokoškolských kolejí v Praze na Strahově 31. října 1967." Paměť a dějiny, Vol.1, pp.4~13.

Polák, Michael. 2018. "Politika ulice. Studentské protesty v Praze v letech 1962–1967." Diplomová práce Praha: Filozofická fakulta.

Pool, Ithiel De Sola. 1970. "Public Opinion in Czechoslovakia." The Public Opinion Quarterly,

Vol.34, No.1, pp.10~25.

Raffenspergerm, Todd A. 2016.9.22. "Prague Spring", 1968: "The Whole World is Watching."
Warfare History Network. https://warfarehistorynetwork.com/daily/military-history/prague-
spring-1968-the-whole-world-is-watching/

Rupnik, Jacques. 2008.5.16. "1968: The year of two springs". https://www.eurozine.com/1968-
the-year-of-two-springs

Skilling, H. Gordon. 1974. "Opposition in Communist East Europe." in Robert A. Dahl(ed.),
Regimes and Opposition, pp.89~119. New Haven: Yale Univ. Press.

_____. 1976. *Czechoslovakia's Interrupted Revolution*. Princeton: Princeton University Press.

Sobel, Vlad. 1988. "Czechoslovakia: The Legacy of Normalization." *East European Politics and
Societies,* Vol.2, No.1, pp.37~69.

Stoneman, Anna J. 2015. "Socialism with a Human Face: The Leadership and Legacy of the
Prague Spring." *The History Teacher,* Vol.49, No.1, pp.103~111.

Vaughan, David. 2003.10.3. "Dubcek and Brezhnev: The last conversation." *Radio Praha*.
https://www.radio.cz/en/section/curraffrs/dubcek-and-brezhnev-the-last-conversation

10장

68운동과 헝가리의 사회주의 체제 내 개혁*

신경제 메커니즘(NEM)을 중심으로

김지영(숭실대학교 HK+사업단)

1. 1968년 이전 동유럽 사회주의 국가의 개혁 운동

1968년은 헝가리에도 뜨거운 해였다. 헝가리는 다른 동유럽의 공산국가들과 마찬가지로 1949년 공산화된 이후 지나친 중공업 투자와 강력한 중앙집중식 명령경제 체제의 유지를 통해 제2차 세계대전 이후 급격한 경제성장을 이루어냈다. 정치적으로는 스탈린식 전체주의가 횡행했지만, 경제적으로는 어느 정도의 성과를 거두었다. 헝가리의 1960년대는 전후 복구의 성공적인 수행과 산업 생산력의 성장 덕에 물질적으로 전쟁 이전의 빈곤했던 시기를 극복하는 성취를 달성했다. 헝가리 사회는 공산주의 체제 내에

---

* 이 장은 「'68운동'과 헝가리의 사회주의 체제 내 개혁운동: 1989년의 체제전환 - '신경제구조'에서 '체제전환'으로」, ≪독일연구≫, 39호(2018)에 실린 논문을 고쳐 쓴 것임을 밝힌다.

서도 정상적으로 작동하고, 안정화의 길을 가게 되었다. 그러나 경제 회복기가 단기간에 끝나고 나서 헝가리 사회는 1960년 중반부터 경제 전반에 걸친 비효율과 정책 실패로 인해 침체되었다. 이러한 문제를 해결하기 위해 동유럽 각국에서는 공산주의 체제 내에서의 개혁을 위해 다양한 방식의 개혁안을 준비했다. 헝가리와 폴란드, 체코슬로바키아가 그러한 공산주의 내에서의 체제 개혁 운동의 선봉에 서 있었다. 1953년 스탈린이 사망하고 그 뒤를 이어 권력을 잡은 니키타 흐루쇼프(Nikita Khrushchyov)가 1956년 2월 소련 공산당 제20차 전당대회에서 스탈린주의를 전면적으로 부정함으로써 이러한 개혁 움직임이 가능해졌다(이정희, 1989: 483).

또한 1956년부터 시작된 중국과 소련의 갈등은 단순히 중소 대립이라는 구도를 넘어 공산당 자체에 대한 민중의 기반이 취약했던 대부분의 동유럽 국가들이 사회주의 체제의 모순을 자각하는 계기가 되기도 했다.[1] 이렇듯 스탈린 사후 흐루쇼프의 스탈린 비판으로 촉발된 1950년대 동유럽 사회주의 국가들의 체제 내적인 개혁 운동은 1960년대에 들어 격화되기 시작했다. 이러한 사회주의 내의 체제 개혁 운동이 정점을 이루는 때가 1968년이다. 여기서 한 가지 짚고 넘어가야 할 사실은 1953년 동베를린, 1956년 헝가리와 폴란드에서 벌어진 반소 시위는 사회주의 체제 내의 개혁운동이 아니라, 사회주의 그 자체를 거부한 혁명적 성격의 운동이라는 것이다. 특히 헝가리의 1956년 혁명은 공산당 일당 독재 포기, 사회주의 경제정책 포기, 바르샤바조약기구 탈퇴, 헝가리의 영세중립국화를 주장했다는 측면에서 1968년의 '프라하의 봄'이나, 폴란드의 학생운동과는 그 성격이 완전히 다르다고 할 수 있다.[2]

---

[1] 1956년 흐루쇼프의 스탈린 비판은 헝가리 혁명의 원인이 되었다(김지영, 1952: 273).

서유럽 등 서구의 세계가 구제도와 자본주의의 모순, 격화되는 계층 간의 갈등에 대항해 권위적인 과거와의 단절을 추구한 운동의 정점으로서 '68혁명'이 존재한다면, 동유럽에서는 공산주의의 모순에 저항하는 체제 내 개혁 운동의 분출이 '68'의 양상이라고 할 수 있다. 물론 이마저도 헝가리에서는 공산당의 주도에 의한 '신경제 메커니즘'이라는 형태의 체제 내 개혁으로 나타나게 되었다. 따라서 1968년 체코의 '프라하의 봄', 폴란드에서의 학생 시위, 헝가리의 '신경제 메커니즘'을 비슷한 유형으로 보는 것은 문제가 있다. 특히 체코슬로바키아의 '프라하의 봄'과 헝가리 개혁 운동의 양상이라고 할 수 있는 '신경제 구조'는 단순 비교가 불가하다. 이러한 연유로 1968년 헝가리에서 일어난 경제개혁 운동인 '신경제 메커니즘'은 서구의 '68혁명'과는 그 출발점에서부터 매우 다른 양상을 보여준다. 체코슬로바키아의 '프라하의 봄'은 서구 68혁명의 영향을 받았다고 할 수 있지만, 헝가리의 '신경제 메커니즘'은 헝가리 내부의 사회주의 모순을 해결하기 위한 내부의 체제 개혁 운동으로 볼 수 있다. 물론 헝가리에서 '신경제 메커니즘'의 개혁 정책들이 진행되는 동안 벌어진 서구의 '68혁명'과 체코슬로바키아의 '프라하의 봄'이 헝가리의 '신경제 메커니즘'에 영향을 준 것은 사실이다.[3] 헝가리 정부는 '신경제 메커니즘'을 추진하면서 좀 더 유연하고 융통성 있게 정책을 집행했다.

　헝가리 정부가 1968년의 개혁 정책을 수행해본 경험은 정확히 20년 뒤인 1988년 헝가리 체제 전환의 뿌리가 되었음은 자명한 사실이다. 이 글에서는 이러한 인식을 바탕으로 1968년에 시작된 헝가리의 '신경제 메커

---

2) 헝가리 학자들은 1968년과 1956년을 비교하는 것에 대해 지속적으로 의문을 제기한다.
3) 헝가리의 언론들은 사회주의의 우월성을 강조하는 체제 선전 차원에서 서구의 68혁명을 보도했다. 그러나 프라하의 봄에 대해서는 극히 소략하게 보도했다.

니즘'을 살펴본다.

2. 헝가리의 1968년 '신경제 메커니즘 도입'의 전사(前史): 1956년 혁명과의 연계성

헝가리는 1949년 공산화된 이래로 라코시에 의한 스탈린주의적인 강압 통치가 시행되었다.[4] 헝가리 공산당은 정권을 장악하자 소련을 모델로 삼아 헝가리 사회를 전면적으로 개편하는 작업을 시작했다. 먼저 여성과 청소년의 중노동 금지 법률을 폐기하고 강제 노동을 가능하게 하는 새 법안을 통과시킴으로써 공산당 정부가 인민에게 강제로 일을 하게 하고 특정 노동을 지시할 수 있는 권한을 갖게 되었고, 1949년 말에는 10인 이상을 고용한 기업체를 모두 국유화했다. 국유화된 공장의 노동자는 문서로 공식 허가를 받지 않고는 직장을 바꾸지 못하게 됐다. 또 결근한 노동자는 반국가 행위로 엄하게 다스리고, 국가 재산을 파손하거나 자신의 일에 태만한 사람은 중형에 처했다. 이로 인해 헝가리 사회는 '완전고용' 상태를 이루지만 이러한 완전고용은 인민의 자유의지와는 무관한, 강제에 의한 것이었다. 물론 제2차 세계대전으로 국토의 대부분이 파괴된 헝가리의 상황에서는 이러한 공산당의 정책이 전쟁으로 폐허가 된 헝가리를 급속히 재건하는데 효과적이었던 것은 분명한 사실이다. 공산당의 중앙 통제식 명령경제는 최소한의 자원을 투입하고 최대한의 노동력을 동원하였으며 이는 헝가리

---

[4] 헝가리에서는 이미 1919년에 소련과 공산주의자 쿤 벨러(Kun Béla)가 '헝가리 소비에트 공화국'을 성립시킨 경험이 있었다. 따라서 1949년 공산당이 정권을 장악하자 이에 대한 반발과 저항이 상당했다(김지영, 2018: 17~23).

의 재건에 유효했다. 이러한 정책을 추진하는 과정에서 투자와 산업 생산의 증대, 생활수준의 향상, 노동생산력의 증대가 나타났지만, 이와 더불어 농촌 인구의 도시 유입으로 빚어지는 주택난과 함께 농업 생산의 상대적 둔화, 산업 부문의 무역 불균형과 구조적 모순도 드러났다. 헝가리에서 공산주의 사회의 재구성은 스탈린식 국가 통제 체제의 정착이라고 해도 과언이 아니다. 1949년부터 1953년 스탈린이 사망할 때까지 헝가리 사회는 검열, 억압, 당의 관료제화를 통한 전체주의적 지배로 소비에트 모형을 모방했으며 스탈린화를 정착시킨 시기라고 할 수 있다. 이 시기 헝가리의 노동자 동원은 다음과 같은 '구호'와 '운동'으로 요약될 수 있다.

① 일을 더 잘해야 한다는 '사회주의 노동 경쟁'
② 생산을 더 많이 하고 질을 높여야 하며 기술을 혁신하여 능률성을 높여야 한다는 '사회주의 혁신 운동'
③ 의무 시간보다 10분 또는 5분 일찍 일을 시작하자는 '10분, 5분 운동'
④ 작업장에서 발생하는 사고를 막아야 한다는 '당신과 당신의 노동자 동무를 보살피자'는 운동(헝가리 공산당 중앙위원회, 1952).

이 시기의 사회주의 노동 경쟁은 헝가리만의 독특한 현상은 아니다. 헝가리와 이웃한 폴란드, 체코슬로바키아, 루마니아 등에서도 유사하게 나타난다. 이와 같은 사회주의 국가의 국민 동원은 전후 피폐해진 경제를 급속히 회복하는 데 효과적인 수단이었다. 이러한 운동은 이른바 '사회주의 경쟁 의식 및 운동'으로 규정되어 1952년부터 헝가리 전역으로 확산되었다. 이 과정에서 나타난 헝가리 사회의 '사회주의적 혁명화'의 구체적인 예는 정치 부문에서 다당제의 폐지와 의회의 '거수기'화, 사법부의 행정부 예속,

내무부와 정부 고위 관리의 공산당원 임명 등의 정책을 들 수 있고, 경제 부문에서는 기업의 국유화와 금융제도 통제, 농업 집단화를, 사회·문화 부문에서는 교육기관의 확충을 통한 교육 기회 확대, 프롤레타리아를 위한 대학 설립, 정치 교육 강화, 교회 활동 제한 등을 들 수 있다. 헝가리 사회의 이러한 구조 개편은 헝가리 사회의 모든 사회 관계망, 사회 연결망을 해체해 헝가리 공산당의 중앙 통제하에 놓이게 하는 것이 최종 목표였다. 헝가리 공산당은 1953년까지 이러한 목적을 거의 달성했다.

공산당 정권의 전체주의적 성격은 당과 국가의 영역을 넘어서 일상 삶의 모든 분야에 침투되었는데 경제, 문화, 그리고 학교 및 청년의 사회화 과정을 포함해 모든 영역에서 그 특징이 표출되었다. 사회의 모든 분야에서 독립성이 사라졌고, 그 대신 사회 전반이 공산당 이데올로기에 적합한 형태로 변모했다. 공산당과 그 부속 조직들(인민전선, 노동조합, 청년 조직)은 국민 전체를 통제하는 당의 기구로 전락했으며, 이 조직체들은 회원제를 통해 통제를 강화했다. 즉, 그물망처럼 촘촘히 조직된 각종 사회단체나 조직, 기구에 가입하지 않거나 못하는 사람은 헝가리 내에서 사회 활동이 불가능하도록 만드는 다중적이고도 교묘한 통제 기제를 통해 인민을 감시하고 통제했다. 이러한 통제 방식은 헝가리인 전체를 어떤 특정 집단에든 속하게 했고, 더불어 공산주의 체제에 통합하기 힘든 혹은 불가능한 교회 등의 집단을 '계급의 적'으로 낙인찍었다. 이러한 방식의 공산당 사회 통제는 성공적이었다고 할 수 있다. 이와 같은 정책에 따라 헝가리 사회는 공산주의 이데올로기에 부합하게 통제되었고, 전통적인 사회구조는 분열되어 그 기반을 상실했다. 이는 공산당 정부에서 최종적으로 원했던 목표, 즉 헝가리 국민의 '비정치화'라는 목표를 달성했음을 뜻한다.

헝가리에서의 개혁은 전술했듯이 1953년 스탈린의 사망과 1956년 소련 공산당 20차 대회에서 흐루쇼프가 스탈린을 비판한 데서 시작되었다. 이러한 분위기에서 헝가리의 스탈린 격의 지도자인 마차시 라코시(Mátyás Rákosi)가 사임했고, 개혁파 공산주의자 너지 임레(Nagy Imre)가 총리로 취임해 사회주의 체제 내에서의 점진적인 개혁을 추구하는 방식으로 사회주의의 모순을 제거하고자 했다. 너지 임레는 온건한 수정주의적 관점을 견지하며 헝가리 사회의 개혁을 시도한 모스크바파에 속했다. 그는 모스크바계였으나, 다른 스탈린주의자와는 달리 소비재 생산을 고갈시키면서까지 강제적이고 일방적인 중공업 정책을 따르려 하지 않았다. 그뿐만 아니라 강제적인 농업 집단화를 완화하려 했고, 교회와 지식인에 대해서도 좀 더 관용적인 태도를 취했다. 너지 임레 총리는 공산당 당료 대부분의 지지뿐만 아니라, 전 국민의 지지를 받았다. 그러나 너지 임레의 문제는 그가 정치적인 싸움에는 별로 능하지 못했다는 것이다. 대중의 신망과 당원들의 지지에도, 공산당 내에 온존해 있던 라코시 추종 세력의 수정주의자 공세에 몰리다 사임했다. 1956년 10월 23일에는 탈소 자주화를 요구하는 학생과 노동자 시위가 부다페스트에서 발생해 헝가리 전역으로 확대되었다. 이에 소련은 헝가리 무력 침공을 결정했다. 결국 헝가리 혁명은 수많은 사상자와 망명자를 낸 채 실패로 일단락되었다. 그 후 헝가리에서는 체제 전환 이전까지 헝가리 혁명을 언급하는 것 자체가 금기 사항이 되었다.[5] 헝가리 혁명이 실패한 후 정권을 잡은 카다르 야노시(Kádár János)는 1958년 헝가리 혁명의 주역인 너지 임레 총리와 멀레테르 팔(Maléter Pál)을 처형함으로써 혁명 주동자에 대한 정치적 처리를 마무리했다. 그 뒤 침묵과 굴종을 요구하는

---

5) 헝가리 혁명은 헝가리 현대사에서 가장 큰 사건이다. 헝가리의 체제 전환과 이후 헝가리의 정치 상황을 논의할 때 모든 논의의 시작은 1956년 헝가리 혁명이다. 헝가리 혁명에 대한 견해, 판단이 곧 헝가리에서의 입지를 결정한다.

공산당 강압 정치가 1961년까지 지속되었다.

헝가리 혁명의 실패는 헝가리 인민에게 정치적 냉소주의와 무관심, 소련에 대한 불신과 적개심, 헝가리의 미래에 대한 회의주의적 태도를 심화시켰으며, 이러한 냉소주의와 회의주의는 이후 헝가리의 정치, 사회, 문화의 주요한 경향으로 자리 잡았다. 이와 같은 경향은 1968년의 혁명적 분위기 속에서도 그대로 유지되었다. 헝가리 사회는 서유럽 등 서구에서 벌어지는 혁명 열기에 대해 거의 무관심, 냉소, 심지어는 조롱으로 일관했다(*Magyar Hirlap*, 1968.9.11). 특히 체코슬로바키아의 프라하의 봄에 대해서는 언급 자체를 하지 않고, 무시로 일관했다. 물론 이러한 태도는 소련 당국의 철저한 통제와 지시에 의한 것이기도 했지만, 혁명의 실패를 경험한 헝가리인에게는 지극히 당연한 모습이었다.[6] 1968년 헝가리에 '신경제 메커니즘'이라는 경제개혁 조치가 도입된 데는 이러한 전사(前史)가 있기 때문에, 체코슬로바키아와는 상당히 다른 관점에서 접근해야 한다.

헝가리 국민은 1956년 혁명에 대해 처음에는 찬성과 지지를 보내다가 반대로 바뀐 공산당의 이중적인 태도에 분노하며, 소극적이고 냉소적인 방법으로 헝가리 공산당 정부에 비협조적인 태도를 견지했다. 1956년 헝가리 혁명이 실패한 후 헝가리 국민은 혁명을 직접 무력 진압한 사회주의 종주국 '소련'과 그 소련의 편을 들어 헝가리 국민을 배반한 헝가리 공산당이라는 '이중의 적'에게 소극적인 저항으로 일관했다. 헝가리 혁명 이후 정권을 잡은 야노시 카다르 서기장은 이러한 헝가리 국민의 분위기를 잘 알고 있었기 때문에 정치 이외의 모든 분야에서는 상당한 자율권을 보장했다.

---

6) 소련은 어떠한 방식으로든 헝가리 혁명이 재연되기를 바라지 않았다. 부다페스트 주재 소련대사관은 카다르 정부와 긴밀히 협력하며 1968년의 혁명 분위기가 헝가리로 전파되는 것을 총력을 다해 저지했다(헝가리 공산당 중앙위원회 문서, MSZMP Központi Bizottság).

특히 경제 분야에서는 사회주의 국가 중 최고의 효율적인 시스템을 구축하기 위하여 동분서주했고, 이를 통해 헝가리 인민의 반정부 감정을 달래려고 노력했다. 이러한 과정에서 '신경제 메커니즘'이 도입되었다고 보는 것이 옳을 것이다.[7]

3. 경제 상황의 악화와 1968년 '신경제 메커니즘의 도입'

헝가리의 실질적인 경제개혁은 1961년부터 시작되었다.[8] 2년간 진행된 경제개혁은 먼저 농업 부문의 집단농장제도 개혁으로 시작되었다. 이 계획은 농장 경영의 독립성, 직접적인 재정 부문의 자율성, 집단농장원의 구성 문제에 대한 다소간의 자율성을 보장하는 내용으로 구성되어 있다. 그러나 이런 정도의 소규모 개혁으로는 헝가리 경제가 당면한 문제를 근본적으로 해결할 수 없었고, 집단농장 개혁을 위한 수정 계획은 1963년 말에 별 소득 없이 종료되었다. 이에 따라 헝가리 사회주의 노동자당 중앙위원회는 새로운 개혁을 위한 준비에 착수했다.

중앙위원회는 먼저 1964년 말 헝가리의 경제 상황을 '검열'할 조사위원회를 가동했다. 조사위원회의 검열 결과는 상당히 심각했다. 조사위원회는 헝가리가 당면한 경제 문제를 해결하기 위한 계획을 '금년 안'이 아니라, 최

---

7) 신경제 메커니즘의 성격과 내용, 1956년 혁명과의 연관성 등에 대해서는 현재도 헝가리 내에서 격렬한 논쟁이 진행되고 있다. 헝가리에서 1956년, 1968년, 1989년의 혁명적 변화는 모두 일맥상통한 흐름을 보이고 있다.
8) 1956년 헝가리 혁명에 대한 공산당 정부의 '조치'가 끝난 시점에 공산당의 유화 정치가 시작되었다.

소한 1965년 말까지 수립해야 한다고 보고했다. 이에 따라 중앙위원회 산하의 경제계획 부서들이 조사위원회의 비판적인 주장을 수용하여 개혁안을 준비했다. 약 1년 반의 준비 기간을 거쳐 1966년 5월 26, 27일에 개최된 헝가리 사회주의노동자당 중앙위원회에 '경제구조의 개혁에 관한 계획 수립 결정'을 보고했다.[9] 이때부터 다시 1967년 말까지 헝가리의 경제구조를 새롭게 개편할 시행 방안을 마련했고, 1968년 1월 1일을 기점으로 '신경제 메커니즘'을 시행했다.

'신경제 메커니즘'의 기본 원칙은 1. 중앙 계획의 역할 축소, 생산 및 투자에서의 기업 자율성 강화, 2. 시장에서의 제한적 가격 자유화, 3. 임금 체계의 유연화로 정리할 수 있다. 이러한 '신경제 메커니즘'의 세부 내용은 헝가리 사회주의노동자당 중앙위원회의 경제계획위원회의 결정에 의해 다음과 같은 실행 방안으로 확정했다(헝가리사회주의노동자당 중앙위원회).

① 다방면에 걸친 분권화와 자유화

② 시장기구의 역할 증대

③ 기업 통제 수단을 일반화하여 특정한 방식으로 규제하는 것을 방지

④ 기업 내부의 조직에 노동자 자주 관리제도의 도입 시도

⑤ 단기적인 명령 체계의 완전한 폐지

⑥ 가격 결정의 행정 관리 체제에서 탈피

---

9) "…… 1964 végén azonban az MSZMP Központi Bizottsága határozatot fogadott el az egész gazdasági mechanizmus kritikai felülvizsgálatáról. A határozat szerint nem egészen egy év alatt „át kellett világítani" a gazdaság működését, majd 1965 végére el kellett készíteni a reform alapelveinek első tervezetét ……"(헝가리사회주의노동자당 중앙위원회의 경제구조개혁에 대한 결정, 1966년 5월 26~27일 회의).

⑦ 임금액 결정 시의 상한선 폐지

먼저 다방면에 걸친 분권화와 자유화는 중앙으로 일원화되어 있는 경제 계획의 결정 권한을 기업으로 이전하는 것이다. 중앙집중식 경제체제의 경우 모든 생산물의 수량까지 중앙에서 계획하고 조절한다. 이 기능의 역작용이 생산성과 품질의 저하 등으로 나타났다. 이러한 경제정책을 수립하기 위해 광범위한 통계자료 수집과 사회조사를 통한 계획이 수립되었는데, 이 과정에서 수많은 왜곡과 불균형이 나타났다. 이러한 상황을 타개하는 방안으로 중앙 기구의 역할을 대폭 축소하고, 의사 결정의 자율권을 부여한 것이다. 이러한 정책을 시행함으로써 기업의 지배 구조와 생산 계획의 시스템이 더 유연하게 개편되었고, 이를 바탕으로 헝가리 기업들은 이윤의 개념을 도입할 수 있게 되었다.

두 번째 '신경제 메커니즘'의 특징은 시장기구의 역할 증대이다. 시장기구의 역할이 커지는 것은 곧 가격을 자율적으로 결정함을 의미한다. 자유시장경제 체제에서는 가격이 수요와 공급이 만나는 점에서 결정된다. 즉, 시장의 자기 통제 기능이 존재하여 수요와 공급의 불균형이 나타나지 않는다. 사회주의 경제체제의 문제점은 이러한 자율적인 시장 기능이 존재하지 않기 때문에 만성적인 생산과잉과 생산품의 부족 현상이 기묘하게 공존한다. 바로 이러한 이유로 '신경제 메커니즘'에서 시장기구의 역할을 증대하는 정책이 가장 중요한 부분을 차지하게 된 것이다.

세 번째 항목인 통제 수단의 일반화는 특정한 기업들을 대상으로 하는 것이다. 이 조치는 이익을 많이 남기는 특정 기업에 대해 국가가 간섭을 통하여 이윤을 회수해가던 종전의 방식을 변경한 것이다. 이 조치는 이윤을 많이 남기는 특정 기업의 불이익을 감소시킴으로써 건전한 자본이 형성되도록 기여한 것으로 평가된다.

노동자의 자주 관리제 도입은 이미 유고슬라비아의 선례가 있어서 무척 쉽게 진행되었다. 각 사업장의 노동자 대표와 기업 대표가 모여 기업의 운영 방안과 각종 현안을 논의하는 이 제도는 노동자의 경영 참여라는 측면에서 노동자의 권리와 발언권의 강화를 의미하는 것이다. 그러나 전문성이 결여된 노동자의 경영 참여는 예상하지 못한 문제점들을 발생시키기도 했는데, 비록 성공하지는 못했지만 이를 개선하기 위한 다양한 방법이 시도되었다.

단기적인 명령 체계의 완전한 폐지로 단기에 관한 한 투입 및 산출을 자유롭게 결정할 수 있게 되었다. 이것은 후에 자본주의 생산 양식을 도입할 때 좋은 경험이 되었다. 이와 같은 신경제체제의 내용은 가히 획기적이었다. 헝가리가 1989년 체제 전환 시기에 보여줬던 개혁 정책 역시 1968년에 제시된 신경제체제의 범주를 크게 벗어나지 않았다. 신경제체제의 실현으로 1968년 이전과 이후의 경제 상황은 많은 차이점을 보이게 되었다. 특히 국유 부문과 비국유 부문의 성장 격차는 아주 중요하다.

개혁 이전에는 국유 부문의 경제 운용 방식이 중앙 통제형 명령 경제 형식이었다. 따라서 모든 경제계획은 중앙경제계획기구의 지표에 의해 강력한 통제를 받았다. 개혁 이후 국유 부문의 취업자 구성비가 전체 취업 인구의 70.9%를 차지하게 되는데, 이는 개혁 이전에 비해 5% 정도 상승한 것이다. 그러나 국민의 소득 구성은 국유 부문이 점차 감소하는 현상을 보인다. 이것은 사기업의 비중이 그만큼 증가했다는 것을 증명해준다. 이러한 개혁의 성과로서 기업체에 종사하는 노동자들은 보너스를 지급받게 되었고, 여러 형태의 이윤 배분이 보장되었다.

농업 부문의 변화도 획기적이다. 국유 농장은 그 비중이 별로 하락하지 않았지만, 개혁 이후 그 운영 방식은 다른 국유 부문보다 더 자유로워졌다. 가격 왜곡 현상이 많이 사라졌고 행정기구의 자의적 통제는 이전보다 훨씬 더 줄어들었다. 여타 부문에 비해 헝가리가 농업 부문에서 강세를 보일 수 있었던 것은 전통적인 농업국이라는 이유도 있지만 농업 부문의 개혁만큼은 지속적으로 이루어졌기 때문이다. 이미 1968년 이전에 농산물 강제 수집이 폐지되고 협동농장에서 생산된 농작물은 자유롭게 시장에 내다 팔 수 있었다. 사유 농장 역시 개혁으로 기본적인 토대가 변한 건 아니지만(토지 소유의 법적 제한) 개별 농가가 사유 농장에 더 많은 노동력을 투입하는 것을 허용하고 개별 농가의 가축, 농기구 소유 등에 대한 제한도 폐지했다. 또한 사유 농장과 협동농장은 상호 보완 관계로 인식되어 사유 농장과 협동농장의 분업 체계가 형성되었다.

4. 1968년 신경제 메커니즘의 도입과 헝가리 사회의 변모, 1989년 체제 전환으로의 도화선

신경제 메커니즘의 도입은 사회주의 헝가리 사회의 모습을 상당히 변모시켰다. 우선 정치를 제외한 사회 전 분야에서 자유로운 분위기가 나타나고 통제 양상이 줄어들기 시작했다. 1950년대 초 공산당이 정권을 장악하고 급격한 스탈린화 정책을 추진하던 당시의 모습과 1968년 이후의 헝가리 사회는 상당히 달라진 모습을 보였다. 예를 들어 농업 생산의 경우 1953년 농업 집단화를 완료할 시점에는 단위 농장에서 생산해야 하는 1년 치 수확량을 정해놓고 수시로 생산 과정을 점검하고, 추수기에는 당국자를 파견해 수확한 알곡의 수까지 세는 방식의 엄혹한 통제를 가했다. 〈그림 10-1〉은

〈그림 10-1〉 농작물 추수 감독(1950.6, 왼쪽), 감독관청의 보리 작황 검열(1953.6, 오른쪽)

추수기에 공산당 감독관들이 농장에 직접 나가 농민들을 통제하는 모습이다. 이와 같은 방식의 통제는 다소 누그러지기는 했지만 1968년 신경제 메커니즘을 도입하기 이전에는 일반적인 양상이었다.

1968년 '신경제 메커니즘'의 도입으로 완화된 농업 정책이 시행됨으로써 농업 종사자들은 자유롭게 설정한 계획에 따라 생산량을 정할 수 있었고, 그러한 측면을 반영해 집단농장 구조도 변하게 되었다. 이와 더불어 농업 생산량 중 국가에 납부해야 하는 일정량을 제외한 잉여생산물의 판매가 허용되었고, 잉여생산물을 판매하기 위한 제2시장(fekete piac, 암시장)이 형성되었다. 헝가리의 제2시장은 후에 스스로 하나의 시장으로 자리 잡았다.

헝가리 학자들은 헝가리가 이와 같이 제2시장을 경험한 점이 1988년 시작된 체제 전환 과정을 비교적 쉽게 받아들일 수 있었던 이유 중 하나라는 데 동의한다.[10) 1968년 이후 제2시장은 국가가 조직하지 않은 준합법적인

___

10) 2000년대 초부터 북한에 나타나기 시작한 장마당도 이와 유사한 형태다. 북한의 장마당은 이러한 헝가리의 페케테 피어츠(fekete piac, 암시장)의 확장된 양상이라고 보면 거의 정확할 것이다. 북한의 장마당은 다루는 품목과 종류가 다양하고, 장마당에서 자금을 빌려주는 '전주'들이 등장하는 모습까지 보인다는 점에서 헝가리 암시장의 진화된 형태라고 할 수 있다. 장마당의 존재는 향후 북한의 개혁과 변화를 추측해보게 하는 요인이 된다.

경제 영역이지만 국가, 사회, 경제체제와 연계되어 공생하는 체제를 의미했다. 그 후 1980년대에 들어 삶의 수준이 더는 향상될 수 없게 되자 카다르의 제2시장은 퇴보하게 되고, 체제 자체는 위기 국면으로 진입했다. 결국 이러한 상황을 타개하기 위한 방안으로서 1988년의 체제 전환을 받아들이게 된다.

1968년의 '신경제 메커니즘' 이후 1970년대까지 헝가리는 권위주의적 독재, 이른바 카다르 정권의 특징이라고 정의되는 '대중 동원의 정치'를 최소화했다. 이 또한 1968년 개혁의 긍정적 효과라고 할 수 있다. 1968년 이후 헝가리 대중 조직의 기능 및 역할도 감소했다. 각종 대중 조직의 통제 기능은 계속되었으나 이러한 조직체의 영향력은 제한적으로 축소되었다. 보통의 평범한 '인민'에게 가해지던 가혹한 통제는 거의 사라졌다. 오히려 정밀하고 교묘한 통제와 감시는 헝가리 사회주의 정권을 뒷받침하는 체제의 근간을 이루는 관료층, 조직화된 노동자 조직의 지도 계급 등 핵심 계층에만 적용되는 양상을 보였다. 이러한 양상은 헝가리 사회의 특징으로 볼 수 있다. 특권적 위치에 있던 당 간부보다 일반 국민이 통제를 덜 받는 상황이 나타나게 된 것이다. 공산당의 특권을 누리는 일부 계층을 제외하고는 일반 국민이 오히려 더 자유로운 상태를 구가하게 된 것이다. 따라서 1980년대 말 헝가리의 체제 전환과 개혁 운동이 비교적 평화롭고 안정적으로 이루어진 데는 1968년의 '신경제 메커니즘'을 통해 경험한 부분적인 시장자본주의적 개혁이 큰 영향을 미쳤음은 부인할 수 없는 사실이다.

참고문헌

김지영. 2018. "헝가리 소비에트공화국의 성립과 좌절(1919): 열망과 절망의 133일". ≪서양사론≫, 137호, 12~37쪽.

_____. 2018. 『헝가리 현대사 강의』 II. 다해.

헝가리 공산당 중앙위원회(MSZMP Központi Bizottsága határozat). 1952년 지도 지침.

Balog, Sandor. 1978. A magyar népi demokrácia története 1944-1962. Kossuth Könyvkiadó.

Bihari, Mihály 1996. Magyar politika. a magyar politikai rendszer történetének főbb szakaszai a második világháború után 1945-1995. Budapest: Korona kiadó.

Bury, J. P. T. 1980. The New Cambridge Modern History, Vol.X. Cambridge: Cambridge Univ. Press.

Csaba, Horváth. 1993. Magyarország képes története 1938-1992.

Davis, N. 1982. God's Playground: A History of Poland, Vol.2. New York: Columbia Univ. Press.

Hajdu, Tibor. 1978. Károlyi Mihály. Budapest: Kossuth Könyvkiadó.

Hanak, P. 1988. One Thousand Years. Budapest: Corvina.

Harman, Chris. 1988. Class Struggles in Eastern Europe 1945-83.

Hoensch, J. 1984. Geschicte Ungarns 1867-1983. Stuttgart: Verlag W. Kohlhammer.

Honvári, János(ed). 1998. Magyarország Gazdaságtörténete. Budapest: Aula Kiadó.

Kontler, László. 1999. Millennium in Central Europe: A History of Hungary. Budapest: Atlantisz Publishing House.

Lazar, I. 1989. Kleine Geschichte Ungarns. Budapest/Vienna: Corvin/OBV.

Litván, György. 1996. The Hungarian Revolution of 1956. Longman.

Magyar Hirlap, 1968.9.11.

Ranki, G and A Pok. 1989. Hungary and European civilization. Budapest: Akdemiai Kiado.

Ranki, G. Hungrian. 1984. History: World History. Budapest: Akdemiai Kiado.

Romsics, Ignác. 1996. Helyünk és sorsunk a dunamedencében. Budapest: Osiris.

_____. 2005. Magyarország története a XX. században. Budapest: Osiris Kiado.

Ronai, Andras. 1989. Térképezett történelem. Budapest: Magveto kiado.

Salmon, Konrád. 1995. Magyaország történelem 1914-1990. Budapest: Nemzeti Tankönyv kiadó.

Sinor, D. 1966. History of Hungary. New York: FREDERICK PRAEGER, Publishers.

Tibor, Klaniczay. 1985. *Magyar irodalom története*. Budapest: Kossuth könyvkiadó.

Tőkés, Rudolf L. 1976. *Dissent in the U.S.S.R.* Baltimoreand London: The Johns Hopkins University Press.

Valuch, Tibor. 1998. *Magyarország társadalomtörténete: a XX. század második felében*. Budapset: Osiris kiadó.

11장

1968년 체코 '프라하의 봄'에 대한 소련 지도부의 대응

김동혁(광주과학기술원 기초교육학부)

1. 전 지구적 '68운동'과 '프라하의 봄'

'1968'로 상징되는 1960년대는 동서 냉전의 절정기이면서 동시에 전후 체제 전반에 걸쳐 복합적이면서 국제적인 균열들이 폭발하는 시기였다. 서방에서는 반전운동, 미국의 흑인 민권운동, 유럽의 68혁명 등 냉전적 사고를 뛰어넘는 매우 복합적인 사회운동들이 개별 사회 질서를 넘어선 변혁운동으로 등장했다.

사회주의권 국가들에서도 이 시기에 전후 사회질서 전반을 뒤흔드는 사건들이 발생했다. 그중 가장 대표적인 사건이 동아시아에서는 중국의 '문화대혁명'이고, 동유럽에서는 1968년 체코슬로바키아의 '프라하의 봄'이다. 특히 프라하의 봄은 체코에서 건설된 개별 사회주의 체제의 내적 균열을 드러냈으며, 소련이 개입하고 대중이 저항함으로써 국제 사회주의 진영 전반의 모순과 대립을 보여주는 사건이기도 했다. 이런 점에서 이 사건은 전후 사회주의 체제 전반의 균열과 변화 문제를 다룰 수 있으면서 동시에 소련과 동유럽 국가들 사이의 관계를 살펴볼 수 있는 매우 복합적인 주제이다. 따라서 이 사건을 이해하려면 수많은 복합적 요소를 감안해야만 한다.

일반적으로 '프라하의 봄'은 동유럽 사회주의 국가들에서 이미 발생하고 있었고, 스탈린 사후 소련에서도 진행되어온 탈스탈린주의 흐름 속에서 개혁적 공산주의 내지는 사회주의를 소련의 보수파가 질식시킨 대표적인 사건으로 언급된다. 이는 1964년 흐루쇼프 실각 이후 보수파의 재집권과 재스탈린화라는 맥락에서 소련 사회를 이해하든, 사회주의 체제 전 역사를 전체주의적 억압 사회로 이해하든 간에 마찬가지이다. 즉, 사회주의 및 공산주의 체제 내의 개혁적 지식인 집단 대 보수적이고 억압적인 소련 공산당 지도부 내지 억압받는 사회 대 국가(당과 국가)의 이분법적 대립 구도의 전형으로 프라하의 봄 사건을 이해하는 것이다.

억압적 성격에 대해서는 이견이 없지만 '프라하의 봄'에 대한 소련 당국의 대응 또한 당시 소련과 사회주의권 국가 내부의 사회 변화와 밀접한 연관이 있고, 그 내부의 동학이 직접 영향을 미친 측면이 있다. 따라서 1960년대 세계의 격변, 특히 사회주의권 내부의 동학(dynamics)을 정확히 이해하기 위해서는 소련 당국의 이러한 대응에 영향을 준 여러 요소를 분석해야만 한다. 즉, 당시 소련의 관리 엘리트 전반의 인식과 분위기, 이를 뒷받침하는 사회경제적인 변화들이 이 사건을 이해하는 핵심 요소이다.

2. 1960년대 동유럽 사회주의 국가들의 개혁 운동 흐름 속에서의 '프라하의 봄'

70여 년 동안 진행된 사회주의 실험은 1980년대 후반 종말을 고했다. 1980년대 초부터 폭발한 동유럽 사회주의 국가들의 위기에서 시작해 1991년 소비에트연방의 해체에 이르는 일련의 과정을 보통 사회주의에서 자본주의로의 '이행'이라고 부른다. 중요한 것은 이 과정이 1980년대에 이르러 시작된 것이 아니라 적어도 1950년대부터 추구된 개혁 시도들에서부터 시작된다는 점이다(Chavance, 1994: 1).

사회주의 국가들 내에서 발생한 개혁 내지 변혁의 흐름은 크게 세 단계로 나눌 수 있다. 그리고 이러한 개혁들은 소련이라는 변수에 다양한 방식으로 영향을 받았다. 첫 번째 흐름은 1950년대 티토의 유고에서 시작되어 1953년 폴란드와 1956년 헝가리로 이어졌고, 심지어 소련에서조차도 1950년대 중반 중앙 집중화된 계획경제에 대해 부분적으로 비판적인 사고들이 등장했다. 그러나 이러한 개혁의 흐름은 정치적 분쟁이 뒤따랐고 단명했다.

두 번째 흐름은 1960년대 사회주의 블록 내 국가들 전체에서 발생했다. 소련도 1965년에 대대적인 경제 조직의 재편을 단행했고, 다른 동유럽 국가들에서도 개혁이 시도되었으나 여기에서 가장 극적인 사건은 바로 1968년 '프라하의 봄'이다. 그러나 1960년대 말 '정상화'라는 명목으로 이러한 시도들은 모두 분쇄되거나 후퇴하기에 이르렀다.

세 번째 흐름은 1980년대 폴란드의 연대노조 운동으로 시작되었다. 헝가리 등에서도 시장 사회주의 개혁들을 시도했고 1985년이 되면 소련도 고르바초프 정권이 들어서면서 본격적인 개혁 작업을 실시했다. 그리고 이 세 번째 흐름은 70여 년간 이어진 사회주의 체제 실험을 끝냈고, 하나의 세계가 해체되는 것으로 귀결되었다(Hewett, 1988: 221~222).

그중 두 번째 시기에 해당하는 1960년대는 사회주의 체제의 운명과 직결되는 중요한 시기다. 전체적으로 보면 이 시기 사회주의 체제는 대외적으로 매우 성공한 모습을 보여주었다. 특히 소련은 대조국전쟁기의 혼란을 극복하고 1950년대부터는 경제의 안정화와 후생 수준의 향상 등 뚜렷한 성장과 발전의 모습을 보여주었다(Harrison, 2002: 38~45). 또한 사회주의 국가들 사이에서 소련의 지도력이 확고해졌음을 보여준 것도 바로 이 시기이다.

그러나 이러한 밝은 전망의 이면에는 여러 균열이 나타나고 있었다. 우선 국제적으로 보면 사회주의 국가들 사이의 연대 및 통합성은 바르샤바조약기구(Организация Варшавского договора: Warsaw Pact)나 경제상호원조회의(СЭВ: COMECON) 결성 과정에서 드러나듯이 서방의 대서양조약기구(NATO)나 마셜플랜, 유럽경제공동체(EEC)에 비해 오히려 낮은 수준이었다.

이런 가운데 1950년대 초반부터 소련의 간섭에 저항하는 독자적 세력들의 정치적 봉기가 동독, 폴란드, 헝가리에서 발생하면서 소련 내부에서는 소련의 지도력과 사회주의권의 통합성에 대한 의구심을 제기하기 시작했다. 1953년 동독의 반소 봉기, 1956년 폴란드의 포즈난 반소 학생 시위와 봉기, 그리고 1956년 헝가리의 반소 자유주의 봉기 등은 이러한 균열들을 매우 잘 보여주는 사건들이다. 특히 1956년 헝가리 봉기에서는 헝가리에 주둔하고 있던 소련군의 철수와 소련의 간섭 거부 등 매우 반소적인 주장들과 함께 서유럽 국가들과의 관계 개선 및 헝가리의 영세중립국화와 같은 당시 헝가리 사회주의 정권에 대한 정면 비판의 내용들을 거침없이 개진했다(Козлов, 2009).

이 사건들에 대한 소련 당국의 대응은 일관되게 매우 신속하면서도 과감한 무력 진압의 형태를 띠었다. 그 양상에 확연한 차이가 있음에도, 1968년 프라하의 봄 당시 소련 당국이 그토록 신속하게 무력 개입을 결정한 것은 이 시기 사건들에서 얻은 학습 효과라고도 볼 수 있다(Bischof, 2009: 39~41).

3. 1960년대 소련 사회의 특징과 소련 지도부의 사회주의 체제 수호에 대한 인식

사회주의 세계의 건설 이후 국제정치적으로 동유럽 사회주의 국가들에 대해 보인 소련의 일관된 태도는 적극적 개입주의다. 그것을 상징하는 것이 1968년 브레즈네프 독트린이다. 대외 정책에서 이러한 태도는 제2차 세계대전 이후부터 소련 붕괴의 신호탄인 1979년 아프가니스탄 전쟁까지 지속적으로 유지되어왔다.

하지만 이러한 일관된 태도 때문에 소련의 대외 정책을 매우 단순한 구도로 파악한다면 오산이다. "프라하의 봄에 대한 소련[당국과 사회]의 대응을 이해하기 위해서는 당시 소비에트 사회의 내적 분화, 감정, 모호성, 희망 및 공포 등을 조명해야만 한다"(Zubok, 2009: 76). 소련이 동유럽의 다양한 '개혁주의'에 보인 강경한 반응을 단순히 전체주의 체제 소련의 일관된 성격이나, 소련 최상층 지도부의 성격에서 기인하는 것으로 보는 것은 커다란 문제가 있다. 오히려 최상위 정책 결정 집단이 이러한 과감한 결정을 내릴 수 있었던 중요한 조건들에 집중해야만 이 시기 소련의 대응에 얽힌 복합적인 면을 이해할 수 있을 것이다. 그리고 그 시작은 당시 소련의 정치, 사회를 움직이던 새로운 관리자 집단의 구성과 그 인식을 들여다보는 것이다.

1) 1960년대 소련의 사회경제적 변화와 소련의 지식인 혹은 관리 집단

혁명기를 전후한 시점부터 1941년까지 소련의 기술 관리 집단의 형성 과정을 분석한 켄들 베일스(Kendall E. Bailes)의 연구를 참고하면, 소비에트 기술 관리 체제는 혁명기부터 집산화와 대숙청기까지 부침을 겪고 대숙청기 이후 새로운 세대의 관리 집단이 등장하면서 일차적으로 완성되었다. 특히 이 시기 소련에서는 자원 분배나 권력 위계에서 상층위를 점하는 전문가 관리 집단과 그 외 노동계급으로 계급이 명확하게 분화되기 시작했다. 특히 시간이 지날수록 지식 관리 집단과 생산 관리자들의 권력 강화가 두드러졌고, 이러한 변화는 소련의 급격한 집산화 과정에서 필연으로 수반되는 전문 관리직 계급의 수적 증가와 그 과정에서 이러한 관리직 계급이 권력 구조에 포섭되면서 새로운 지배계급을 형성하는 과정으로 귀결됐다고 볼 수 있다(Bailes, 1978: 269~273, 411~412). 새로운 지배계급 형성으로 볼 수 있는 이러한 과정에서 1930년대 대숙청이라는 사건 또한 과거 혁명기 엘리트들의 집산과 그에 따른 사회의 재조직 과정에서 등장하던 새로운 관리 집단이 혼재하는 가운데 새로운 관리 체계 구성과 모순을 일으키는 옛 혁명 엘리트가 가지고 있는 게릴라성(partisanship)을 제거하는 과정에서 발생한 폭력으로 해석할 수 있다(이정하, 2013: 144~146).

켄들 베일스가 스탈린 시대 소련의 계급 구조 형성을 분석했다면 1950, 1960년대 스탈린 이후 시대 소련의 사회 계급 분석은 모세 레빈(Moshe Lewin)의 연구를 참고할 수 있다. 그는 사회주의란 생산수단의 사회화이지 생산수단의 관료화는 아니라고 주장하면서, 소련의 경험에서 우리가 목도한 것은 경제의 국유화와 정치의 관료화라고 주장한다(Lewin, 2005: 378~389). 누가 경제 부문을 관리했느냐의 문제는 행정 관료 계급의 문제이고, 스탈린 시대까지 관료제 및 관리 계급의 지배는 아직 불안정했지만, 스탈린 시대 이후(주로는 1950, 1960년대) 관료제에 의한 지배가 확고해졌다. 그리고 포스트스탈린 시대에 들어서면서 관료제의 상층부 권력은 공고해졌으며, 전체 노동 인구 중 관료 집단의 비율이 15%를 점하고, 여타 노동 계급에 대한 지배력을 행사하게 되었다.

이렇게 형성된 소련의 지배 관리 집단은 그 내부에서 소수의 당 - 국가 지도부와 다수의 현장 관료들로 나뉜다. 특히 상위 관리자들은 전문적인 기술 교육을 받은 전문가 집단으로서 대부분 도시 중심지에 거주하면서 문화적으로나 사회적으로 그 외 노동 집단들과 차별화된다. 또한 1950년대 이후에는 과거의 당-국가 최상위 지배자들과 전문가 관리 집단 사이의 긴장과 갈등이 완화 내지 봉합되었다. 이 과정은 바로 최상위 지배 집단과 전문가 집단 사이의 경계가 모호해지면서 후자의 권력이 높아져 발생한 것이다. 즉, 당과 국가의 상층위는 전문 기술 관리 집단 사이의 권력 복합체로 구성되게 된 것이다.

이런 과정에서 매우 중요한 것이 국가 전체의 관리 집단, 즉 지식인 관료 집단의 비약적 증가이다. 국가의 상층 및 중간 관리 집단의 수적 증가와 고도화는 당시 소련의 전체 전문직 종사자들의 변화 추이를 보면 명확히 드러난다. 1950년대 중반부터 1965년까지의 전문가 수는 지속적으로 증가해서 1965년이 되면 1955년 대비 고등교육 이수 전문가는 두 배 이상, 중등교육 이수 전문가는 세 배가량 증가했다(Центральное статистическое управление СССР, 1982).

이러한 전문가 관리직 종사자들의 증가는 1945년 이후 전후 복구와 1950년대 경제성장 기간 중 계획 기관과 단위 기업들에서 계획 실무자와 경제 실무자의 수요가 폭증했기 때문이다(Kronsjø, 1962: 7). 또한 전후 경제

<표 11-1> 중등·고등 교육을 받은 인구

	100만 명					10세 이상 인구 1000명당				
	1939	1959	1970	1979	1982	1939	1959	1970	1979	1982
중등·고등 교육을 받은 전체 인구	15.9	58.7	95	139.1	149.2	108	361	483	638	670
고등교육 졸업	1.2	3.8	8.3	14.8	17	8	23	42	68	72
현 고등교육생	14.7	1.7	2.6	3.2	3.4	100	11	13	15	15
중등 직업 교육		7.9	2.6	3.2	3.4		48	68	107	116
중등 일반 교육		9.9	23.4	45.1	54.3		61	119	207	244
중등 예비 교육		35.4	47.3	52.5	48.7		218	241	241	219

자료: Центральное статистическое управление СССР, 1982: 42).

복구가 어느 정도 이뤄지고 소련의 전체 경제 관리 규모가 비약적으로 증가하면서, 각 기관에서 연구자 및 전문 관리자들의 수요가 큰 폭으로 증가한 것도 한몫했다. 이러한 전문화 경향은 당시 피교육자의 수와 그 구성의 변화를 보면 좀 더 명확해진다. <표 11-1>은 각 분야의 경제 관리 전문가의 수적 증가를 보여준다. 이를 통해 고등교육 수혜자들의 수가 전체적으로 증가하고 있음을 알 수 있다. 특히 이들이 사적 시장경제가 제거된 순수 관리주의 사회인 소련에서 공적 관리자의 일원으로 일하게 되었다는 점에서 이들을 사회의 중간 관리자 집단으로서 사회적 이해를 추구하는 집단으로 분석할 수 있다.

중간 계급 전문직들의 탄생은 상대적으로 자유로운 사고를 하는 전후 세대의 등장이고, 이들이 바로 지적·문화적·사회적으로 1950년대 후반 이후 탈스탈린화를 이끈 주체이다. 이러한 '자유주의적' 지식인 세대를 보통 러시아에서는 '60년대 세대'라고 칭하기도 한다. 실제로 모스크바, 레닌그라드, 스베르들롭스크, 고리키 및 러시아의 다른 대학 중심지들에서 많은 대학생이 1956년 폴란드 포즈난 봉기나 헝가리 봉기에 대해 알고 있었으며 그 사건들에 동조하기까지 했다. 하지만 명심해야 할 것은 이러한 '자유주의적' 지식인들의 수는 상대적으로나 절대적으로 전체 소련의 지식인 관리 집단 내부에서 극소수에 불과했고, 소련의 개혁 집단 내에서도 그 영향력이 매우 제한적이었다는 점이다. 이것이 1968년 프라하의 봄에 대한 소련 당국의 대응과 밀접한 연관이 있다.

2) 소련 사회 중간 지식인 집단의 체제 인식과 소련 지도부의 사회주의 체제 수호 관념

그렇다면 이렇게 확장하고 있던 지식 관리 집단의 체제에 대한 전반적 인식은 어떠했는지를 살펴보아야 한다. 당시의 이러한 인식을 가장 잘 보여주는 것은 경제정책 방향 등 개혁 관련 논쟁이다. 이는 소련뿐만 아니라 동유럽 사회주의권 전체에서 1950년대 중반 이후 일어난 경제 관리 체계의 개선과 관련된 주장들이 제기되었고, 그에 대한 다양한 반응이 나오던 시기였다는 점에서 더욱 그러하다.

이미 소련에서는 1956, 1957년 이후 경제개혁을 위한 여러 흐름이 발생하기 시작했고, 폴란드나 헝가리, 체코슬로바키아 등지에서도 정치적 봉기 흐름과는 별도로 당국이나 경제 관리자들 사이에서 경제 운용 체제 개선을 위한 이론 및 실무 논의들이 등장하고 있었다. 대표적으로 소련의 수리경제학파를 중심으로 한 효율성론자들이나, 폴란드의 오스카르 랑게(Oscar Lange)와 같은 신고전파적 마르크스주의 경제통계학자의 사상, 폴란드의 1950, 1960년대 경제 프로그램, 체코슬로바키아의 1960년대 개혁 프로그램 등을 예로 들 수 있다. 문제는 이러한 온건 개혁 프로그램들에 대해서조차 소련과 동유럽의 다양한 개혁 흐름에 대해 소련의 상층에서부터 중간층 지식 관리자들 다수의 태도가 그리 긍정적이지 않았다는 점이다. 이것을 보여주는 대표적인 사례가 몇 가지 있다.

첫 번째는 1956년 폴란드와 헝가리 봉기 및 이에 대한 소련의 직간접 개입 시기와 맞물리는 사건으로서 이후 리베르만주의로 알려진 우크라이나 하리코프 학파의 예브세이 리베르만(Евсей Либерман)의 경제개혁 경험과 그의 경제학이 소련 내부에 소개되면서 발생한 논쟁이다(김동혁, 2017: 413~450).

당시 리베르만의 문제 제기와 개혁 프로그램은 폴란드나 체코의 경제개혁 프로그램들과 일맥상통하는 것이었다. 이것이 소련의 주류 학계와 관리 집단에 1955년과 1956년 두 차례에 걸쳐 공식으로 소개되었을 때, 소련 경제학계 내부의 비판을 받으면서 동시에 국제적으로 1956년 헝가리 봉기와 유고슬라비아 등에서 일고 있던 '수정주의' 운동에 대해 소련 당국이 강경 대응 기조로 나가면서 큰 타격을 입게 된다. 당시 리베르만의 주장을 소련 중앙 학계와 당에 알리는 데 크게 기여한 알렉세이 루먄체프(Алексей Румянцев)가 헝가리 봉기가 진압된 직후 ≪공산주의자≫ 편집장에서 물러나게 되었다. 이는 루먄체프가 1955년에 발표한 논문 중 하나에 대해 유고슬라비아의 수정주의 조류를 긍정하고 있다는 당내의 공식 비판과 문제 제기가 있은 직후였다(РГАСПИ ф. 599, оп. 1, д. 1: 19~20).

두 번째는 동유럽의 개혁적 사회주의 경제학이 소개되면서 발생한 논쟁이다. 1950년대 중반 사회주의 계산 논쟁으로 유명한 폴란드의 랑게와 독일 철학자 클라우스(G. Klaus) 같은 동유럽의 개혁적 성향의 글들이 번역되어 소개되었다. 이는 1956년 헝가리 봉기 이후 소련 내의 개혁에 대한 강한 반감을 고려하면 상당히 이례적인 것이라 할 수 있다. 일례로 소련 공산당 내에서는 1956년 헝가리 봉기에 대한 소련의 무력 개입을 공개적으로 비판한 유고슬라비아 연방의 에드바르드 카르델(Edvard Kardelj)에 대해 당 차원의 공식 비판이 행해졌다. 소련 공산당은 또 폴란드 공산당 중앙위원회 전원회의에서 학자들이 도그마를 비판한다는 명목으로 마르크스·레닌주의 기본 원칙들에 대해 수정주의적 왜곡을 감행했다고 비판했다(РГАНИ, ф. 5, оп. 30, д. 229: 10~11, 18~19). 그만큼 소련 당국은 1956년 이후 동유럽에서 나타난 여러 이론적 조류에 매우 강한 반감을 보이고 있었다.

랑게는 1930년대와 1940년대 서방의 신고전파 미시경제학 내용을 마르크스주의와 결합시키면서 사회주의 계산 논쟁을 촉발한 사람이다. 그의 경제 사상은 이미 당대에 소련에도 알려져 있었고, 폴란드 국가계획위원회에서 활동하면서 자신의 이론의 실제 적용 문제도 검토한 적이 있다. 그러나 소련에는 그의 경제 사상 전반을 체계적으로 소개한 책자가 1950년대 중반까지 없었으며, 1958년에 처음으로 그의 투입-산출표와 관련한 저작을 바실리 넴치노프(Василий Немчинов)가 주도해 번역·소개했다(АРАН ф. 1590, оп. 1, д. 103: 1~5). 또한 1959년에 랑게의 저서 『계량경제학 입문(Введение в Эконо метрику)』 서평이 실렸고, 이를 축약적으로 설명하는 랑게의 논문 러시아어 번역본을 넴치노프가 편집인이던 ≪경제 연구에 수학의 적용≫(1959)[1]이라는 연구 논총의 한 부분으로 포함시켰다(АРАН ф. 499, оп. 1, д. 606: 1). 이렇게 랑게의 경제학 사상이 활발히 소개되던 중, 1959년 랑게의 『정치경제학(Политическая Экономия)』이 폴란드에서 출간되면서 소련에서 그 이론적 함의에 대해 공식적인 논쟁이 제기되었다(АРАН ф. 1877, оп. 8, д. 51).

공식으로 당에 비판적인 주장을 제기한 사람은 정치경제학 및 경제사상사를 전공하고 정통 마르크스·레닌주의 관점을 가지고 있던 아나톨리 파

---

1) 영어판은 알렉산더 노브(Alexander Nove)가 편집한 V. S. Nemchinov(ed.), *The Use of Mathematics in Economics*(Oliver & Boyd, 1964)이다.

슈코프(Анатолий Пашков)다. 그의 비판은 당이 동유럽 개혁파 사회주의자들을 비판한 내용과 유사하다. 바로 랑게의 기존 마르크스주의 경제학에 대한 비판이 마르크스·레닌주의에 대한 부르주아식 수정주의라는 것이고, 이는 유고슬라비아나 헝가리의 수정주의와 일맥상통한다는 것이다.[2]

세 번째 사건은 동유럽의 온건 경제개혁 프로그램과 관련이 있으면서 동시에 소련의 1960년대 이후 경제 관리 체계 개선과 밀접한 연관이 있는 수리경제학적 사고와 관련된 논쟁이다(АРАН ф. 1877, оп. 8, д. 442). 소련의 수리경제학 발전의 역사는 매우 오래되었으나 소련 주류 마르크스주의 정치경제학을 견제하면서 새로운 관리 체계 이론으로 등장하기 시작한 것은 1950년대 중반 이후이다. 물론 이 논쟁은 체제 전반에 대한 근본적인 문제 제기의 성격보다는 관리 체계의 점진적 개선에 초점을 맞추고 있었던 데다가 소련의 사회주의 관리 경제가 복잡해지면서 자연스럽게 경제학적 논쟁에서 우위를 점하게 된 측면이 있다(김동혁, 2015: 92~123). 그럼에도 주류 경제 관리 집단 내부에서 수리경제학에 대한 반감은 1960년대 중반까지도 여전했다.

이를 가장 잘 보여주는 것이 1965년 넴치노프, 빅토르 노보질로프

---

[2] 중요한 핵심은 유고슬라비아와 다른 국가들에서 발생한 마르크스·레닌주의에 대한 수정주의자들의 심각한 공격의 시기에 오스카르 랑게 동무는 마르크스주의 정치경제학의 상황과 그 임무에 대한 강령적 논문을 발표하면서, 마르크스주의 이론이 최근 몇십 년 동안 마치 제자리걸음만 한 채로, 쇠퇴하고 있는 상황에 놓여 있다는 수정주의자들의 중상모략에 반대하지 않았을 뿐만 아니라, 여기에 동조하기까지 했다. …… 랑게의 저서는 정치경제학 방식과 방법에 대한 마르크스·레닌주의 교의의 수정이다. 이는 마르크스·레닌주의적인 가르침을 천박한 부르주아 경제학과 결합시킴으로써 마르크스주의를 '혁신'하는 것이다. 폴란드 매체와의 논쟁에서 이 저서를 찬양하는 것은 이 참가자들과 폴란드 인민민주주의 공화국 이데올로기가 비정상적 상황임을 증명하는 것이고, 이 책을 학생들에게 마르크스주의 교과서로 추천하는 것은 걱정스러운 일이다(АРАН ф. 1877, оп. 8, д. 51: 4~5, 82~83).

(Виктор Новожилов), 레오니드 칸토로비치(Леонид Канторович)의 그간 업적을 인정해 이들에게 레닌훈장을 수여하기로 결정한 것과 관련한 정통파와 수리경제학파 및 그들의 지지자들 사이의 격렬한 논쟁이다(АРАН ф. 1877, оп. 8, д. 442). 1965년 1월 학술원 경제 분과 전체회의에서 칸토로비치, 넴치노프, 노보질로프에게 레닌훈장을 수여하는 것에 대해 토론하는데, 여기에서 이들 각각의 이론적 업적에 관한 격렬한 논쟁이 진행되었다. 스타니슬라브 스트루밀린(Станислав Струмилин), 콘스탄틴 오스트로비탸노프(Константин Островитянов), 표트르 므스티슬라프스키(Петр Мстиславский), 아돌프 카츠(Адольф Кац) 등 정통파는 이들의 이론적 업적에 대해 강하게 비판했고, 레닌훈장 수여 논의 자체에 거부감을 드러냈다(АРАН ф. 1877, оп. 8, д. 442: 25~27, 58~64). 그러나 이 회의에 참석한 많은 학자가 칸토로비치, 넴치노프, 노보질로프의 업적을 인정했다. 특히 이들의 업적 중 가격 책정에 관한 이론에 대해 아벨 아간베갼(Абел Аганбегян), 알렉산데르 루리요(Александр Лурье), 블라디슬라프 다다얀(Владислав Дадаян) 등 중견·신진 학자들 다수가 강하게 동조했다(АРАН ф. 1877, оп. 8, д. 442: 38~56, 65~79). 결국 학술원 경제 분과와 학술원 간부회는 이들에 대한 레닌훈장 수여를 추천하긴 했으나, 이에 대해 당시 가장 저명한 경제학자 오스트로비탸노프가 1965년 2월에 공산당 중앙위원회 최고회의 간부회에 훈장 수여 결정에 항의하는 투서를 보내는 등, 정통파 마르크스주의 경제학자들의 반발은 그 후에도 지속되었다(АРАН ф. 1877, оп. 8, д. 454: 1~8).

소련 경제 관리 체계는 특성상 이러한 경제학자들과 실무 경제 관리자들 사이의 구분이 모호한 편이다. 특히 여기에서 언급된 오스트로비탸노프, 스트루밀린, 카츠 등은 학문적 활동과 함께 국가계획위원회 등 실무 경제 관료로서 다방면에 걸쳐 활동한 인물들이고, 최상층 관리 집단에 소속되기까지 했다. 논쟁이 있었다는 점에서 주목할 만하고 소련 사회가 생각보다는 경직되지 않았다고 평가할 수 있지만, 또 다른 측면에서 여전히 소비에트 사회 주류의 사고는 이러한 개혁 프로그램들이 '자유주의적'이고, 서방 자본주의의 첨병이라고 보는 것이었다. 이런 점에서 당시 소련 내 다수의 지식인 관리자들은 사회주의 체제(즉 경제체제)의 유지에 대해 허용할 수 있는 사고의 범주가 매우 제한적임을 알 수 있다. 그리고 이는 그대로 최상층 관리자들의 인식과 직결되었다.

4. 체코 문제에 대한 소련 지도부의 대응

1) 1960년대 소련 지도부의 성격: 1964년 흐루쇼프 실각 전후의 소련 지도부

1960년대에 벌어진 일련의 사태들, 특히 1968년 체코 봉기에 대한 소련의 무력 진압과 같은 극단적 사태의 원인에 대해서 1965년 이후 소련의 보수화, 경직화를 많은 이가 주장한다. 즉, 1953년 스탈린 사후 권력투쟁에서 승리한 흐루쇼프 중심의 공산당과 내각이 탈스탈린화를 주도했고, 그 흐름 속에서 1950년대와 1960년대 소련의 '자유주의적' 세력들이 형성되었으나, 1964년 흐루쇼프의 실각과 보수파의 집권으로 재스탈린화 및 소련의 보수화가 진행되었다는 것이다(Bischof, 2009: 86~92). 그러나 사태가 그렇게 간단하지만은 않다. 이는 1953년 스탈린 사후 발생한 권력투쟁의 과정에서부터 1964년 흐루쇼프 실각과 레오니드 브레즈네프(Леонид Вержнев), 알렉세이 코시긴(Алексей Косыгин), 니콜라이 포드고르니(Николай Подгорный) 집단 지도부의 탄생 시기까지의 최상층 지도부의 구성과 정책 변화들을 보면 분명하다.

1950년대 후반 소련에서의 '해빙'은 보통 스탈린 사후 정치범들의 복권, 스탈린 개인숭배에 대한 비판으로 시작된 상대적인 정치적 자유화, 행정-명령 경제 체계의 개혁으로 요약된다. 이 모든 변화를 극적으로 보여준 사건은 1956년 2월 20차 당 대회에서 행한 흐루쇼프의 비밀 연설이다. 이 비밀 연설에서 흐루쇼프는 그동안 진행된 스탈린 개인숭배에 대한 공개 비판과 집단 수용소로 끌려간 수많은 죄 없는 사람들의 복권에 대한 문제를 제기했다. 그러나 '해빙'이라 불리는 개혁 흐름은 이미 스탈린 사망을 전후한 시기에 시작되었다고 할 수 있으며, 이는 스탈린의 죽음으로 유발된 관리 위기가 흐루쇼프의 유일 지도자 지위 확립으로 끝나면서 해결되기까지 적어도 4단계의 과정을 거치면서 진행되었다(Taubman, 2000: 66~67).

이러한 복잡한 상황 속에서 1950년대 '해빙'이라고 하는 사회적 '격변'이 시작되었다. 하지만 이 변화가 시작될 수 있었던 것은 스탈린 사후 소련의 최상위 권력 기관 내에서 벌어진 권력투쟁과 밀접히 관련되어 있다. 사회적 변화를 추동할 수밖에 없는 구조적 요인들이 먼저인가, 아니면 스탈린이라는 개인의 신상 변화가 우선인가는 여기에서 논할 수도 없고, 1950년대 변화를 밝히는 데도 별로 중요한 문제가 아니다. 다만, 두 가지가 모두 중요한 원인이었다는 것만은 부정할 수 없다.

1953년에 일어난 오랜 기간의 관리 위기와 스탈린의 동료들 사이에서 지도부를 놓고 벌어진 오랜 투쟁은 진정한 권력을 가진 확실한 후계자의 부재로 인해 발생했다. 1953년 3월 최상위 지도부에서의 첫 번째 역할 분담이 문제를 결정하지 못한 것은 우연이 아니다. 권력은 로렌스 베리야(Лаврентий Берия), 게오르기 말렌코프(Георгий Маленков), 그리고 아주 일부 흐루쇼프 사이에서 분할되었다. 그들은 소비에트 권력 위계에서 가장 중요한 세 기관을 분담하고 있었는데, 내무부(МВД: Министерство внутренних дел СССР)와 국가보안부(МГВ: Министерство государственной безопасности СССР)는 베리야, 각료회의(Совет министров СССР)는 말렌코프, 당중앙위원회(Центаральный комитет КП СССР)는 흐루쇼프가 지도하고 있었다. 이들 중 흐루쇼프는 다른 두 사람에 비해 하위의 지위에 있었고, 베리야가 체포될 때까지 지도적인 쌍두마차는 베리야와 말렌코프가 구성하고 있었다. 1953년 3월 새로운 당-정부 지도부를 제안하고, 행정 구조의 총괄적인 재조직을 제시한 것도 이들 두 사람이다.

최고회의 간부회(Президиум)의 다른 구성원들은 선택권 없이 그들의 제안을 받아들여야만 했다. 1953년 상위 권력 대부분을 장악한 인물들은 중간 세대에 속한 이들이고, 이것은 몰로토프(Вячелав Молотов), 라자리 카가노비치(Лазарь Каганович), 아나스타스 미코얀(Анастас Микоян), 클레멘트 보로실로프(Климент Ворошилов) 등 이전 세대 볼셰비키들을 권력 상층부로부터 밀어내는 결과를 초래했다. 흐루쇼프와 말렌코프는 이 중간 세대에 속했다. 이 세대의 거의 모든 대표자는 그들의 지위 상승이 1920년대와 1930년대의 숙청과 연관되어 있었다. 그들은 스탈린주의 근위대의 뼈대와 새로운 구조의 당 노멘클라투라의 엘리트를 구성했다. 그들의 공통된 기원과 직업적 출세의 경로는 그들의 특별한 지위를 형성했을 뿐만 아니라 사고와 행동의 공동 양식을 만들어냈다. 연장자인 혁명 이전 볼셰비키들은 당의 다원주의 시기 동안 활동을 시작한 반면, 중간 세대는 볼셰비키당이 권력의 독점을 이룬 시기에 당에 들어갔다. 비볼셰비키 정치 집단은 제거되었고, 그 후 볼셰비키당 내의 다양한 집단도 해체되었다. 당 서열에 남아 있던 사람들에게 절대적인 당 지배 원칙과 당에 반대하는 모든 것에 대한 적대가 중심적인 사고가 되었다. 그들 자신은 사회주의의 이해라는 공동선을 위해

진심을 다해 일하고 있다고 믿고 있었음은 분명하다.

1953년 베리야 숙청 이후 당내 권력투쟁은 흐루쇼프, 알렉세이 키리첸코(АлексейКириченко), 미코얀, 미하일 수슬로프(Михаил Суслов) 등과 훗날 '반당파'로 비판받고 권력에서 밀려나는 말렌코프, 카가노비치, 몰로토프 분파 사이에서 벌어졌다. 이 두 분파의 투쟁에서 가장 중요한 쟁점은 스탈린 개인숭배의 과오 청산과 경제정책이다(Ковалев, 1998: 9~20). 특히 흐루쇼프와 말렌코프 사이의 경쟁에서 핵심 사안이 된 것은 바로 경제 관리 개선 문제였다. 이 중 말렌코프는 경제 관리에 대한 정부의 역할을 강조하면서 당시 당 지도부의 부패와 무능을 비판한 반면, 흐루쇼프는 당의 지도적 역할을 강조하면서 정부 기구의 관료주의를 경고했다(Kibita, 2011: 97). 구체적으로 말렌코프는 정부 경제 기구들, 즉 경제 부서들의 역할을 강조하면서 중앙집권적인 경제 관리 체계의 강화를 주장했다. 또한 그는 당시까지 소련의 경제 발전 전략이 너무 중공업과 운송 중심이라고 비판하면서 경공업 및 식품 산업 강화 중심의 계획 전략이 필요하다고 주장했다. 그러나 이러한 말렌코프의 주장은 1954년 8월 당 중앙위와 정부가 부서들이 수행하고 있던 재정 정책 및 회계상의 오류들을 폭로하면서 비판에 직면하게 되었다. 이런 분위기에서 결국 1955년 1월 공산당 중앙위원회 전원회의에서 흐루쇼프는 말렌코프의 경제정책 중 경공업 우선시 정책을 레닌주의 경제 원칙에 위배되는 것이라고 비판했고, 그 외의 여러 가지 상황이 복합적으로 작용해서 말렌코프는 소련 각료회의 의장에서 물러나게 되었다. 이렇게 되면서 경제 정책의 주도권은 흐루쇼프에게 넘어가게 되었고 1956년부터는 본격적으로 흐루쇼프 중심의 경제 관리 개혁 작업의 기반이 형성되었다.

문제는 이렇게 형성된 흐루쇼프 지도부가 어떻게 1964년 정변으로 완전히 전복되었는가 하는 점이다. 가장 중요한 최상위 지도부, 즉 최고회의 간부회 위원들만 봐도 이 점이 잘못되었음을 알 수 있다. 정변을 주도한 브레즈네프, 코시긴, 포드고르니, 유리 안드로포프(Юрий Андропов) 등은 모두 흐루쇼프의 최측근이다. 이들의 경력을 보면 이는 명확하다. 브레즈네프는 1956~1960년에는 공산당 중앙위원회 서기를, 1960~1964년에는 소련 최고회의 간부회 의장 및 공산당 중앙위원회 서기를 역임했다. 또한 포드고르니는 1957년부터 우크라이나 공산당 서기를, 1963~1965년에는 소련 공산당 서기를 지냈으며, 1965~1977년에는 소련 최고회의 간부회 의장을 맡았다. 그리고 안드로포프는 1954~1957년 주헝가리 대사를 하다가 1957년부터 소련 공산당 중앙위원회의 제 사회주의 국가 공산당 및 노동당 관계 부장을, 1962년부터 소련 공산당 중앙위원회 서기를 지냈다(Ивкин, 1999: 200, 232, 474).

또한 정변 이후 소련 각료회의를 주도하던 코시긴과 그의 경제팀 최상층 관리자들을 보아도 이러한 연속성은 명확하다. 1957~1965년의 소련 중앙 경제 관리 기관들의 간부 구성을 종합적으로 분석해보면, 1960~1965년에 가장 영향력 있는 경제 관료들을 파악할 수 있다. 이들을 나열해보면, 로마코(П. Ф. Ломако), 바이바코프(Н. К. Байбаков), 티호노프(Н. А. Тихонов), 흐루니체프(М. В. Хруничев), 레세츠코(М. А. Лесечко), 쿠지민(И. И. Кузьмин), 우스티노프(Д. Ф. Устинов), 딤시츠(В. Э. Дымшиц), 노비코프(В. Н. Новиков), 자샤디코(А. Ф. Засядько), 코로보프(А. В. Коробов), 코시긴 등이다. 이들은 1957년 이전부터 주요 경제 관리 기구들에서 경력을 쌓아왔고, 공산당 내에서도 상당한 영향력을 행사했다. 이들의 개인 경력을 살펴보면 그러한 연속성을 확인할 수 있다.

이러한 것들을 종합하면 흐루쇼프 시대의 탈스탈린화와 브레즈네프 시대의 재스탈린화가 1965년을 기점으로 한 소련 사회 전반의 변화를 특징짓는 것이라고는 볼 수 없다. 인적 구성면에서만 보면 이 시대는 연속적인 측면이 강하다. 또한 전체적인 경제 정책이나 사회 관리 정책의 방향 및 국제 관계에서 소련의 태도 또한 엄청난 전환이 발생했다고 보기 어렵다.

2) 프라하의 봄에 대한 소련 지도부 대응의 성격

사건의 전개 과정을 살펴보면 이미 일찍부터 소련 당국은 체코슬로바키아에서 발생하고 있던 일련의 사태에 대해 예의 주시하고 있었음을 알 수 있다. 체코슬로바키아 공산당은 프라하의 봄 이전에 일련의 경제개혁 정책을 추진하고 있었다. 체코의 경제개혁은 서기장 안토닌 노보트니(Antonín Novotný)가 주도해 소련에서 진행되던 1965년 개혁 노선을 따라 주로 경제 전반의 효율성을 제고하는 관리 개혁의 형태로 진행했다. 하지만 1967년 체코의 경제 상황은 전반적인 정체에서 나아질 기미가 보이지 않았다. 이런 상황에서 1967년 초여름부터 프라하의 주요 지식인과 지도부 인사들은 노보트니 주도의 경제정책에서부터 당시 체코슬로바키아 정치 개혁 문제까지 매우 민감한 문제들에 이견을 제시하기 시작했다(Dawisha, 1984: 16). 결국 1967년 10월이 되면서 당내 주요 반대파 인사들이 노보트니에게 당 제1서기장 직위에서 사퇴할 것을 촉구했다. 이러한 사태에 직면해 노보트니는 1967년 12월 브레즈네프가 프라하를 방문했을 때 자신에 대한 지원을 요청했으나, 브레즈네프는 이를 거절했다. 이는 체코 문제에 개입하지 않겠다는 의지라기보다는 모스크바의 관점에서 새로운 지도자로 부상한 알렉산데르 둡체크(Alexander Dubček)가 잘 알려지지 않은 인물이지만 체코의 새 지도자로서 소비에트 지도부에 받아들여질 만한 인물이기 때문이다. 오히려 소련 지도부는 1968년 1월 6일 서기장으로 선출된 둡체크가 1967년부터 시작된 체코슬로바키아의 위기를 해결하는 데 도움이 될 것으로 판단했다. 이러한 판단하에 브레즈네프를 비롯한 소련의 지도부는 체코슬로바키아 공산당 내에서 적절한 수준의 타협을 통해 사태를 원만히 해결할 수 있을 것이라고 판단했다(Williams, 1997: 63~64).

즉, 1968년 초까지 소련 당국은 당시 체코슬로바키아의 내부 상황을 매우 심각한 위기 상황이라고 판단했지만, 이것이 체코 공산당 지도부 교체를 통해 자체적으로 해결될 수 있을 것으로 보았다. 공식으로는 1968년 2월까지도 소련 공산당 지도부와 새로이 구성된 체코슬로바키아 공산당 지도부 사이의 관계가 그리 나쁘지 않았던 것처럼 보인다. 소련 지도부는 둡체크에 대한 이러한 시각과는 별개로 체코에서 전개된 일련의 사태에 대한 체코 공산당의 대응은 상당히 문제가 있다고 일찍부터 판단했다. 그리고 새 지도부가 이 문제를 빨리 해결하기를 기대했다.

하지만 2월이 지나면서부터 소련 당국은 해당 사태를 체코 당국이 자체적으로 해결할 수 없는 사회주의권 전체의 문제로 간주하기 시작했다. 소련 당국의 의구심이 증폭되기 시작한 것은 1968년 2, 3월 체코슬로바키아 당-국가 주요 직위 인사들이 교체되기 시작하면서부터다. 2월 말부터 체코슬로바키아 내에서 소련과 직간접 연결선이 있던 군과 경찰의 주요 인물들이 교체되기 시작했다. 그리고 뒤이어 당내 주요 인사들의 교체가 시작되었고, 결국 3월 21일 노보트니가 대통령 직위에서 물러났다.

이러한 체코 내부의 직접적인 계기들 외에 당시의 동유럽 사회주의권에서 발생한 여러 사건이 체코 문제를 더욱 우려스러운 시각으로 보게 만들었다. 1950년대 동독, 폴란드, 헝가리에서 벌어진 반소 봉기보다는 덜했지만 1960년대에도 각국에서 소요가 지속적으로 발생했다. 특히 1968년 3월에는 루마니아와 폴란드에서 학생과 지식인들의 대규모 데모가 발생했고,

이 중 폴란드에서는 체코슬로바키아의 개혁을 지지하면서 '폴란드의 둡체크'를 원한다는 구호까지 등장했다. 물론 이 시위들은 단기간에 진압되었지만, 소련이 동유럽 사회주의 체제 국가들의 견실함에 의심을 갖기에 충분한 사건들이다.

이러한 사회적 소요들과 함께 체코 문제와 관련해서는 새로 등장한 둡체크 정부의 대서방, 특히 서독과의 관계 개선 의도도 매우 큰 문제를 일으켰다. 이는 동독의 지정학적 위치 때문에 나타난 문제인데 폴란드와 체코슬로바키아 사이에 있는 동독으로서는 이 국가들과 서독의 관계 개선은 자국의 지정학적 고립으로 나타날 수밖에 없기 때문에 항상 경계의 대상이었다. 그리고 소련은 이러한 관계 변화 자체가 유럽에서 사회주의의 방어라는 지정학적 목적을 크게 침해하는 것으로 인식했다. 체코슬로바키아 내 정세 변화 이후 1968년 2월 둡체크의 연설은 이러한 우려를 증폭시키는 계기가 되었다. 둡체크는 노보트니 정권 출범 후 시작한 서독과의 교역을 크게 확대하고 경제 재건을 위해 차관을 도입하겠다는 의지를 천명했다. 이는 서독과의 정치적 관계 개선으로 이어질 가능성이 큰 것이었고, 동독과 소련 당국은 이 부분에 큰 우려를 나타내기 시작했다.

1967년부터 본격화된 체코슬로바키아 내부 문제에 대해 소련 당국 내 최고위 정책 결정자들 사이에서는 전략적 고려나 근본적 목적에서의 차이보다는 세부적인 접근 방법 내지 전술의 문제에서만 의견의 불일치가 있었다.

당시 소련의 최고 지도부 내에는 즉각적인 군사 개입을 통해 헝가리 봉기 때와 같은 상황을 미연에 방지하자는 안드로포프, 포드고르니, 표트르 셸레스트(Пётр Шелест) 등의 강경한 주장이 있었고, 그 반대편에는 체코슬로바키아의 자유주의적 전환을 경계하는 것에는 동의하지만 즉각적 무력 개입은 더 큰 문제를 낳는다는 미하일 수슬로프(Михаил Суслов)의 신중론이 있었다. 이 사이에 코시긴, 알렉산드르 셸레핀(Александр Шелепин), 표트르 데미체프(Пётр Демичев) 등의 주장이 있었는데, 이들은 때에 따라서 강경책과 정치적 해법 사이를 오갔다. 당시 서기장이던 브레즈네프는 원래 여기에서 신중론과 중간 주장 사이, 즉 정치적 해법을 우선시하는 인물이었다.

앞서 언급했듯이 1968년 2월까지도 소련 지도부는 무력 개입을 통한 '정상화'안을 고려하지 않았다. 브레즈네프를 비롯한 소련의 주요 지도부는 둡체크와 신지도부를 어느 정도 신뢰했고, 노보트니를 당내 수반에서 완전히 제거하지 말라는 중재안이 수용되면서 사태가 급박하게 흘러가지 않으리라 예상했다. 하지만 2월 말부터 진행된 지도부 교체로 직접적인 긴장이 시작되었고, 결국 1968년 3월 21일 대중의 압력에 의해 노보트니가 사임함으로써 소련에서 신중론보다는 강경론이 점차 우세해졌다. 노보트니 사임 이후 사태에 대한 정보는 곧바로 소련 정치국에 보고되었고 이 문제를 논의하기 위한 소련 정치국 회의에서 브레즈네프, 코시긴, 포드고르니 등 정치국원 대부분이 체코가 사태를 자체 해결할 수 없다는 데 의견을 함께하게 되었다.[3]

소련 정부의 시각 변화가 처음 외부에 드러난 것은 1968년 3월 23일 동독의 드레스덴(Dresden)에서 열린 유럽 6개 사회주의 국가 정상회의였다. 드레스덴 회의에서 소련을 비롯한 바르샤바조약군 주요 4국(소련, 동독, 폴란드, 헝가리) 지도자들은 둡체크에게 상황에 대한 해명과 전개되고 있는 사태

---

[3] 브레즈네프와 포드고르니는 1968년 1월 체코슬로바키아 공산당 서기장이 둡체크로 바뀌고 나서 모스크바에서 그를 면담했고, 뒤이어 불가리아 소피아에서 열린 바르샤바조약기구 회의에서 브레즈네프와 코시긴이 다시 그와 면담하면서 체코 상황에 대한 관리와 노보트니의 직위 보장을 약속받았다. 그러나 소련 공산당 정치국원들은 3월 21일 노보트니 사임과 함께 이러한 약속이 깨지고 당시 체코의 상황이 점점 더 반소련, 반사회주의 분위기로 전환되고 있다고 판단하게 되었다(Томилин, 2010: 25~28).

의 빠른 정리를 요구했다. 하지만 이 회의 이후까지도 소련 지도부가 적극적인 무력 개입을 고려한 것은 아니다. 특히 브레즈네프를 중심으로 해서 코시긴, 셀레핀 등은 협상을 우선시하는 대응을 계속 추진하려 했다. 물론 1968년 4월에 열린 소련 공산당 중앙위원회 전원회의에서 브레즈네프는 여러 측면에서 당시 체코슬로바키아 문제의 심각성을 경고했다. 그는 체코에서 일어나고 있던 언론 자유화 등 일련의 자유화 요구가 공산당의 지도력을 해친다고 지적하면서, 드레스덴 회의에서 야노스 카다르(János Kádár) 등 다른 동유럽 사회주의 국가 지도자들이 제기한 '1956년 헝가리 사태'의 재연 위험성을 강하게 언급했다. 여기에서 브레즈네프는 당시 체코에서 벌어진 일련의 사태가 체코 내에서 제거된 적이 없는 부르주아 계급적 요소들이 드러난 것으로 언급하면서, 상황의 심각성과 체코 사태의 정상화를 강조했다.

하지만 결국 1968년 여름이 되면서 소련 정치국원 다수는 군사 개입을 통한 정상화론으로 마음을 굳히게 되었다. 여기서 매우 중요한 역할을 한 것은 안드로포프가 위원장으로 있던 국가보안위원회(КГБ)의 보고와 평가다(Petrov, 2009: 148~154). 군사 개입이라는 결정에 매우 중요한 역할을 했다는 점에서 이 시기 국가보안위원회가 체코 프라하의 봄 사태 전개에 큰 변수였음은 부정할 수 없다. 그러나 이러한 전환 전에 소련 당국의 최고위 정책 결정자들의 사고는 부르주아식 자유주의적 전환과 공산당의 지도력 침해라고 하는, 어찌 보면 상투적이지만 소련 지도부에는 가장 핵심적인 가치의 침해 문제였다. 실제로 이 사태가 전개되는 가운데 중도 내지는 전술적 선택의 태도를 보이던 코시긴과 그의 경제팀은 체코슬로바키아의 경제 개혁 프로그램에도 일정 정도 관련된 인사들인데도, 1968년 2, 3월에 있었던 체코 공산당 주요 인사들의 전격적 교체 문제에 대해 매우 격렬히 반응했고, 드레스덴 회의 이후 강경론으로 태도를 굳혔다.

5. 소련의 체제 수호 관념과 변혁 운동 사이에서

'프라하의 봄'에 대한 소련의 무력 진압은 동유럽 사회주의 국가에서 시작된 탈스탈린주의적 개혁 사회주의가 전체주의 사회인 소련 및 동유럽 공산권 국가들의 보수파에 의해 짓밟힌 대표적 사건으로 간주되어왔다. 사회주의 체제 내 개혁적 지식인 집단 대 보수적이고 억압적인 소련 및 동유럽 공산당 지도부의 이분법적 대립 구도가 여전히 이 사건을 이해하는 핵심 주장으로 등장한다.

하지만 사회주의권 전체의 구도와 1950, 1960년대 소련의 지적·사회적 배경을 고려하면 이러한 단순한 해석에서 조금은 벗어날 수 있다. 무엇보다도 가해자인 당시 소련 지도부의 사고를 뒷받침하는 관리 사회 전반의 지적 분위기는 체코슬로바키아를 비롯한 동유럽의 정치 소요들에 대해서만큼은 그 허용의 범주가 매우 제한적일 수밖에 없었다. 물론 이 자체가 모순이며 정치적인 부당함이라는 데는 이견의 여지가 없다. 그럼에도 당시 소련 지도부가 무력 개입을 결정하기까지 그 기저의 지적·사회적 배경, 즉 중간 및 상층 관리 집단의 체제와 안보에 대한 집단 인식을 분석하는 것이 소련을 비롯한 사회주의권 전반을 이해하고 그들이 이러한 사태에 직면해서 보여준 대응을 파악하는 데 핵심적인 과정이라고 할 수 있다.

앞서 살펴본 것처럼 1950년대 중후반 이후 동유럽 사회주의 국가들뿐만 아니라 소련에서도 다양한 개혁적 실험을 진행했다. 특히 관리 체계의 혁신이라는 목적으로 여러 가지 개혁 프로그램을 실행했다. 그에 따른 체제 내에서의 다양한 논쟁도 빈번히 목격할 수 있다. 하지만 적어도 소련에서 만큼은 다수의 주류 관리 집단의 인식 핵심에 자유주의 요소에 대항하는 사회주의 요소들이라는 사고가 존재한다. 그리고 이것이 체제의 안보를 수호하는 핵심 요소라는 생각이 깔려 있다. 최상층에서 중간 관리자들까지 이러한 인식을 공유했으며, 또한 이와 같은 인식 속에서 그들은 적어도 1960년대 당대까지 소련과 여타 사회주의 체제 실험이 성공적이라고 생각했다.

이러한 인식의 핵심에 있던 소련 지도부에 1967, 1968년 체코슬로바키아에서 벌어진 사태는 체제 전체의 안보 위협으로 다가왔음이 틀림없다. 물론 그럼에도 구체적인 대응책을 놓고서 1968년 1월부터 바르샤바조약군의 침공 직전인 8월 초까지 끊임없는 논쟁이 이어졌다. 무력 개입은 그 선택지 중 하나일 뿐이었다. 하지만 결국 무력 개입에 의한 정상화라는 비극으로 귀결되었다. 이는 당시 소련 최고 지도부 다수의 의견이기도 했지만 무엇보다 소련이라는 체제의 근간인 관리 집단 다수의 인식이기도 했다.

참고문헌

고가영. 2010. 「1968년 "프라하의 봄"과 소련의 저항운동」. ≪서양사론≫, 106호.

김동혁. 2015. 「수리경제학파의 성장과 소련 경제학계의 변화(1957~1965): 경제학 연구조직 및 매체 변화를 중심으로」. ≪서양사론≫, 125.

이정하. 2013. 「K. E. 보로쉴로프와 적군(赤軍) 기병대」. ≪서양사론≫, 49호.

АРАНА(рхив российской академии наук). ф. 1877, оп. 8.

АРАН. ф. 499, оп. 1.

РГАНИ(Российский государственный архив социально-политической истории). ф. 5, оп. 30.

РГАСПИ. ф. 599, оп.1.

Гвишиани, Алексей Джерменович. 2004. Феномен Косыгина. М: Фонд культуры ≪Екатерина≫.

Ивкин, В. И. 1999. Государственная Власть СССР: Высшие органы власти и управления и их руководители. 1923-1991. М: Российская политическая энциклопедия.

Ковалев, Н. 1998. Молотов, Маленков. Каганович. 1957: стенограмма июньского пленума ЦК КПСС и другие документы. М: Международный фонд ≪Демократия≫.

Козлов, В. А. 2009. Массовые беспорядки в СССР при Хрущеве и Брежневе: 1953-начало 1980х гг. М: Росспэн.

Мурашко, Г. П. 2010. 1968 год. Пражская весна. Историческая ретроспектива. М: РОССПЭН.

Народное хозяйство СССР в 1956-1965 гг.(Статистический сборник и ежегодник). http://istmat.info/node/21341(검색일: 2018.6.1) .

Немчинов, В. С. 1959. Применение математики в экономических исследованиях. М: Издательство социально-экономической литературы.

Томилин, Н. Г. Пражская весна и международный кризис 1968 года — статьи, исследования, воспоминания. М.: МФД, 2010.

Фурсунко, Александр Александрович. 2006. Президиум ЦК КПСС 1954-1964 т. 2: постановления 1954-1958. М: Росспэн.

Центральное статистическое управление СССР. 1982. Народное хозяйство СССР 1922-1982. М: Издатеьство ≪Финансы и статистика≫.

Bacon, Edwin and Mark Sandle(ed.). 2002. *Brezhnev Reconsidered.* Hampshire; New York: Palgrave Macmillan.

Bailes, Kendall. 1978. *Technology and Society Under Lenin and Stalin: Origins of the Soviet Technical Intelligentsia, 1917-1941.* Princeton, N. J.: Princeton Univ. Pr.

Bischof, Günter, Stefan Karner and Peter Ruggenthaler(ed.). 2009. *The Prague Spring and the Warsaw Pact Invasion of Czechoslovakia in 1968.* Lanham, Md.: Lexington Books.

Chavance, Bernard. 1994. *The Transformation of Communist Systems: Economic Reform since the 1950s.* Boulder, Colo: Westview Press.

Dawisha, Karen. 1984. *The Kremlin and the Prague Spring.* Berkeley: University of California Press.

Hewett, Edward A. 1988. *Reforming the Soviet Economy: Equality versus Efficiency.* Washington, D.C.: Brookings Institution Press.

Ilic, Melanie and Jeremy Smith(ed.). 2011. *Khrushchev in the Kremlin: Policy and Government in the Soviet Union, 1953-1964.* Milton Park, Abingdon, Oxon; New York: Routledge.

Kronsjø, Tom. 1962. "Tendencies in Soviet economic scientific education," *Øst-økonomi*, Vol.2, No.1.

Lewin, Moshe. 2005. *The Soviet Century.* London; New York: Verso.

Petrov, N. 2009. "The KGB and the Czechoslovak Crisis of 1968," *The Prague Spring and the Warsaw Pact Invasion of Czechoslovakia in 1968*, pp.145~163.

Taubman, William, Sergei Khrushchev and Abbott Gleason(eds.). 2000. *Nikita Khrushchev.* New Haven: Yale University Press.

Williams, Kieran. 1997. *The Prague Spring and its Aftermath: Czechoslovak Politics, 1968-1970.* Cambridge; New York: Cambridge University Press.

5부

___

에필로그

12장

68이 촛불에게*

이기라(경희대학교 후마니타스칼리지)

바리케이드도 없었다. 대학이나 공장 점거도 없었다. 학생들의 수업 거부나 노동자들의 총파업도 없었다. 몇 달 동안 주말마다 광화문에 수십만 명이 운집해 시위를 벌였지만 아무런 폭력 사태도 일어나지 않았다. 밤이 깊어 시위가 끝날 무렵이면 자발적으로 나선 시민들이 어김없이 거리에 남겨진 쓰레기를 말끔히 치웠다. 2016년 10월 29일 1차부터 2017년 4월 29일 23차까지 183일 동안 누적 집회 참가자 1685만 명. 한날한시 최대 참가 인원 232만 명(2017년 12월 3일 6차 촛불집회에서 광화문 170만 명, 전국 62만 명). 전체 집회 참가자 중 구속자와 사망자 0명(김예슬, 2017: 28). 183일 동안 매주 토요일 광화문을 밝힌 '촛불'은 그렇게 평화적인 시민의 힘으로 국회를 압

---

* 이 글은 ≪역사와 세계≫, 54호(2018)에 실은 연구 논문 「68운동을 통해 바라본 2016/2017년 촛불운동의 성격과 의미: 근대 국가에 대한 인식을 중심으로」를 책의 주제와 성격에 맞춰 수정한 것이다.

박해 대통령을 탄핵하고 헌법재판소의 인용 판결을 이끌어냈다.

대규모 시위에는 상상하기 힘들 정도로 다양한 사람이 모이고, 그중에는 과격한 개인이나 집단도 있기 마련이다. 분노한 시민들과 경찰이 장시간 대치하다 보면 감정이 격해지기도 하고 충동적인 군중심리가 발현되기도 한다. 그러나 광장에 모인 촛불 시민들은 '질서'와 '비폭력'을 외치며 일부 시민의 돌출 행동을 말리고, 오히려 경찰들에게 물을 주며 격려했다. 시위대를 가로막은 경찰 버스에 꽃 스티커를 붙이는가 하면, 시위가 끝날 무렵이면 다시 깨끗하게 떼어주기까지 했다. 철저하게 평화 시위를 고수하려는 시민들의 노력은 '비폭력'에 대한 과도한 강박으로까지 비칠 정도였다.

하지만 광장에 모인 집단 지성이 견지한 철저한 비폭력 평화 시위 전략은 결과적으로 옳았다는 것이 얼마 되지 않아 확인되었다. 평생 정치 집회에 한 번도 참여해보지 않은 보수적이거나 온건한 사람들에게도 광장으로 나설 용기를 주었다. 광장에는 아이를 데리고 가족 단위로 나온 사람들과 젊은 여성들, 교복을 입고 나온 청소년도 많았다. 그래서 더 많은 시민이 광장과 거리로 나설 수 있었다. 그것은 또한 수구 세력에 반격의 빌미를 주지 않으면서 저항의 정당성을 유지하려는 역사적 경험에서 나온 집단 지성의 전략적인 판단이었다. 통상적으로 경찰은 광화문광장에서 세종대왕상 북쪽으로는 시위를 허가하지 않았지만, 촛불시위대는 철저히 평화 시위를 고수함으로써 청와대와의 거리를 좁혀갈 수 있었다. 1, 2차 촛불 집회 1300m에서 900m(3차)로, 다음에는 500m(4차), 200m(5차)까지 다가갔고, 마침내 시위대는 6차 집회 만에 법원이 청와대 100m 앞에서까지 시위를 허가하도록 만들었다. 법원으로서도 헌법에 보장된 집회와 시위의 자유를 제한할 근거가 없었다. 촛불 시위대의 절대적인 정당성 우위에 기초한 이러한 작은 성과들은 더 많은 시민을 광장으로 불러냈고 대규모 시위를 유지하는 동력이 되었다.

18세기 프랑스의 몽테스키외(Charles-Louis de Secondat Montesquieu)와 장자크 루소(Jean-Jacques Rousseau)에서부터 존 애덤스(John Adams), 제임스 매디슨(James Madison)과 같은 '미국 건국의 아버지들'이라고 불리는 이들까지 새로운 공화국을 세우고자 했던 근대 사상가들과 혁명가들 대부분은 인민이 덜 계몽되고 어리석다고 생각했다. 특히 그들이 군중으로 뭉치면 감정적이고 폭력적이 되어, 가진 자들을 공격할 것이라고 우려했다. 그래서 그들은 고대 아테네의 민주정이 아니라 고대 로마의 공화정을 선호했으며, 대의정부(representative government)를 세우고자 했다. 실제로 프랑스혁명 이래 세계 곳곳에서 일어난 크고 작은 민중 봉기를 보면 근대 사상가들과 혁명가들의 우려를 어느 정도는 인정할 수밖에 없다. 폭력은 더 큰 폭력을 낳았고, 그 과정에서 수많은 사람이 피 흘리고 고통받았으며, 내전에서 승리하고 혁명이 어렵게 성공한다고 해도 민주적이고 안정적인 질서가 정착되기 어려웠다. 그런 점에서 시민들이 시종일관 합법적이고 평화적인 시위를 통해 최고 권력자를 파면시킨 일은 세계 민주주의 역사에서 유례를 찾기 힘든 사건이라 할 만하다. 촛불 시민들은 시종일관 차분하고 이성적인 태도로 평화적인 시위 전략을 고수하여 기득권 세력에 반격의 빌미를 제공하지 않았고, 입법부와 사법부가 헌법이 명시한 절차에 따라 적절한 판단을 내리도록 효과적으로 압박했다.

　68운동에 비추어볼 때 2016/2017 한국 촛불의 성격과 의미를 어떻게 파악할 수 있을까? 1968년을 전후로 세계 곳곳에서 일어난 봉기와 최근에 일어난 한국의 촛불 운동을 비교(또는 대비)하는 것은 아직 섣부른 감이 있다. 50주년이 된 68운동에 관해서는 그동안 수많은 연구가 축적되었지만, 한국의 촛불 운동은 당시에 제기된 여러 문제에 대한 사법적 판결조차 완료되지 않았으며, 심지어 새로운 사실들이 발견되고 있다는 점에서 여전히 진행형이며, 그에 관한 사회과학적 분석은 이제 겨우 시작되었을 뿐이다. 좀 더 근본적으로는, 역사적 맥락과 정치적 환경이 전혀 다른 두 사건을 동일 선상에서 비교하는 것은 애초부터 불가능해 보인다. 우리는 이 글에서 단지 시론과 가설 차원에서 촛불 운동의 성격을 언급하면서, 50년 전에 전 세계적으로 일어난 68운동이 촛불 이후의 한국 사회에 던지는 함의가 무엇일지 몇 가지 단상을 정리하는 것에 만족하고자 한다.

1. '이게 나라냐'

주지하다시피 대규모 시위를 촉발한 직접적인 계기는 10월 24일 JTBC의 '최순실 태블릿 PC' 보도였다. 최순실이 버리고 간 태블릿 PC에서 발견된 '대통령 말씀 자료' 파일들을 근거로 대통령 연설문을 최순실이 미리 받아 보고 관여했다는 의혹을 제기한 것이다. 이 보도는 다음 날 박근혜 대통령이 최순실과의 개인적인 관계를 인정하는 담화를 발표할 수밖에 없게 만들었다. 이 사실은 '최순실 태블릿 PC' 보도 이전에 제기된 미르재단과 K스포츠재단을 위한 기업 강제 모금 의혹, 정유라의 이화여자대학교 부정 입학 및 학점 특혜 의혹 등과 곧바로 연결되면서 최순실의 사적 이익을 위해 청와대가 움직였다는 점을 확인해주었다.

2016~2017 촛불 운동의 직접적인 계기가 '박근혜-최순실 국정 농단'이라는 점에는 이견이 없지만, 수개월 동안 주말마다 수십만 명을 광장으로 끌어 모은 데는 그 이전부터 국민의 불만이 누적되어온 측면을 무시할 수 없다. 국민의 광범위한 불만을 불러온 가장 대표적인 사건은 의심의 여지없이 '세월호 참사'일 것이다. 2014년 4월 16일 일어난 세월호 사건에 대하여

청와대와 정부가 보인 태도는 박근혜 정부에 대한 여론의 평가를 분기시키는 계기가 됐다. 전 국민이 세월호가 침몰하는 상황을 생중계로 지켜보면서 300명이 넘는 희생자가 발생한 것에 대해 안타까움과 분노를 느꼈다. 게다가 희생자 대부분이 제주도로 수학여행을 가던 고등학생들이라는 점, 그들이 마지막 순간에 남긴 문자, 통화 내용, 사진, 동영상 등이 당시 상황을 더욱 생생히 전달하면서 안타까운 마음을 증폭시켰다. 또한 사건 당일 11시경 '전원 구조' 오보를 비롯한 언론의 보도 행태는 이명박 정권 이래로 권력에 장악된 언론 현실의 심각성을 대중에게 인지시키는 계기가 되었다. 결국 세월호 참사는 그 이전까지 50%를 상회하던 대통령에 대한 긍정 평가를 50%를 상회하는 부정 평가로 역전시켰다(이지호 외, 2017: 19). 그리고 이듬해 '메르스 사태'에 대한 정부의 부실한 대응까지 더해져서 박근혜 대통령은 파면될 때까지 긍정 평가의 우위를 되찾지 못했다. '세월호 참사'와 '메르스 사태'는 국민 다수의 생명과 재산이 위협받는 국가의 재난이나 위기 상황에서 '정부의 역할이 무엇인가'에 관한 근본적인 의문을 던지기에 충분했다.

프랑스 68이 대학생들에 의해 시작되었듯이 광화문의 대규모 촛불 운동을 촉발시킨 계기를 만든 것도 대학생이다. 2016년 7월 말 이화여대에서 교육부의 평생교육 단과대학 지원 사업(미래라이프 대학) 참여를 둘러싸고 학내 분규가 시작되었다. 그런데 7월 30일 학교 측이 경찰 투입을 요청하면서 사태가 걷잡을 수없이 확산되었다. 학내 분규에 1600명이라는 대규모 경찰력이 투입된 것은 유례가 없는 일이기 때문이다. 그런 와중에 9월 26일 한겨레 보도로 최순실의 딸 정유라의 이화여대 부정 입학과 학점 특혜 의혹이 불거졌다. 이화여대 학생들은 계속해서 본관을 점거하고 최경희 총장 사퇴와 담당 교수 징계를 요구했다. 정유라의 등장으로 안개 속에 있던 최순실 국정 농단의 실체가 구체적으로 드러나기 시작했다.

이 과정에서, 3년 전 경상북도 상주에서 열린 전국승마대회에서 정유라가 2등을 하자 당시 심판들이 경찰서로 연행되어 조사받고, 담당 문화체육부 국장이 대통령에게서 '참 나쁜 사람'으로 지목되어 강제 퇴임되었다는 사실이 알려지면서 비선 실세 최순실의 존재가 대중 앞에 드러났다. 삼성이 정유라에게 고가의 말과 돈을 지원했다는 사실도 알려졌다. 10월 19일 언론에 보도된 "돈도 실력이다. 능력 없으면 네 부모를 탓해라"라는 정유라의 SNS 일갈은 취업을 위해 스펙 경쟁과 입시 경쟁에 시달리던 수많은 청년과 청소년, 그들을 뒷바라지하던 부모에게 박탈감을 주어 크게 공분을 샀다. 권력 실세 최순실의 딸 정유라에 대한 각종 특혜를 통해 특권과 반칙이 난무하는 현실이 적나라하게 드러난 것이다.

2016~2017 촛불시위에서 가장 자주 등장한 슬로건은 "박근혜 퇴진, 하야, 탄핵, 구속"과 함께 "이게 나라냐"였다. 한국의 대규모 시위에서 대통령을 비판하고 퇴진을 주장하는 것은 드문 일이 아니다. 1980년대부터 1990년대 중반까지 대규모 시위의 주된 구호는 줄곧 "×××정권 물러가라"였고, 2008년 촛불 시위에서 가장 자주 등장한 피켓도 "MB OUT"이었다. 이런 관점에서 '이게 나라냐'라는 외침은 단순한 정권 비판을 넘어 좀 더 근본적인 문제의식이 포함된 새로운 구호였으며, 2016~2017 촛불 운동의 고유한 성격을 내포한다고 볼 수 있다. '이게 나라냐'라는 외침은 '이건 (제대로 된) 나라가 아니다'라는 의미를 함축한다. 광장에 모인 이들은 왜 당시 한국이 '제대로 된 나라', '나라다운 나라'가 아니라고 생각한 것일까? 그들에게 '나라다운 나라'는 어떤 나라인가?

17세기 영국의 정치사상가 존 로크(John Locke)는 『통치론(Two Treatises of Government)』(1689)에서 다음과 같이 설명했다. "인간이 국가로 결합하고 스스로를 정부의 지배하에 두는 가장 크고 중요한 목적은 자신의 재산을 보존하는 것이다." 로크에게 재산이란 개인의 생명, 자유, 자산을 모두 포함한다. 그중에서도 생명이 가장 기본적이고 중요한 것임은 말할 필요도 없을 것이다. 그리고 이러한 생각은 근대국가와 민주공화국의 기본 정신이 되었다. 요컨대 우리가 국가라는 근대적 형태의 정치 공동체로 결합해 살아가는 첫 번째 이유는 우리의 생명, 자유, 자산 등 재산권을 보호받기 위해서이다. 따라서 국가가 그 역할을 제대로 수행하지 못한다면 우리가 그 국가나 정부에 복종해야 할 이유도 사라진다. 바로 이러한 정신을 토대로 근대인들은 새로운 국가를 세우고 발전시켰다. 로크의 생각은 18세기 시민혁명 과정에서 미국과 유럽의 근대 헌법들에 반영되었고, 우리 '헌법'에서도 그 영향을 쉽게 찾을 수 있다. 대한민국 '헌법' 제10조는 "국가는 개인이 가지는 불가침의 기본적 인권을 확인하고 이를 보장할 의무를 진다"라고 되어 있다. 개인의 기본적 인권 중에서 '안전하게 살아갈 권리'야말로 그 출발점이다. 또한 제7조 1항은 "공무원은 국민전체에 대한 봉사자이며, 국민에 대하여 책임을 진다"라고 되어 있으며, 제34조 6항은 "국가는 재해를 예방하고 그 위험으로부터 국민을 보호하기 위하여 노력하여야 한다"라고 명시하고 있다.

근대국가는 그 고유한 목적을 수행하기 위해(또는 그것을 명분으로 삼아) 안보와 치안 수단, 소방과 안전 수단을 독점적으로 전유하고 운영해왔다. 국가가 여러 가지 행정 수단을 독점하게 되면서 일차적으로 문제가 된 것은 관료제의 폐해다. 근대국가는 관료제의 한계를 대의제라는 장치로 견제하고자 했다. 시민들이 행정부의 수반을 직접선거로 뽑고, 그가 각 행정 부처의 수장인 장관을 임명하는 제도가 대표적이다. 관료제와 대의제의 결합. 이것이야말로 근대국가의 고유한 특징이다. 그러나 국민의 생명, 자유, 자산을 보호할 목적으로 권력을 위임받은 대통령이 그 권력을 오로지 최순실과 정유라를 위해 사용한 사실이 드러난 것이다.

흥미로운 것은 JTBC의 '최순실 태블릿 PC' 보도 다음 날, 박근혜 대통령이 최순실과의 관계를 해명하는 대국민 담화를 발표한 10월 25일 오후 4시 35분경 네이버와 다음의 실시간 검색어 순위에 '탄핵', '박근혜 탄핵'과 '하야' 등이 1, 2, 3, 4위를 차지했다는 점이다(≪국민일보≫, 2016년 10월 25일 자). 당시 시민들의 정서는 아르스프락시아 미디어분석팀의 온라인 빅데이터 분석[1])에서 더욱 확실히 드러난다. 이 분석에 따르면 국민이 권한을 위임한 대통령이 '강남 아줌마', '사이비', '교주', 또는 '무당'인 최순실의 '꼭두각시'에 불과했다는 사실에 대해 "창피하다"라거나 "쪽 팔린다"라는 토로가 광범위하게 표출된 것이다(김학준, 2017: 66~67). 대통령의 국정 운영 관련 문서를 선출직도, 임명직도, 직업 공무원도 아닌 민간인 신분의 최순실이 공유했다는 충격적인 사실에 많은 시민이 곧바로 '대통령 탄핵'을 떠올린 것이다.

2016년 겨울부터 2017년 봄까지 성별, 세대, 지위를 막론한 광범위한 시민들이 시위에 참여하고, 탄핵 찬성 여론이 80%에 달하게 된 배경에는 크게 두 가지 측면이 작용한 것으로 보인다. 직접 계기는 국민이 행정부 수반에게 위임한 주권을 최순실이라는 사인에게 일부 양도했으며, 그 과정에서 온갖 불법과 특혜가 이루어졌다는 점이다. 다음으로 박근혜 정부는 세월호 구조와 인양에 소홀했을 뿐만 아니라 유가족을 위로하거나 진상을 규명하는 데도 소극적으로 임함으로써 다수 국민의 소중한 생명과 안전을 보호할

---

1) 아르스프락시아 미디어분석팀은 촛불 집회의 의미와 진행 양상을 이해하기 위해 트위터, 페이스북 등 SNS와 네이버 뉴스 댓글, 일간베스트·디시인사이드·오늘의유머를 포함한 주요 인터넷 커뮤니티에서 '최순실', '박근혜', '촛불', '탄핵', '개헌' 등 주요 키워드를 포함한, 공개된 콘텐츠 194만 7300건을 수집해 분석했다(김학준, 2017).

책무를 방기했다는 점이다. 결국 '이게 나라냐'에 담긴 주된 의미는 국민이 선거를 통해 대통령에게 위임한 주권을 아무런 공적 지위도 없는 최순실에게 양도한 것에 대한, 그리고 그렇게 위헌적으로 권한을 양도받은 한 사인에 의해 근대국가의 근간인 재산권 보호나 공정의 원칙이 무너졌음에 대한 탄식 섞인 문제 제기였다. 다시 말하자면 국가는 생명, 자유, 자산 등 국민의 기본권을 보호하기 위해 존재하며(존 로크), 국민이 위임한 주권은 분할하거나 양도할 수 없다(장자크 루소)는 근대국가의 기본 원칙이 철저히 무시된 것에 대한 반발인 것이다. 그러므로 2016~2017 촛불 운동에서 하나로 수렴된 목표는 1987년 6월 민주화 항쟁 이후 완성하지 못한, 오히려 최근 9년 동안 보수 정권들이 후퇴시킨 근대적 민주공화국의 정상성을 지향하는 것이었다. 다시 말해, 형식적이고 제도적인 차원의 민주주의 회복을 목표로 한 것이다.

2. 68의 경우: 근대국가에 대한 근본적 비판

68운동은 서유럽과 아메리카의 선진 자본주의 국가들뿐만 아니라 개발도상의 아시아와 아프리카 국가들, 사회주의권의 동유럽 국가들까지 지구 차원에서 동시다발로 일어난 변혁 운동이다. 그래서 세계체제론자들을 비롯한 일군의 학자들은 68을 '세계혁명'이라고 부른다. 그들은 68운동의 기저에 근대 이래로 구축되기 시작한 세계경제의 단일성과 계급투쟁의 보편성 아래, 중심부·주변부·반주변부의 동시 혁명만이 세계 체제에 균열을 낼 수 있다는 믿음이 존재했다는 것이다. 특히 이매뉴얼 월러스틴(Immanuel Wallerstein)은 68운동이 미국의 헤게모니와 그와 적대적으로 공생한 소비에트 체제에 대한 반발로 일어났다고 본다. 하지만 좀 더 근원적인 시각으로 보면 전 지구적 변혁 운동으로서 68의 배경은 근대성 자체에 대한 반발이다. 특히 중앙집권화되고 관료화된, 나아가 미국과 소련을 정점으로 하는 제국주의 패권 질서를 구성하는 근대 국민국가에 기초한 자본주의 체제에 대한 저항이라는 측면이 깔려 있다.

일찍이 막스 베버(Max Weber)는 카를 마르크스(Karl Marx)의 자본주의 분석과 마찬가지로 생산자와 생산수단의 분리가 자본주의 생산 관계의 본질적인 조건이라고 지적한 바 있다. 자본주의는 무엇보다도 노동자로부터 생산수단의 분리, 소수에 의한 생산수단의 전유라는 특징이 있다는 것이다. 그러나 베버에게 생산 주체와 생산수단의 분리는 자본주의 경제구조뿐만 아니라 근대성이라는 좀 더 일반적인 현상에서 나타나는 특정한 사례일 뿐이다. 베버는 생산수단에서 노동자들을 분리하는 것이 자본주의 생산관계의 핵심이듯이, 마찬가지로 행정 수단에서 공무원을 분리하는 것이 근대국가의 관료제적 지배를 설명하는 데 결정적인 요소로 보았다. 자본주의 기업에서 노동자들이 아무런 생산수단도 사유하지 못하는 것과 마찬가지로 근대국가의 종사자들은 어떠한 개인적인 권위도 소유하지 못했다. 그 결과 현대국가는 행정부, 공무원, 행정 노동자에게서 관리 수단들을 '절단'하는 데 완전히 성공했다고 말한다. 그는 더 나아가 노동자들로부터의 경영 수단 분리와 독점이라는 흐름이 근대사회의 거의 모든 영역에서 나타난다고 보았다. 그러한 분리는 군대나 공공 행정뿐만 아니라, 대학 연구실에서도 발견된다. 그것은 근대국가와 자본주의 경제에서 공통적이며, 서양 근대의 구조화에서 결정적인 원칙이라는 것이다.

그렇다면 근대국가가 독점한 그러한 수단들은 그 이전에는 어디에 있었는가? 지역공동체, 직능 단체 등 포괄적 의미의 '사회'라는 영역이다. 사회는 전통, 관습, 규범 등에 따라 자율적이고 자치적으로 관리되고 운영되었다. 근대인들은 그 이전에 '사회' 또는 공동체가 관리하던 다양한 수단을 국가의 영역에 포함시켰다. 지역공동체 차원에서 자치적으로 운영하던 폭력 수단, 사법 수단, 교육 수단, 연구 수단, 의료 수단, 구호 수단 등 인간의 사회적 삶에 필요한 주요 수단을 중앙 권력의 관리와 통제의 대상으로 만든 것이다. 중앙집권적이고 관료제적인 국가는 20세기 중반까지 강화되고 확대된다. 그것은 자본주의 발전과 산업화로 인해 급속히 확대된 자유방임적 시장의 폐해를 견제하기 위한 것이기도 했다. 특히 1930년대의 대공황을 극복하는 과정에서 서유럽과 미국에서는 케인스주의에 기반을 둔 (복지)국가자본주의(사회민주주의)를, 동유럽에서는 스탈린주의로 대별되는 국가사회주의를 발전시켰다. 또 다른 형태의 국가사회주의(또는 민족사회주의, nationalsozialismus)인 파시즘과 나치즘은 제2차 세계대전의 패배로 무너졌다. 세 진영은 각기 다른 정치경제적 목표를 추구했지만, 자유방임적 시장의 폐해를 극복하기 위해 중앙 권력에 집중된 관료제적 국가를 통한 근대화, 산업화를 추구했다는 점에서 본질적으로 통하는 점이 있다. 1968년을 전후로 세계 각지에서 일어난 봉기는 다름 아닌 근대국가의 중앙집권적이고 관료제적인 지배에 대한 저항이다. 서구에서는 케인스주의와 복지국가로 대별되는 국가자본주의와 그에 협력한 구좌파, 동유럽에서는 스탈린주의로 대별되는 국가사회주의에 대한 저항이 동시에 일어난 것이다.[2]

---

2) 그런 점에서 프랑스 68세대에게 프랑스 국가 역시 파시즘으로 묘사되었다. 그들은 '새로운 파시즘'이라는 개념을 통해 기존의 억압적 성격의 권력뿐 아니라, 눈에 보이지 않는 방식으로 개인의 일상적 삶과 사고의 영역까지 침투하는 권력을 고발하고자 했다. 그들에게 파시즘은 양차 대전 사이에 존재했던 한시적인 정치체제가 아니라 근대국가 내부에 깔려 있는 본질적인 특성이었던 것이다(홍태영, 2008: 126).

이처럼 68과 함께 등장한 새로운 좌파는 자본주의 시장 체제뿐만 아니라 그에 결합한 권위주의적 근대국가 체제에 대해서도 근본적으로 비판을 가했다. 근대 이후 시장과 국가가 독점해온 삶의 수단에 대한 주도권을 사회로 되찾아오고자 했다. 따라서 그들이 추구한 자본주의의 극복 방안 역시 소련에서 스탈린이 주도한 것과 같은 생산수단의 국유화가 아니라, '자주 관리'로 표상되는 생산수단의 사회화(사회적 공유)였다. 그것은 1848년, 1871년 혁명에서 좌절된 '코뮌주의' 운동이나 1917년 볼셰비키혁명 당시 레닌이 내건 "모든 권력을 소비에트로!"라는 구호를 다시 현실화하고자 하는 시도였다. 더 가깝게는 스탈린의 국가사회주의에 반기를 들고 '자주 관리적 사회주의'를 건설하려 했던 유고슬라비아 사례에서 영감을 얻은 것이기도 하다(오창룡, 2005: 246). 다만 68세대는 유고슬라비아의 자주 관리 개념을 광범위한 영역에 적용하는 '일반화된 자주 관리', 즉 일상생활 전반에 적용할 수 있는 것으로 확장시켰다.

68과 함께 등장한 새로운 좌파의 목표는 '사회적 삶과 분리된 영역으로서의 정치' 개념을 철폐하는 것이었다. 잉그리트 길허홀타이(Gilcher-Holtey, 2009: 136)는 신좌파가 민주주의의 대리적이고 대의적인 조직 형태로의 환원을 비판하고 새로운 형태의 정치적 정체성 형성을 실험했으며, 그것은 이른바 삶의 정체성을 형성하는 구조에 자기 삶의 영역에서 직접 정치적으로 관여하는 실험이라고 해석했다. 1970년대 미국 여성운동의 유명한 구호 "개인적인 것이 정치적이다"도 이런 맥락에서 나온 것이다. '일상의 정치화'를 주장한 이 구호는 프랑스의 페미니즘, 더 나아가 68혁명 자체가 공유한 것이다. 이처럼 68운동은 '정치적인 것'의 범주 자체를 재정립하여 '일상과 정치의 결합'을 추구했다.

유럽에서 68운동을 주도한 학생과 노동자들은 대학과 공장에서 자주 관리를 직접 실현하고자 행동했다. 대학생들은 권위주의 교육 시스템을 비판하고 대학의 자율 운영과 자치를 실천했다. 노동자들은 자신들이 점거한 공장에서 기업주나 경영자 없이도 노동자평의회를 통해 스스로 생산수단을 통제하고 생산을 계속할 수 있음을 증명하고자 했다. 여성들은 가부장주의 억압에 반해 자신의 삶을 스스로 개척할 수 있는 권리, 생물학적 성역할이 아니라 자신의 사회적 역할을 스스로 결정할 수 있는 권리를 부르짖었다.

68운동의 결과, 대학을 평준화하고 권위적이던 교수-학생 관계가 개선됐으며 대학 운영과 행정에 학생들의 참여가 부분적으로 허용되었다. 최저임금제가 개편되고 노동자 지주제를 도입하는 등 노동자의 삶의 조건을 개선하고 노동자의 경영 참여 기회가 점차 확대되었다. 피임 자유화, 낙태 합법화 등 여성의 성적 자기결정권이 확대되었다. 지역 자치와 지방분권도 강화되었다. 68운동은 다양한 사회운동으로 끊임없이 이어지면서 사회 전체의 문화를 근본적으로 변화시켰다. 대학 자치를 위한 학생운동, 노동자의 자주 관리를 추구하는 노동운동, 성적 차별을 거부하고 성적 자기결정권을 쟁취하기 위한 여성운동, 근대적 개발과 성장 논리에 기초한 산업화를 거부하는 생태환경운동, 차별을 반대하고 모든 인간의 평등한 권리를 추구하는 인권운동, 미소 양극 체제로 지속된 제국주의를 반대하는 반전 평화운동 등 새로운 사회운동을 태동시켰다. 이러한 새로운 사회운동 흐름은 녹색당의 등장 등 정당 체제를 변화시켰고, 일부는 기존 정당들의 정책 목표에 반영되기도 했다.

68운동은 국가권력을 교체하고자 하는 투쟁이 아니라, 국가와 시장이 독점한 권력을 사회로 되찾아오기 위한 투쟁이었다. 근대 이후 시장과 국가 영역의 확장과 권력 집중을 비판하고 사회 영역의 자치적이고 자율적인 질서를 복원하고자 한 것이다. 68운동 참여자들은 단순히 중앙 정치의 정책 결정 과정에 시민의 참여를 확대하라고 요구한 것만이 아니라, 삶의 다양한 영역에서 자율, 자치, 직접 행동을 스스로 실천하고자 했다. 68운동의 방향성은 정치적·제도적 민주주의를 넘어 일상의 민주화, 생활의 민주화, 사회의 민주화였다.

3. 촛불은 어떤 '나라'를 원하는가?

대통령을 새로 선출하고 나서 조사해보니 상황은 생각했던 것보다 훨씬 더 심각했다. 국가정보원 개혁발전위원회 산하 적폐청산TF는 2009년 5월부터 2012년 12월까지 국정원이 민간인으로 구성된 사이버 외곽 팀을 운영하면서 여론을 조작한 사실을 확인했다. 청와대 민정수석비서관실에서 발견된 문건에는 '문화계 블랙리스트' 작성과 실행을 청와대가 주도한 정황이 고스란히 담겨 있었다. 사법행정권 남용 의혹과 관련해 특별조사단이 공개한 대법원 행정처 문건으로 양승태 대법원장과 청와대의 재판 거래 정황이 드러났고, 검찰 조사를 통해 대법원 판결에 청와대가 개입했다는 사실이 확인되었다. 정말 나라 꼴이 말이 아니었다. 헌법이 보장한 표현의 자유, 양심의 자유는 철저히 유린되었으며, 민주공화국을 지탱하는 기본 원칙인 삼권분립도 여지없이 무너져 있었다. 그중에서도 가장 충격적인 것은 군인권센터가 공개한 국군기무사령부의 계엄령 문건이다. 박근혜 탄핵 심판이 한창이던 시점에 국군기무사령부가 탄핵 기각 시 수도방위사령부 제1경비단의 위수령 선포를 시작으로, 비상계엄, 전국계엄으로 그 범위를 확대해 정부 부처와 언론, 전 국토를 장악하며, 합동수사본부를 설치해 국민을 검열하고 탄압하는 등 세세한 계엄령 실행 계획을 수립한 것이다. 민주화에 역행하는 과거 군사독재 시절의 유산이 아직도 살아 숨 쉬고 있었다. '이게 나라냐'라는 촛불 시민들의 외침은 헌정 질서마저 위태로웠던 당시 상황을 정확히 표현한 것이다.

대규모 촛불 집회가 진행 중이던 2017년 초부터 그 주체는 누구이며, 그들의 요구가 어떤 성격을 띠는지에 관해 논쟁이 이루어졌다. 몇몇 학자는 2016년 겨울의 촛불 시위에는 정치적 분노뿐만 아니라 사회경제적 불만이 깊숙이 깔려 있다고 주장한다. 대표적으로 최장집은 "성장을 가져온 신자유주의의 부작용을 실존의 차원에서 겪은 이들의 누적된 분노가 촛불의 동력이었다"(《동아일보》, 2017년 2월 13일 자)라고 주장했다. 이러한 시각은 2016~2017 촛불 시위가 이른바 '헬조선'으로 표현되는 불평등하고 불공정한 사회에 대한 분노 표출이라는 점을 강조한 것이다. 김성일(2017)은 2008년 촛불 집회에서 주체로 등장한 '다중'이 다시 등장한 것으로 본다. "계급, 민중 같은 전통적 저항 주체로부터 벗어난 새로움 자체에 대해 열광하는 정동적(affective) 주체"인 다중이 2016~2017년 "신자유주의 광풍 속에서 능멸과 혐오의 시대를 건디다 광장에 다시 모였다"라는 것이다.

정유라의 부정 입학과 학점 특혜가 이화여대생들의 강한 문제 제기를 불러일으켰듯이, 우리 사회에 만연한 불평등과 불공정에 대한 불만이 청년층을 중심으로 진행된 촛불 시위의 기저에 깔려 있었다는 점은 부정하기 어렵다. 그러나 그러한 불만이 10월 말 이후의 대규모 광화문 시위를 촉발하고 대통령을 파면시킬 만큼의 폭발력을 발휘했는지는 의문이다. 사회경제적 불만은 광화문 촛불 집회 1년 전인 2015년 말부터 이미 민주노총 주도하에 53개 시민단체가 참여한 민중총궐기대회를 통해 강하게 분출되기 시작했다. 민중총궐기투쟁본부의 문제 제기와 요구 사항은 박근혜 정권 퇴진과 함께 노동 및 재벌 문제부터 빈곤, 인권, 생태환경, 대학 구조 조정, 세월호, 사드 배치, 한일 위안부 합의 문제까지 다양한 사회경제적 이슈를 망라한다. 민중총궐기는 2015년 11월부터 2016년 3월까지 다섯 차례 진행되었다. 그러나 2015년 11월 14일 열린 1차 민중총궐기 참가자가 10만 명을 넘었을 뿐, 당시 시위 도중 한 농민이 경찰이 쏜 물대포에 맞아 의식불명 상태가 되었음에도 불구하고 그 이후 집회 참가자는 오히려 점점 줄어들었다. 그리고 2016년 4월 이후로는 집회가 열리지 않다가 JTBC의 '최순실 태블릿 PC' 보도 이후에야 광화문 촛불 집회와 함께 재개되었다. 따라서 사회경제적 불만 역시 촛불 집회의 주요 배경임을 부정할 수 없지만, 대규모 시민 동원을 촉발한 직접적인 원인이라고 보기는 어렵다.

실제로 2016년 10월 대규모 광화문 집회 이전부터 다양한 사회경제적 이슈와 함께 박근혜 퇴진 운동을 이끈 주역은 민주노총과 전농이다. 또한 광화문 집회를 기획한 '박근혜 퇴진행동'의 상근 활동가 다수는 민주노총 소속이었다. 그럼에도 정작 촛불 집회에서 민주노총의 노동자 대오는 촛불 대중과 함께 어우러지지 못했다. 기존 운동 조직들에 대해 거부감을 강하게 표출한 2008년 촛불 집회만큼은 아니지만, 개인이나 가족 단위로 참가한 '촛불 시민'들과 조직화된 노동자들 사이에는 미묘한 괴리가 있었다. 촛불 시민 다수는 수구적인 보수 정치권과 언론이 오랫동안 주장해온 '노조는 불법, 강성, 좌빨, 이기적 집단'이라는 이미지에 포획된 측면이 강했다(천정환, 2017: 453~454 참조). 68운동과 대비하는 차원으로 표현하자면, 촛불 운동에서 구좌파에 대한 거부감은 있었으나 새로운 좌파가 등장한 것은 아니다. 대규모 광화문 시위가 가능했던 배경에는 TV조선을 비롯한 보수 언론의 적극적인 역할과 스스로 보수 또는 중도라고 생각하는 시민들의 참여가 있었음을 무시하면 안 된다. 광장을 메운 촛불 시민들은 좌파나 진보로 한정되지 않는다. 그들은 근대 헌법 정신과 민주공화국을 수호하고자 모인, 좌우를 모두 포괄하는 넓은 정치 스펙트럼의 근대 시민이다.

또 다른 몇몇 학자와 비평가는 촛불 집회의 성격이 대의민주주의의 한계에 대한 문제 제기였다고 파악한다. 대표자를 통한 간접민주주의가 국민의 뜻을 제대로 반영하지 못하는 데 대한 불만이 촛불 집회의 주된 동력이라는 것이다. 국민이 직접 선출한 대통령이 국가나 국민을 위해서가 아니라 대통령 자신과 최순실의 사익을 위해 권한을 남용한 데 대한 분노가 대규모 촛불 집회의 직접 계기인 만큼 그러한 지적은 타당해 보인다. 그렇다면 촛불 집회는 기존 대의제의 한계를 극복하기 위해 직접민주주의 요소가 확대된 새로운 정치구조를 요구한 것인가?

2016년 12월 ≪내일신문≫과 현대정치연구소가 촛불 집회 참여 여부와 함께 "국가의 중요한 정책을 결정할 때에는 국민의 의사를 직접 묻는 국민투표를 실시해야 한다"에 대한 찬반을 물었다(이지호·이현우·서복경, 2017: 187~188). 설문 결과 국민투표제에 대한 찬성 강도는 집회 참가자가 49.1%, 불참자가 41%로 집회 참가자들이 더 높았지만, '매우 찬성'과 '찬성하는 편'을 합해 비교하면 집회 참가자가 87.7%, 불참자가 86.2%로 통계적으로 의미 있는 차이가 없다. 또한 반대 응답의 경우에는 방향성뿐만 아니라 강도도 거의 차이가 없다. 국민투표라는 단지 한 가지 직접민주주의적 제도에 대한 선호를 물은 것이라는 한계는 있지만, 집회 참가자의 직접민주주의 추구 정도를 파악하는 데 한 가지 중요한 단서는 될 수 있을 것이다. 이 조사 결과는 집회 참가자들이 대의제 자체의 한계를 의식하고 국민투표와 같은 직접민주주의 성격의 절차를 강화해야 한다고 생각하지는 않는다는 것을 보여준다. 대의제가 제대로 작동하지 못해 국정 농단 사태가 발생한 것에 분노해 촛불 집회에 참가한 것은 맞지만, 그들이 직접민주주의를 추구했다고 볼 수는 없는 것이다.

더 나아가 68의 경험에 비추어 우리의 직접민주주의에 대한 일반적 인식에 대해서도 짚어볼 필요가 있다. 직접민주주의는 고대 그리스 아테네의 민주정을 원형으로 하는, 구성원 전체가 직접 의사결정에 참여하거나 공직을 번갈아 맡아 수행하는 것을 의미한다. 주지하다시피 고대 아테네에서는 시민 누구나 선착순으로 참여할 수 있는 민회를 정기적으로 개최하고, 추첨으로 공직자를 선출하는 방식으로 직접민주주의를 실현했다. 68운동에 참여한 젊은이들은 노동자평의회, 대학평의회, 각종 사회운동단체 등의 자치 기구나 운동 조직을 만들고 자주 관리와 직접 행동을 실천함으로써 직접민주주의를 추구했다. 하지만 한국에서는 여전히 국민투표, 국민발안, 국민소환 등 대의제의 한계를 보완하기 위한 '직접민주주의적' 제도들을 직접민주주의 자체로 혼동하는 경향이 있다. 예컨대 문재인 정부 출범 이후 청와대 국민청원 사이트에 많은 시민이 적극적으로 참여하는 현상은 의회를 중심으로 한 대의제에 한계를 느껴서 나타난 것은 맞지만, 그것은 시민들이 직접 행동이나 자주 관리를 통해 문제를 스스로 해결하려 하기보다는 여전히 중앙 권력에 의존하는 경향이 많다는 것을 보여준다. 직접민주주의는 자신이 속한 공동체의 문제를 스스로 해결하고 결정하는 것이지, 리더에게 해결해달라고 청원하는 것이 아니다.

그래서 촛불 집회의 근대적 성격과 보수적 성격을 강조하는 관점이 더 적절해 보인다. 김학준(2017)은 촛불 집회가 '체제의 구조적 변혁을 요구하기보다 체제가 약속한 법과 절차를 준수하라는 요구를 하는, 본질적으로 보수적인 집회'로 파악한다. 박찬표(2017) 역시 공권력을 그 목적에 반해 행사함으로써 계약을 위반한 국가권력에 대해 시민들이 저항권을 행사한 것에서 촛불 시위의 본질을 찾는다. 주권자인 국민이 계약을 위반한 대리인에게서 자신의 권리를 회수하려 했다는 것이다.

4. 신자유주의 이후의 촛불과 한국 민주주의

68의 전복적 상상력은 충분히 현실화되지 못했다. 68은 흔히 말하듯 국가권력을 전복하고 체제를 바꾸지 못했다는 점에서 실패한 혁명이 아니라, 사회로 되돌리고자 한 권력을 대부분 시장에 넘겨주어야 했다는 점에서 실패한 혁명이다. 권위주의 국가에 대한 사회적 저항은 결국 스스로 신자유주의라고 부른 시장지상주의(market triumphalism)의 승리로 귀결되었다. 신자유주의는 시장을 더 시장답게 만들고, 시장 외부의 영역에도 시장의 원리를 도입할 것을 요구했다. 1979년에 영국 총리가 되어 신자유주의 정책을 추진한 마거릿 대처(Margaret Thatcher)는 "사회 따위는 없다. 개인으로서 남성과 여성, 그리고 가족이 있을 뿐"이라고 선언했다. 신자유주의적 사회화는 노동자 계급 조직을 비롯한 사회적 연대 조직을 약화시키거나 해체하고, 더 나아가 개개인이 속해 있는 소속 관계를 불안정하게 만듦으로써 대다수 개인을 단자화하고 불안정한 존재로 만들었다. 국민의 기본권 보호를 위해 그동안 국가가 담당하던 공공의 영역들을 시장에 넘기고, 시장에 대한 정부의 규제를 축소했으며, 국가에도 효율성, 이윤, 경쟁과 같은 시장의 원리를 도입했다. 이 '새로운 자본주의 정신'은 생산 과정과 관련해 포드주의라는 중앙 집중적 구조를 폐기하고, 노동자의 주도성과 자율성에 기초한 네트워크 기반의 조직을 발전시켰다. 수직적이고 중앙 집중적인 명령 체계 대신 여러 참여자로 이루어진 네트워크, 팀 또는 프로젝트 형태의 조직 업무, 고객 만족 중심의 경영, 리더의 비전을 통한 노동자 총동원이 등장했다

(지제크, 2018).

1968년 이후 최근에 세계 도처에서 사람들이 거리로 뛰쳐나와 근본적인 변화를 요구한 순간은 2011년이다. 북아프리카 튀니지에서 시작된 젊은이들의 시위는 인접한 리비아와 이집트로 확산되었고, 뒤이어 시리아, 예멘 등 중동의 다른 아랍 국가들로도 전파되었다. 얼마 후 스페인, 그리스, 영국 등 유럽 각지에서도 제 나름의 이유로 사람들이 거리로 뛰쳐나왔다. 미국에서는 '월스트리트를 점령하라' 시위가 뉴욕에서 시작되어 북아메리카 여러 도시로 확산되었다. 시위대가 외치는 불만과 요구는 나라마다 달랐지만 어느 정도 일치하는 대목이 있다. 경제학자 조지프 스티글리츠(Stiglitz, 2013)는 세계 각지의 사람들이 다음 세 가지 주제에 공명하고 있었다고 말한다. 첫째, 시장이 제대로 작동하지 않았다. 시장은 효율적이지 않았고 안정적이지도 않았다. 둘째, 국가는 시장의 실패를 바로잡지 못했다. 셋째, 현재의 경제 시스템과 정치 시스템은 근본적으로 공정하지 않다. 이 모든 문제는 신자유주의와 연관되어 있고, 그 결과는 불평등의 심화와 삶의 황폐화로 나타났다. 2016~2017 촛불 시위의 배경에도 이러한 신자유주의가 야기한 사회경제적 불평등과 모순이 깔려 있다.

주지하다시피 1960년대는 경제적으로 풍요의 시대였고, 시장은 케인스주의 또는 사회(민주)주의 국가가 통제하고 있었다. 하지만 1980년대 영국과 미국에서 시작되어 1990년대에 전 세계로 확산된 신자유주의는 국가의 시장 개입을 거부하고, 오히려 국가와 사회 영역에도 시장 원리를 도입할 것을 요구했다. 그로 인한 불평등 심화와 삶의 황폐화는 전 지구적인 현상이지만, 한국의 경우 박정희 체제의 유산으로서 1987년 이후에도 해소되지 못한 권위주의적 국가권력과 1998년 외환위기에 의한 구조 조정 이후의 신자유주의가 결합해 극단적인 사회경제적 문제를 양산했다. 특히 이명박-박근혜 정부는 권위주의 정치권력과 신자유주의 경제 권력이 끈끈하게 유착된 모습을 보여주었다. 따라서 현재 한국은 이중의 과제를 해결해야 하는 상황에 처했다. 한편으로 권위주의 정치체제의 잔재를 일소하고 제도적·형식적 민주주의를 공고히 해야 한다. 다른 한편으로 신자유주의가 불러온 사회경제적 문제들을 해결해야 한다. 물론 후자의 과제는 시장 실패에 대항해 국민의 기본권을 보호하는 국가의 역할 재정립이 필요하다는 점에서 전자와 연관되어 있다. 2016~2017 촛불의 의미는 우리 삶의 모든 영역으로 시장 원리를 확대하려는 신자유주의에 대항하기 위해 민주공화국으로서 국가의 역할이 여전히 중요함을 상기시켰다는 점이다.

최근 젊은이들 사이에서 자주 회자되는 '헬조선', '망한민국', '흙수저/금수저', '갑을 관계' 등은 현재 한국 사회의 현실을 자조적으로 표현하고 있다. 직원들에 대한 재벌 총수 및 일가의 갑질, 하청업체에 대한 대기업의 횡포, 가맹점주들에 대한 프랜차이즈 본사의 갑질, 비정규직의 양산과 차별, 직원이나 아르바이트생에 대한 고객의 갑질, 입시 경쟁과 학벌 차별, 청년 실업, 공기업과 은행들의 채용 비리, 경비원에 대한 고급 아파트 입주자들의 갑질, 대학원생들에 대한 교수의 갑질, 여성에 대한 차별과 성폭력 등이 그러한 사회적 담론이 널리 회자되는 주요 배경이다. 이러한 사회경제적 문제들을 해결하는 데 우리는 여전히 중앙정부, 특히 대통령에게 크게 기대하는 듯 보인다. 취임 초기 대통령에 대한 압도적인 지지율은 그러한 기대를 반영하고 있다. 청와대 청원 게시판에 매일 수만 명의 시민이 글을 올리고 참여하는 것도 비슷한 맥락이다. 권력이 중앙정부와 재벌에 집중된 현재의 한국에서 중앙정부에 적폐를 청산하고 민생을 챙겨주기를 바라는 것은 어쩌면 당연한 일이다. 그러한 문제 중 일부는 시장의 불공정을 감시하고 규제하는 국가의 역할을 제대로 수행하도록 함으로써 풀어갈 수밖에 없다. 하지만 68의 경험은 이 모든 문제를 과연 국가를 통해 해결할 수 있을지 우리에게 묻는다. 68은 위계적인 직장 문화, 입시 경쟁에 매몰된 교육, 교수 사회의 계급과 차별, 여성과 성소수자들에 대한 차별과 폭력 등은 중앙 권력과 제도적 민주주의에만 의존해서는 해결되지 않는다고 말한다. 자신이 속한 직장, 학교, 집단 등에서 자신의 삶을 어떻게 근본적으로 변화시킬 수 있을지 고민하라고 우리에게 요구한다.

아마도 우리는 뜨거웠던 촛불을 경험하고 나서야 미약하나마 68운동의 정신을 목도하고 있는 듯하다. 2016년 강남역 살인 사건을 계기로 시작해 최근의 '미투 운동'으로 이어지는 여성들의 투쟁을 통해서, 그리고 총수 일가의 갑질에 저항하는 대한항공과 아시아나항공 직원들의 연대 시위를 통해서, 프랜차이즈 본사의 횡포에 맞선 가맹점주들의 협동조합 결성운동을 통해서, 이른바 '을들의 반란'과 연대를 통해 말이다. 68운동은 정치권력 교체나 경제구조 변혁에는 실패했지만, 이후 일상의 삶과 문화를 스스로 바꾸는 데는 얼마간 성공했다. 촛불은 정치권력 교체에는 성공했지만, 과연 사회경제적 문제들을 해결하고 삶의 민주화, 생활의 민주화, 사회의 민주화로까지 나아가게 할 수 있을 것인가? 50주년을 맞은 68운동은 촛불에 더 근본적인 상상력과 자주적인 행동을 주문하고 있다.

참고문헌

길허홀타이, 잉그리트(Ingrid Gilcher-Holtey). 2009. 『68혁명, 세계를 뒤흔든 상상력』. 정대성 옮김. 창비.

김예슬. 2017. 『촛불혁명: 2016 겨울 그리고 2017 봄, 빛으로 쓴 역사』. 느린걸음.

심광현. 2008. 「68혁명의 문화정치적 모순과 이행의 문제」. ≪마르크스주의 연구≫, 5권 2호, 99~133쪽.

민유기. 2018. 「프랑스 68운동과 한국 '촛불항쟁' 이후의 민주주의」. ≪역사비평≫, 123호, 8~34쪽.

스티글리츠, 조지프(Joseph Eugene Stiglitz). 2013. 『불평등의 대가: 분열된 사회는 왜 위험한가』. 이순희 옮김. 열린책들.

이지호·이현우·서복경. 2017. 『탄핵 광장의 안과 밖: 촛불민심 경험분석』. 책담.

정대성. 2015. 「'68'-문화혁명-국가권력」. ≪역사와 문화≫, 29호, 87~114쪽.

정병기. 2017. 「68혁명운동과 비교한 2016/2017 촛불 집회의 비판 대상과 참가자 의식」. ≪동향과 전망≫, 101호, 261~291쪽.

지젝, 슬라보이(Slavoj Žižek). 2018.3.2. "저들의 68혁명, 우리의 68혁명". 김박수연 옮김. ≪한겨레≫.

진태원. 2017. 「을의 민주주의를 위한 정치철학적 단상」. ≪황해문화≫, 96호, 46~75쪽.

최장집·서복경·박찬표·박상훈. 2017. 『양손잡이 민주주의: 한 손에는 촛불을, 다른 손에는 정치를 들다』. 후마니타스.

홍태영. 2008. 「프랑스 68혁명의 계기와 한국의 2008」. ≪경제와 사회≫, 80호, 118~139쪽.

김학준. 2017. 「빅데이터를 통해 바라본 촛불 민의: 탄핵으로 가는 길, 탄핵 이후의 소망」. ≪황해문화≫, 95호, 60~75쪽.

≪동아일보≫. 2017년 2월 13일 자. "촛불 이후 한국사회를 말한다 〈1〉촛불과 민주주의: 최장집 고려대 명예교수".

≪국민일보≫. 2016년 10월 25일 자. "박근혜, 최순실에 점령당한 실시간 검색어 10개".

지은이(수록순)

신동규

프랑스 사회과학고등연구원에서 석사 학위를, 파리 1대학교 팡테옹 소르본에서 박사 학위를 받았다. 현재 창원대학교 부교수로 재직 중이다. 20세기 노동운동과 이주노동자 문제를 연구하고 있다. 공저로는 *Mai-juin 1968 Huit semaines qui ébranlèrent la France*(2010), *Pratiques syndicales du Droit. France. XXe-XXIe siècle*(2014) 등이 있다.

정대성

독일 빌레펠트대학교에서 박사 학위를 받았다. 현재 부산대학교에서 서양사를 가르치며, 68운동을 비롯한 서양현대사의 여러 쟁점을 연구하고 있다. 저서로는 *Der Kampf gegen das Presse-Imperium* (2016)과 『68혁명, 상상력이 빚은 저항의 역사』(2019)가 있고, 역서로 『68운동』(2006)과 『68혁명, 세계를 뒤흔든 상상력』(2009) 등이 있다.

원동필

부산대학교 사학과에서 박사 학위를 받았다. 현재 부산대학교에서 서양사를 가르치며, 전후 영국 신좌파와 반전·평화운동에 관한 연구를 하고 있다. 주요 논문으로는 「전후 영국 핵무장해제 캠페인과 대중의 주도성」(2016), 「영국 1세대 신좌파와 좌파 문화주의(1956~1963)」(2017) 등이 있다.

이춘입

미국 뉴욕주립대학교 스토니브룩 사학과(여성학 부전공)에서 박사 학위를 받았다. 현재 동아대학교에서 인권의 역사와 서양사를 가르치며, 1960년대 미국의 인종과 성에 관해 연구하고 있다. 주요 논문으로는 「미국의 블랙파워운동과 제3세계」(2016), "Women's Liberation and Sixties Armed Resistance"(2017), 「블랙파워시대 급진적 흑인들의 맑스-레닌주의 변주」(2018) 등이 있다.

이병철

연세대학교에서 석사 학위를, 독일 프라이부르크대학교에서 박사학위를 받았고, 현재 홍익대학교 역사교육과 겸임교수로 있다. 「주거문명화의 사회사: 1920년대 독일 부엌합리화」로 2010년 서양사학회 우수논문상을 수상했으며, 루츠 라파엘의 『역사학의 거장들 역사를 말하다』(2015)를 번역하고, 『역사의 시작은 현재다』(2017)를 저술했다.

윤용선

독일 베를린자유대학교에서 석사와 박사 학위를 받았다. 현재 한성대학교 역사문화학부 조교수로 재직 중이며, 주된 관심 분야는 독일 현대사이다. 주요 논문으로는 「국가권력과 대학: 냉전 시대의 베를린 자유대 학생운동」(2015)과 「박물관의 역사 전시: 집단정체성 형성과 역사정치의 문제」(2017) 등이 있다.

김겸섭

영남대학교에서 석사 학위를, 경북대학교에서 박사 학위를 받았다. 현재 경상대학교 부교수로 재직 중이다. 독일 희곡과 공연학, 문화학 및 디지털 게임을 연구하고 있다. 저서로 『모두를 위한 놀이 디지털게임의 재발견』(2012), 『탈정치시대에 구상하는 욕망의 정치』(2012), 『노동사회에서 구상하는 놀이의 윤리』(2018) 외 다수의 논문과 역서가 있다.

이명실

숙명여자대학교에서 석사학위를, 일본 쓰쿠바대학에서 박사학위를 받았다. 현재 숙명여자대학교 조교수로 재직 중이다. 일본의 근대교육, 일제강점기 식민지 교육에 대해 연구하고 있다. 『식민지제국 일본의 문화통합』(2008), 『조선근대교육의 사상과 운동』(2016) 등을 공동 번역했으며, 『논쟁으로 보는 일본 근대교육의 역사』(2017)를 단행본으로 출간했다.

김신규

한국외국어대학교 국제관계에서 박사학위를 받았다. 현재 서강대학교 국제지역연구소 연구교수로 재직 중이며, 중동부 유럽의 정치와 국제 관계를 연구하고 있다. 『약소국의 국제정치』(2018)과 『체코와 국제정치』(2013) 등을 저술했으며, 주요 논문으로 「반유로, 반난민, 반기성의 정치: 2017년 10월 체코 총선을 중심으로」 등이 있다.

김지영

부다페스트의 외트뵈시로란드대학교에서 박사학위를 받았다. 현재 숭실대학교 HK+사업단 조교수로 재직 중이다. 동유럽과 북한의 역사를 연구하고 있다. 공저로는 *North Korea's New Capitalists and Their Workers* (2017), 『박물관 미술관에서 보는 유럽사』(2018) 등이 있으며, 「헝가리 소비에트 공화국의 성립과 좌절(1919)」(2018) 등의 논문을 썼다.

김동혁

고려대학교 사학과에서 박사 학위를 받았다. 현재 광주과학기술원 기초교육학부 조교수로 재직 중이다. 소비에트 사회주의 체제의 경제와 사회 관리 기술에 대한 문제를 연구하고 있다. 주요 논문으로 「수리경제학과의 성장과 소련 경제학계의 변화(1957~1965)」(2015)와 「1955~1965년 소련 경제관리체계의 고도화와 중앙 경제연구소」(2017) 등이 있다.

이기라

프랑스 파리 4대학교 파리 소르본에서 석사와 박사 학위를 받았다. 현재 경희대학교 후마니타스칼리지 조교수로 재직 중이다. 주요 논문으로 「에티엔 드 라보에시와 자발적 예속의 문제」(2016), 「막스 베버 이론에서 지배의 이중성」(2016), 「프랑스 민중교육 전통과 '학교 밖' 시민교육」(2017) 등이 있다.

한울아카데미 2139
독일유럽연구총서 제5권

1968년
저항과 체제 비판의 역동성

ⓒ 문화사학회, 2019

기   획 | 문화사학회
엮은이 | 신동규·이춘입
지은이 | 신동규·정대성·원동필·이춘입·이병철·윤용선·김겸섭·이명실·
        김신규·김지영·김동혁·이기라
펴낸이 | 김종수
펴낸곳 | 한울엠플러스(주)
책임편집 | 최진희

초판 1쇄 인쇄 | 2019년 1월 21일
초판 1쇄 발행 | 2019년 1월 31일

주소 | 10881 경기도 파주시 광인사길 153 한울시소빌딩 3층
전화 | 031-955-0655
팩스 | 031-955-0656
홈페이지 | www.hanulmplus.kr
등록 | 제406-2015-000143호

Printed in Korea.
ISBN 978-89-460-7139-1 93920 (양장)
      978-89-460-6603-8 93920 (학생판)

* 책값은 겉표지에 표시되어 있습니다.
* 이 책은 강의를 위한 학생용 교재를 따로 준비했습니다.
  강의 교재로 사용하실 때는 본사로 연락해주시기 바랍니다.